「大学改革」という病

学問の自由・財政基盤・競争主義から検証する

山口裕之 著

明石書店

はじめに

民主主義とは、すべての国民が賢くあらねばならないという無茶苦茶を要求する制度です。その無茶苦茶を実現するために大学というものは存在しています。企業に有為な人材を育成するためではない。

私はかつてこのように書いた〔文献178、九五頁〕。大学を「企業に有為な人材を育成する場」にしようとする政府からの圧力が、これまでにないほど高まっていることへの批判のつもりであった。

もちろん、「役に立つ学問か、純粋な学問か」という対立軸は、ヨーロッパで近代的な大学が整備されていった一八世紀にさかのぼる論点である。日本でも大学というものが設置されて以来、ほとんど絶えることなく改革要求が突きつけられてきた。とはいえ、二〇〇四年に国立大学が「独立行政法人」に変わるなど、この十年ほどの大学改革は、これまでの大学のあり方を大きく変えてしまうものとなっている。日本経済の不調や政府の財政難を背景に大学改革を推進したい財界や政府と、そうした改革を「学問の自由」や「大学の自治」の侵害だと考える大学関係者の間では、鋭い対立と論争が展開されている。

いま、「政府」と一言でくくったが、政府も一枚岩ではない。教育に関心のある政治家、研究教育への支出を抑制したい財務省、そうした「外圧」に抵抗したり時には利用したりしながら研究と教育の振興を図りたい文科省が、三つ巴の綱引きを演じているのが実態だろう。

この本は、昨今の大学改革における論点を整理し、改革を推進する側と批判する側がそれぞれ前提としている考え方について、その根拠や正当性を再考することで、「大学とは何か・今後どうあるべきか」を考えるための手がかりを与えようとするものである。

しかし、大学について考えるためには、大学のことだけ考えていてはならない。大学は孤立して存在しているのではなく、高校や中学など他の教育機関、学生が就職する企業や教員の研究成果を商品化する企業、予算を補助するが口も出す政府など、他の制度や機関と複雑に絡み合って存在しているからである。にもかかわらず、昨今の改革論議は、そうした全体像を見ずに、大学だけを取り出して操作しようとしているように見える。

大学改革を推進する側も批判する側も、「教育重視」という点では一致している。それは、いずれの側も、意識的にであれ無意識的にであれ、教育を「子どもたちを都合よく操作する手段」と考えているからではないだろうか。しかし、子どもたちは、教育すれば何でもできるようになるわけではないし、思いどおりに操作できるわけでもない。教師にも、教えられることと教えられないことがある。妥当な大学のあり方を考えるためには、教育にできることとできないこと、大学に要求できることとできないことをはっきりさせる必要がある。昨今の教育改革は、教育に対して要求過剰であると思われる。

本書では、大学をめぐる多様な状況をできるだけ広く視野に入れて、大学のあり方を多面的に考えていきたい。具体的には、「なぜ巨額の税金を使っているのに学問の自由が許されるのか」「これまでの日本における大学の社会的機能は、学生を教育することよりむしろ選抜することだったのではないか」といったことから、「日本政府はなぜ財政難なのか」「競争すれば物事は改善するのか」といった、一見すると大学改革とは関係ないように思えることまで取り上げていく。そうすることで、単に大学のあり方だけでなく、大学を含む社会全体のあり方についても考えてみたい。

どのようなことについてであれ「考える」ためには、まずは関係する事実をよく調べ、よく知らなくてはならない。そして問題を可能な限り多面的かつ具体的に考察し、論理的に整合的な議論をする必要がある。さらに、意見が対立する相手とは話しあいを重ね、お互いに納得できる地点を探していくこと、あるいはそうした地点を共に作りあげていくことが大切である。冒頭で、大学は民主主義社会を実現するために存在していると書いたが、そのとき念頭にあったのは、大学はこうした学びと対話の場であり、学生はこうした対話による意見構築と合意形成の技法を学ぶべきであるということであった。在学中にこうした技法を身につけることができれば、大学を卒業したあと、誰かに教えてもらわなくても自分だけで学びと対話を続けていくことができる。

私は哲学者なので、ついつい「哲学的思考」といったものを念頭に置いて「大学で教えるべきこと」を考えてしまうが、他の人文社会科学であれ、自然科学であれ、結局のところ学問の本質はこの「調べ、知り、考察し、話しあい、共有できる知識を作っていくこと」ではなかろうか。そして、この本自体が、大学についてその実践を試みるものである。

これから大学で学ぼうとする学生や、大学で研究教育や運営に取り組む教職員だけでなく、大学に関心のあるすべての人に、大学のあり方をつうじて「よりよい社会はどんな社会か」を考える手がかりとしていただければ幸いである。

*目次

凡例

・文献は末尾に一覧を付し、本文中ではその番号を参照した。
・引用文は用字を適宜あらためた。
・引用文中の〔　〕は引用者による補足である。

第1章

日本の大学の何が問題なのか

――大学改革の論点と批判

「ガバナンス強化」か「大学の自治」か――〝トップダウン〟方式で成果ですず

近年の日本における大学改革の大きな節目は、二〇〇四年に行われた国立大学の独立行政法人化（独法化）である。従来、国立大学の設置者は国だったのだが、同年四月に国立大学法人法が施行され、各国立大学はそれぞれ政府から独立した「国立大学法人」が設置することとなったのである。

そうした改革が行われた表向きの理由は、各大学がそれぞれ自主的・自律的に研究教育の発展に取り組むことで大学間の競争が行われ、国立大学が改善されるということであった。▼1 各大学が機動的に運営できるようにという名目で学長の権限が強化され、また学長の選考は教職員だけでなく学外者が関与する「学長選考会議」が行うこととされた。

従来、日本国憲法第二三条が保証する「学問の自由」の主体は、各学問分野の専門家である教員であり、専門家集団としての教授会であると考えられてきた。ある学問分野に関する研究業績を正当に評価できるのは、その分野の専門家だけであるから、教員の新規採用や昇任などの人事権も教授会に属するものと考えられてきた。各国立大学の学長は、「大学の経営者・支配者」ではなく、お互い対等な専門家集団の代表として、教員による選挙で選ばれるのが通常であった。

ところが、こうした組織では、ある特定の学問分野（ないし学部学科）を改編したり、予算を削ったり、教員や学生の定員を減らしたりすることが難しい。誰だって自分の専門分野は重要だと考えており、それが削減されるとなれば反対するからである。一九九〇年代後半、日本経済の不調と政府の財政難のため、大学や学問研究についても「選択と集中」が叫ばれはじめたが、従来の教授会はそうした選択と集中に対する「抵抗勢力」と見なされたため、その権限を限定することが財界やその意向を受けた政府の意図するところとなったのである。

財界人の発想としては、学長は「社長」、教職員は「従業員」、学生や保護者は「顧客」に類比されるので、「社長を従業員が選挙で選ぶのはおかしい」「会社の運営方針は社長が決め、従業員はそれに粛々と従うべきだ」と思うようである。[▼2] 財界や政府は、こうした企業経営の発想で大学を運営することが、大学の「ガバナンス（統治）強化」であると主張している。そして、大学が学長のもと一丸となって「大学間競争」に勝ち抜くことで、大学の研究教育が活性化されるというのである。国立大学の法人化の大きなポイントは、そうした財界的発想による「ガバナンス」や「競争主義」を大学運営に持ち込ませることであった。

しかし、いくら学長に権限を集中させても、学長ひとりがすべての学問分野の動向や全学生のニーズを把握して適切な指示を出せるわけがないので、実際の大学の運営はこれまでどおり、研究と教育を実際に担っている教授会に依存するほかなかった。要するに、財界や政府から見れば、国立大学を法人化しても思ったように「改革」が進まなかったということである。

▼1 『平成一六年度文部科学白書』では、「法人化の意義」として、「国立大学を国の組織の枠組みから外すことにより、自主性・自律性を拡大し、国立大学がより競争的な環境の下で、教育研究の高度化や個性豊かな魅力ある大学づくりに取り組み、国民や社会の期待にこたえてその役割を一層しっかりと果たすことを目的とするものです」とされている［文献162、第二部第三章第一節二］。

▼2 たとえば経済同友会の提言「私立大学におけるガバナンス改革―高等教育の質の向上を目指して」［文献48］や同機関誌『経済同友』二〇一二年四月号の記事「大学改革が進まない要因はガバナンスの機能不全にある」［文献49］を参照。

そこで、二〇一四年六月には学校教育法が改正され、教授会の権限を法的に限定することまでが行われた。従来、大学にかかわる重要な事項全般について審議するものとされていた教授会は、学長や学部長の諮問機関とされ、その審議事項も教育と研究にかかわることに限定されたのである。そして、同改正法では、大学や学部を「つかさどる」のは学長や学部長であるとされた。学長や学部長は、「つかさどる者＝大学や学部の支配者」ということになったのである。

学校教育法は、国立大学だけでなく私立大学にも適用されるから、この法改正が行われた後、文科省はすべての大学に対して、法律が認める以上の権限を教授会に与えるような内部規則を持っていないかどうかをチェックし、そうしたものがある場合には改正するように強く指導した［文献148］。

こうした動きに対して大学教員からの厳しい批判が向けられている。たとえば、学校教育法改正に際して国会で参考人質疑に出席した池内了《さとる》は、法改正の問題点を以下の五項目にまとめている［文献9］。

(1) 大学の教育研究と管理運営はすっきり分けられるものではない。学部人事、学部・学科の新設・廃止（中略）などは、管理運営事項だが教育研究に深く関係し、学生や教員の実態をもっともよく把握している教授会での審議が不可欠である。

(2) 多様な意見があるのが大学であり、意見の相違があれば全学討論会などを積み重ねてきちんとした方向を打ち出し実行していくことこそ学長の「権限と責任」であり、それこそが真のガバナンスというべきである。教授会を説得できない学長に無条件に権限を与えるのは危険である。

(3) 教授会構成員が学生の待遇や勉学状態を含めて大学の運営について真剣に考える習慣を失い、自分のことのみに熱中することになってしまう懸念がある。

(4) 憲法二三条に定められている、大学における「学問の自由」には、「学問研究の自由、研究結果の発表における自由、教育の自由、大学の自治」が含意されており、また「大学の自治」とは、「研究者の人事の自治、施設や学生の管理の自治、研究教育の内容と方法に関する自治」を意味しており、学問の自由と大学の自治の主要な担い手が（中略）教授会であることは論をまたない。

(5) いくつかの私立大学で理事長・理事会に権限が集中していることが原因である不祥事が生じている。

学校教育法の改正に対して、いくつかの大学の教授会や教職員組合、日本科学者会議や大学評価学会、自主的なグループに至るまで、多くの団体が反対の声明を発表したが［文献87］、内容はおおむねこの池内の主張と重なるものである。しかしながら、池内によると「国会の審議全般が一党支配のもとで甘くなっており、どうせ参考人質疑は儀式であるという雰囲気」が強く、法案はさしたる議論の深まりもないまま可決されてしまった。

このように、国立大学の法人化や学校教育法改正は、大学の運営形態の変更を直接の目的とするものであった。財界や政府は、効率的で機動的な組織運営はトップダウンによって実現されると考えており、そうした企業型の運営を導入することが大学の「ガバナンス強化」だと考えている。そして大学が学長のもと一丸となって競争することで、大学の研究教育が活性化されるという競争主義的な立場を取っている。それに対して、そうした運営方式に批判的な大学教員は、学問の発展のためには専門家の自治的な運営が必要だと考えている。つまり、学問の自由や大学の自治が大切だということである。

この、「トップダウンか、自治か」という点が、昨今の大学改革をめぐる対立点の一つである。といっても、実際問題として学校教育法が改正されてしまった現在、すべての大学がトップダウン型の運営を行うように迫られている。国会においてさしたる議論の深まりもなかったので推定するほかないが、おそらく財界や政府は、本音としては、「なぜ大学は巨額の税金を投入されながら自由や自治を謳歌しても許されるのか？　税金を投入されているのだから政府の意向に従うべきだ」と考えているのだろう。

こうした本音を象徴する出来事として、二〇一五年六月、国立大学の入学式・卒業式での国旗掲揚・国歌斉唱を文部科学大臣が各大学長に要請するという「事件」があった。それに先立つ国会質疑で、安倍晋三首相が、国立大学が「税金によって賄われているということに鑑みれば」、入学式や卒業式で国旗掲揚や国歌斉唱が実施されるべきだと述べたのを受けて[3]、そうした要請が行われたのである。

そういう相手に、紋切り型のように「学問の自由・大学の自治」と言って批判してみても、あまり効果はなかろう。

もちろん、「学問の自由」は日本国憲法に明記されているので、いくら政治家や財界人でも表立って否定することはできない。財界の見解は、大学の自治の主体は「大学」であって「教授会」ではないというものである。「大学の自治は、中世以降、欧州における大学成立の過程で確立され、世界に普遍的な大学の特質」だが、「教授会の自治は、大学の自治から派生」したものだというのである[4]。

詳しくは第2章で見るが、これは歴史的に見て根拠のない主張である。中世における大学は、学問分野ごとの「教員の自治組織（組合）」として成立した。教授会の自治は大学の自治から派生したどころか、大学全体がいわば「学部教授会の寄せ集め」だったのだ。その後、一七世紀末から一九世紀初頭ごろ、まずはドイツ圏において、政府が管理する近代的な大学が開設されていく。その中で、「学問の自由」を求める大学と、研究教育に干渉したい政府との対立が先鋭化するのである。

要するに、「学問の自由」や「大学の自治」は、中世以来の神話的な伝統などではなく、近代的な大学の発展の中で、専門職としての大学教員と、それを育成し資金も出す政府との緊張関係の中で確立されてきた理念なのである。

第2章では、こうした流れを概観し、「なぜ大学は巨額の税金を投入されながら自由や自治を謳歌しても許されるのか」という問いについて考えていきたい。

ここまでの議論からもう一つ考えるべきことは、本当にトップダウン型の運営が効率的で機動的な組織を可能にするのかどうかという点である。二〇〇四年の国立大学の法人化によって、学長によるトップダウン型の運営が導入されたにもかかわらず、その後一〇年間、政府や財界が思うような「改革」の成果が上がらなかったということは、「教授会が抵抗したから」というよりは、むしろ、トップダウン型の運営が大学には向いていなかったということの証拠だとも考えられる。さらに言えば、ここ数十年間にわたる日本経済の不調は、トップダウンで運営されているのであろう企業がうまくいっていないことの証拠ではないのか。政策の失敗の原因を現場に押しつけてさらなる要求を重ねるのではなく、自らのあり方を反省

▼3　二〇一五年四月九日、衆議院予算委員会での答弁。しかし首相は、なぜ税金で賄われていれば政府の意向に従わなければならないのかという理由を説明していない。税金は日本の居住者であれば日本国籍を持たなくても負担しているので、税金を理由にして日本国旗や日本国歌の使用を要請することには根拠がない。また税金は納税者のものであって政府のものではないのだから、税金で賄われている機関が何でも政府の言うことを聞かねばならないいわれもない。

▼4　前出の「私立大学におけるガバナンス改革」［文献48］の「学問の自由、大学の自治、教授会の自治」というコラム。

することも、よりよい政策の実現のためには必要だろう。

「ガバナンス強化」に関連して、さらに根本的な問題は、営利を求める組織ではない大学にとって、効率や機動性の実現が本当に望ましいのかという点である。財界や政府は、大学運営の効率や機動性は大学間競争を戦うために必要と考えているのだが、そもそも競争主義は本当に研究や教育の発展を導くのかという疑問である。学問研究にはたしかに競争という側面もあるが、実際に研究や教育を進めていくためには、大学の同僚や大学の枠を超えた学会仲間との協力も必要で、そうした協力のためには、時間はかかっても成員の間の合意形成を図ることが不可欠である。また、研究において大きな成果を達成するためには、機動性よりはむしろ長期にわたる粘り強い取り組みのほうが重要な場合も多い。

こうした組織運営のあり方のよしあしや競争主義の是非については、第5章で検討することにする。

政府がすすめる「大学の三類型化」と伝統的〝三層構造〟

昨今の大学改革では、「トップダウンか自治か」といった大学の運営形態だけが問題になっているのではない。とくに二〇一〇年代に入ってからは、教育や研究の具体的な方向性や内容にまで踏み込んだ指示を文科省が出し、大学側に実行を強要する形で性急に進められている。二〇一二年一二月に第二次安倍晋三内閣が成立して以降、「改革」の強引さと性急さは加速し、国立大学の法人化の際に謳われた「大学の自主性や自律性」は、文科省が提示するいくつかの目標の選択や、達成の手段の工夫といった点にのみ発揮されるだけだというのが実態である。[5]

では、大学が行うべき研究や教育の方向性についての政府の考えがどのようなものであるかを、文科省の「大学改革実行プラン」（二〇一二年六月）［文献149］をもとに概観しよう。その文書では、「激しく変化する社会における大学の機能の再構築」として、以下の四つを改革の目標として挙げている。すなわち、①大学教育の質的転換と大学入試改革、②グローバル化に対応した人材育成、③地域再生の核となる大学づくり、④研究力強化：世界的な研究成果とイノベーションの創出、である。

一つ目の「大学教育の質的転換」とは具体的には「主体的に学び・考え・行動する人材を育成する大学・大学院教育への転換」であり、「入試改革」は「意欲・能力・適性等の多面的・総合的な評価に基づく入試への転換」なのだという。また「産業構造の変化や新たな学修ニーズに対応した社会人の学び直しの推進」も謳われている。

二つめの「グローバル化に対応した人材育成」としては、「日本人学生の海外留学の拡大、留学生の戦略的獲得」「入試におけるＴＯＥＦＬ・ＴＯＥＩＣの活用」「英語による授業の倍増」など。要するに英語教育を充実させようということである。

三つ目の「地域再生の核となる大学づくり」としては「生涯学習」「地域の雇用創造・課題解決への貢献」など。

四つ目の「研究力強化」としては、「研究力強化促進のための支援」「産学官連携の推進」などが挙げられている。

▼5　そうした点についても文科省の介入が行われているのが実態だというほうが正確かもしれない。たとえば文科省は「大学改革実行プラン」にもとづき、各大学に「自主的に」自らの「ミッション（任務）」を再定義するように求めたのだが、実際には、とくに教員養成系の大学や学部（つまり教育大学や教育学部）に対して、文科省の求める例示どおりの項目立てで文書を作成させ、「実務経験教員」の比率や各都道府県の教員採用者数に占めるシェアの数値目標などについて、文科省の求める値を強制的に書き入れさせたという［文献84］。

もちろん、すべての大学がこれらすべての項目を実現することは、現実的に言って不可能である。「主体的に学び、考え、行動する人材の育成」や「総合的な評価に基づく入試」などはともかくとして、「英語で授業」をしつつ「地域の課題を解決」し、「世界レベルの研究」を推進するなど、一つの大学がすべて担うことは困難だろう。

そこで文科省が言うのは、大学の「機能別分化」である。「大学改革実行プラン」の一年半後に発表された「国立大学改革プラン」(二〇一三年一一月)〔文献150〕では、「各大学の機能強化の方向性」として、「世界最高の教育研究の展開拠点」・「全国的な教育研究拠点」・「地域活性化の中核的拠点」の三つを示している。

仮に最初のものを「グローバル型」、二つ目を「ナショナル型」、三つ目を「ローカル型」と呼ぶと、要するに「グローバル型大学」では英語で教育をしてグローバル企業で働く人材を育成し、研究としては産学官で連携して世界最先端の技術開発(イノベーション)を行う。「ローカル型」では地元の社会人に生涯教育を施したり、地域の課題を解決したりしてもらうということである。真ん中の「ナショナル型」は必ずしもよく分からないが、「グローバル型」が「世界トップレベル」であるのに対して「ナショナル型」は「日本トップ」なのだそうである。「グローバル型」と同じことをやるがレベルがやや低い(入試偏差値が低い?)ということなのだろうか。

余談だが、「グローバルとローカル」という単純な二分法ではなく、こうした三類型になっているのは、いわゆる旧帝大・旧官立大(戦前から「大学」として存在していた十一大学の後身。一橋大、東工大、千葉大など)・新制大学(戦後、おおむね各県に一つずつ設立された大学)という、国立大学の設立経緯を反映した「三階層」に対応するものとして類型を構想したからなのかもしれない。「国立大学改革プラン」で

「グローバル型」の例として挙がっているのが京都大学、「ナショナル型」が一橋大学、「ローカル型」が福井大学と、新三類型は旧三階層にきちんと対応している。[6]

もちろん、文書を作成した文科省の担当官がどれぐらい意識的にこうした古い階層を念頭に置いていたのかは分からないが、国立大学の歴史的な階層構造は入試における「偏差値ランキング」にも引き継がれていき、現在に至るまで暗黙のうちに日本の大学を序列づけている。たとえば、明治二九（一八九六）年の帝国会議で、日本第二の大学として京都帝国大学を設置することが決められたとき、その規模は東京帝国大学の三分の二にすることとされた。それから百二十年後の二〇一五年度、京都大学の運営費交付金（国から各大学に交付される予算）は五三一億円で、東京大学の八〇三億円に対して正確に三分の二である。[7]

さて、現在のところ大学改革は、おおむねこうした方向で進められているが、どう思われるだろうか。やはりトップレベルの大学では英語で授業を行って、産業界と連携して技術開発を行うのがよいだろうか。そして地方の大学は先端的な研究はあきらめて、地元の人材育成や問題解決に専念するのがよいだろうか。あるいは、大学によって「機能」が異なるのは不公平で、どこの大学に行っても同じように学べる体制がよいだろうか。

▼6　その後、この三類型は、二〇一五年の「国立大学法人等の組織及び業務全般の見直しについて（通知）」［文献151］における三つの「重点支援」の類型に引き継がれ、国立大学はこの三つの類型に当てはまるように改革を進めることとされた。「グローバル型」を引き継ぐ「重点支援③」の枠には旧七帝大がすべて入っているが、旧官立大学のうち七つもこちらに入っている（合計一六大学）。そして、残りの大学は、軒並み「ローカル型」（重点支援①）に入った（五五大学）。真ん中の型は、各大学にとってもよく分からなかったのかもしれない。

▼7　黒木登志夫氏（日本学術振興会学術システム研究センター顧問）よりご教示いただいた［文献39］。

実は、こうした大学改革を進める側がモデルにしているのは、アメリカの大学である。アメリカの大学も、入学の難易度別に、おおむね「三階層」に分かれている。

日本でもその名をよく知られているハーヴァード大学やプリンストン大学などの私立の「研究型大学」では、入学希望者に対して選抜を行い、まごうことなき「世界最先端の研究」を進めている。選抜の方法としては、高校での学力を測定する民間のテスト（SAT：Scholastic Assessment TestやACT：American College Testingなど）での成績に加えて、高校での修得科目や成績、課外活動などを組み合わせて評価を行う[8]。

他方、コミュニティ・カレッジと呼ばれる州立の短期大学では、高校卒業あるいは一八歳以上などの条件さえ満たせば誰でも入学を認められる。高校の延長教育や成人教育を行っている。

その中間的なものに、ほとんどの州立大学がある。SATや高校の成績によって基準を設け、その基準以上の生徒には入学を許可する。州立大学は一般に規模が大きく、私立の有力大学と並んで「研究型大学」として高い評価を受けているところも多い（そうした州立大学の一部には、私立の有力大学同様の競争型の選抜をしているところもある）。

このようにアメリカでは、「総合的な評価」にもとづく入学者選抜や、「大学の機能別分化」が成立しているのである。さらに近年、産学連携や特許ビジネスなどによる収入を上げているのもアメリカの研究型大学である。アメリカにおける大学の歴史的展開や現状については第2章第2節と第3章第2節で取り上げる。また、そもそも独自の歴史的背景と社会的な位置づけを持つ日本の大学が、それとは異なる歴史的背景と社会的な位置づけを持つアメリカの大学から学ぶべきことがあるとすればそれは何かという問題については第3章の終わりで取り上げる。

大衆化した大学は「専門学校」になればいい?!

アメリカの大学が機能別分化しているのに対して、日本では「大学」と名の付くところで、同じ名前の学部に入れば、入試の難易度にかかわらず、「同じ」教育が受けられるという建前になっている。

実際のところ、それぞれの大学の教員のレベルは必ずしも入学試験の偏差値ランキングに比例しているわけではなく、必ずしも入試難易度の高い大学の教員のほうが低い大学の教員よりも優秀というわけでもない。当たり前のことだが、大学の偏差値ランキングは、学生の成績のランキングであって、教員の優秀さのランキングではないのである。

もちろん、偏差値ランキングの高い大学は、大学教員の間でも高い威信を持っているので、教員の欠員が出たときに、応募してきた人のなかから優秀な人を選抜して採用することができるから、徐々に優秀な教員が集まるのは事実である。しかし、そうした大学を中途で辞める人はあまりいないので、教員に欠員が出るのは定年退職の場合がほとんどとなる。つまり、一つのポストについて数十年に一回しか募集しないということだ。これでは、効率よく優秀な教員を集めることはできない。[9]

▼8　ハーヴァード大学のカレッジ（学部課程）の応募書類は、入学願書（「共通出願システム The common application」を通じて提出する）、SAT（記述試験と二科目の試験）の成績、高校各学年時の成績表と成績証明書、高校教員の推薦状である［欧文6］。出願手続きについては、同サイトの Application Process［欧文7］を参照。

▼9　だからといって、大学教員に任期を付けるなどして雇用の流動性を高めると、大学教員という職業の魅力が低下するので、優秀な学生が大学教員を目指さなくなる。これは長期的に見て日本の研究教育への大きな打撃となる。

同じ学問であれば同じような授業が行われているということの背景には、いわゆる「フンボルト理念」の影響がある。これは、一九世紀初め、プロイセンで「世界最初の近代的大学」と言われるベルリン大学を設立した哲学者のヴィルヘルム・フォン・フンボルト（一七六七〜一八三五年）が唱えたもので、「最高の教育は研究と一体のものだ」という理念である。つまり、学生はできあがった知識体系を教え込まれるのではなく、学生自身がまだ答えの出ていない問題を研究することで、研究方法そのものを学ぶのである。フンボルトの理念については第2章でも取り上げる。

明治維新後、日本における大学はドイツの大学をモデルとして作られたため、こうした理念も輸入された。大学教員になる人は、たいていの場合、偏差値ランキングの高い大学で、そうした理念にもとづく教育を受けているから、自分たちが授業をするときにも同じような理念で行おうとするのは自然であろう。

しかし、近代的な大学が出現してから二百年が過ぎ、大学はエリート官僚や研究者を目指す一部の学生のためのものから、多くの人が進学するものへと変質した。多くの国では、大衆化の影響を受けて大学のあり方に変容を迫られている。にもかかわらず、日本の大学における教育の理念は、エリート教育を念頭に置いた「研究と教育の一致」である。そうした状況に対して、現在、大学改革を進める側の本音は、「研究者になるわけでもない学生に学問研究の方法を教えても仕方がないから、もっと会社で働くときに役に立つことを教えてほしい」ということなのであろう。

しかし、会社で働くときに役に立つことといっても、具体的にどのようなことを教えればよいのだろうか。文科省の「実践的な職業教育を行う新たな高等教育機関の制度化に関する有識者会議（第一回）」（二〇一四年一〇月七日）において、冨山和彦委員は、大学をG型（グローバル型）とL型（ローカル型）に分けて、L型大学では「学問」ではなく「観光業で必要になる英語」「会計ソフトの使い方」「TOYOTA

で使われている最新鋭の工作機械の使い方」などを教えるべきだとする資料を披露した［文献105］。

たしかに、こうした技能は即物的に役に立つだろうが、現状でも実際にそうしたことを教えている専門学校というものがあり、それらが必ずしも高校生の人気を集めているわけではなく[10]、必ずしも企業から高く評価されているわけでもないことを考えると[11]、こうした即物的な職業教育は学生のニーズを満たすものではないだろうし、企業のニーズを満たすものでもないだろう。

では、大学は職業教育として、どのようなことを行えばよいのだろうか。あるいはそもそも大学で職業教育を行うべきなのだろうか。こうした問題について、政府の側にも明確な方針がないにもかかわらず、大学、とくに研究の経済的効果を見出しにくい人文社会系学部を「社会的要請の高い分野へ転換」[12]することは、既定路線となっている（なお、政府の大学改革論における「社会」という言葉は「財界」と読み替えておおむね間違いはない）。二〇一五年七月のＮＨＫの調査によると、「文学部や経済学部など人文社会科学系の学部や大学院がある国立大学のうち八割が、学部の再編や定員の削減などを検討している」という［報道3］。

後述する「特別運営費交付金」の獲得のためには組織改編（学部の改組）が一番手っ取り早いというこ

▼10　高校卒業後、大学・短大への進学者が五四・六％であるのに対し、専門学校への進学者は一六・六％である［文献153］。

▼11　文科省「専門学校教育の評価に関する現状調査（結果概要）」［文献154］によると、「職業能力への評価」に関して、専門学校卒業生は大学卒業生より全般に低く、「専門的職業人材としては期待されつつ、管理職やビジネスリーダーとしての期待は低い」とされている。

▼12　文部科学省「国立大学法人等の組織及び業務全般の見直しについて」［文献151］の表現。

ともあり、人文社会系であれば「社会的要請の高い分野への転換」、理系であれば「学際研究」を旗印に、全国の国立大学では改組が大々的に行われている。[13] 大衆化に伴う大学の変質については第3章で、大学において「職業教育」を行うことの是非については第4章第3節で検討する。

大学入試を変えるのは誰か――雇用形態の変化と職業教育の外注化

先ほど述べたとおり、日本の大学では入学試験の難易度にかかわらず「同じ」教育が受けられるという建前になっている。こうした「平等主義」が成立した理由には、「フンボルト理念」の普及だけでなく、日本における大学入学者選抜が、大学入試センター試験に代表されるような「一つの尺度の上の差異」を測る形で行われていることがあるだろう。高校の授業は、学習指導要領に従って、検定済み教科書を用いて行われるから、どこでも同じ内容である。入試も学習指導要領に即して出題される。かくして、日本人の意識の中で、大学のレベルの差は、同じ試験の得点の差なのである。そこで、大学でも、レベルは異なるが同じ内容が教えられると期待する。

周知のとおり、こうした入試制度に対しては数十年来の批判がある。「詰め込み教育」と「受験戦争」は、日本の教育に対する紋切り型の批判である。昨今の入試改革をめぐる議論は、そうした数十年来の批判を背景としつつ、大学の大衆化を直接の動機としている。少子化と大学増設の結果、「大学全入時代」がやってきたために、入試による選抜がもはや機能していないというのが入試改革論者の問題意識である。

しかし、数十年来の批判にもかかわらず、日本型の入試制度はそれほど形を変えずに温存されてきた。この理由は、ひとつには、入試難易度の序列が、企業の新人採用の選考に利用されてきた点にあるだろう。つまり、入試難易度の高い大学の学生であれば優秀だろうと推定して採用し、あとは社内で実践教育するのである。日本の企業は大学に対して、教育内容よりは選抜機能を期待してきたということである。

こうした入試による選抜システムが維持されるためには、多くの企業が、職業上の技能などは持たない「素材」としての新人を、長期にわたって雇用して職場で実践的に教育する体制を取っていなくてはならない。労働者の流動性が高い場合（雇ってもすぐ辞めてしまう労働者が多い場合）には、新人教育への投資は無駄になるからである。つまり、日本型の入試制度は、終身雇用と年功序列を特徴とする「日本的経営」と一体のものとして形成されてきたということである。

ところが、「バブル崩壊」後の日本経済の不調を背景に、財界の間では日本的経営を見直そうという機運が高まる。一九九五年に日本経営者団体連盟（日経連）[14]が発表した『新時代の「日本的経営」──挑戦すべき方向』［文献122］がその典型的なものである。これは労働者を「長期蓄積能力活用型グループ」「高度専門能力活用型グループ」「雇用柔軟型グループ」に分類して、第一のグループのみを従来どおりの終身雇用の正社員とし、それ以外の二つのグループについては企業の必要に応じて有期雇用契約で調達し、必要がなくなったら契約解除するというのである（三二頁）。

昨今の「大学の機能別分化」や「入試改革」の背景には、こうした財界における雇用構造の転換を目指す動きがある。財界の本音をありていに言ってしまえば、大学を「第一グループ養成校」（幹部候補生養成校）と「第二・第三グループ養成校」（有期雇用労働者養成校）とに分けて、前者については入学者を多面

▼13　ただし、予算や教員の定員、学生数などが国による規制に縛られた国立大学では、組織を転換するといっても、大幅な人の入れ替えや新規雇用が行われることはまずない。今いる教員はそのままで組織だけ変更する、悪く言えば単なる「看板の掛け変え」だというのが実態である。

▼14　二〇〇二年に「経済団体連合会」と合併して「日本経済団体連合会」（経団連）となった。

的に評価して真に優秀な人材を選抜し、経営幹部としてふさわしい「主体的に学び・考え・行動する人材」を育成してもらいたいということであろう。そして、必要に応じて雇ったり辞めさせたりする労働者を教育するコストは負担したくないので、大学やその他の有期雇用労働者養成機関で職業教育を実施させ、そのコストは「学費」として労働者本人に負担させたいということであろう。先ほど紹介した冨山の「L型大学ではTOYOTAの工場の機械の使い方を教えろ」といった主張は、こうした財界の本音を、ややズレた形ではあれ、赤裸々に示すものだと思われる。

このように書くと、私が財界の姿勢に対して批判的だと思われるかもしれないが、必ずしもそういうわけではない。企業がどのような雇用制度を取るかは基本的に企業の都合で決めればよい。問題は政府の対応である。第4章で議論するが、日本における企業の雇用制度は、事実上「社会福祉政策」として機能してきた。これまで政府は正社員の地位を法的に保護して雇用を維持することを主要な政策目標とし、それによって労働者の社会福祉を企業に負担させてきたのである。ところが現在、政府はこれまでの雇用維持政策を事実上放棄し、財界の提言どおりに有期雇用労働者の比率を高め、労働者の流動性を高める政策を進めている。それにもかかわらず、これまで企業が担ってきた社会福祉的機能を代替する政策は取っていない。

労働者の流動性を高めるということは、要するに失業する機会が増えるということである。にもかかわらず、現在の日本では、失業した場合に生活を保障する制度が非常に脆弱なまま放置されている。その他の社会保障制度も不十分で、たとえば保育所は不足して待機児童が問題になっているうえ、親の所得によってはかなり高額の保育料を徴収される。そうした現状が改善されるどころか、社会福祉への支出は「財政難」を理由に削減圧力を受け続けているのである。

このように、日本の入試制度は企業の雇用制度、さらには政府の社会保障制度とも強く関係する。そこで、第4章第1節ではまず日本における戦後の入試制度の変容と近年の入試改革論議を検討し、第2節では入試制度と日本型経営の関連を取り上げる。さらに第3節で大学で職業教育は可能かを考察したうえで、第4節では、企業のあり方が変容していくなかで政府はどのように対応すべきなのかを考えたい。

改革の陰の主役は財務省

ここまでは主に文科省の「大学改革実行プラン」や「国立大学改革プラン」を取り上げて、昨今の大学改革の方向性を概観してきた。こうした改革は、「現在の大学が抱える諸問題」に対応するということを建前としているが、実は、そもそも大学改革は国の財政難を背景とする「行政改革」の一環として構想されたものなのである。

日本では一九六九年の「行政機関の職員の定員に関する法律」(いわゆる「総定員法」)によって国家公務員の定員削減が進められてきたが、二〇〇〇年には「定員二五%減」という目標が閣議決定された[文献72](当時の首相は森善朗)。これほどの削減を実現するために、郵政公社職員と国立大学教職員が「非公務員」となることが決められたのである。その後じっさいに、小泉純一郎政権のもとで二〇〇四年に国立大学が独立行政法人化され、二〇〇六年には郵政が民営化された。

以来、各国立大学はそれぞれ政府から独立した「国立大学法人」が設置することとなったのであるが、こうした設置形態にした理由は、大学の財政上の責任を政府から切り離すことであった。学校教育法第五条では「学校の設置者は、(中略)その学校の経費を負担する」とされている。従来の国立大学は、政府が設置者であったから、政府が経費負担の責任を負っていた。しかし、大学の設置者を各国立大学法人としておけば、極端な話、政府が国立大学への予算を絞っていった結果、ある大学がつぶれたとしても、それはその大学法人の責任であって政府の責任ではないということにできる。「これでは各大学が財政運営に追われて研究と教育がおろそかになる」として大学関係者は批判したが、「つぶれないように各大学が努力するから経営が改善されるはずだ」という論理で押し切られたのである。

こうして国立大学は「独立行政法人」として政府から切り離され、政府は大学の運営にかかる経費の一部を交付金として補助するだけという形になった。そしてその交付金は、独法化以降、毎年一％が「効率化係数」と称してほぼ機械的に削減されてきたのである。

この交付金には、大まかにいうと、人件費や基盤的な教育研究費、施設の管理費などの固定的・義務的な経費に充当されるべき「一般運営費交付金」と、各大学から事業予算を申請してそれが認められれば支給される「特別運営費交付金」との二種類がある。[15] 後者は使途や支給年度が限定されたいわゆる「ヒモ付き予算」なので、人件費等に流用することはできない。

独法化以降、「一般」と「特別」の合計額も削減が続いているが、問題は、「一般」を減らして「特別」が増やされてきたところにある。独法化当初の二〇〇四年度は、「一般」が九七八五億円、「特別」が七四一億円だったが、二〇一五年度はそれぞれ九〇二〇億円と一〇二八億円である。合計額では四七八億円の減額だが、人件費や基盤的な教育研究費などの基本的な経費に使用可能な「一般」についてみれば、七六五億円の減額となる。[16] 中規模の国立大学五校から一〇校分に相当するほどの金額が削減されたということである。

その一方、消費税の増税などで義務的な支出は増大した。申請した事業が認められて「特別運営費交付金」が支給された場合でも、申請の全額が支給されるのではなく、おおむね七割か八割程度の支給であることが通常で、不足分は「一般」からの持ち出しとなる。また、事業年度は通常三年で、それを過ぎて事業を継続しようとした場合には、これまた持ち出しとなる。これでは大学の運営が成り立たない。現在の多くの国立大学の財政状況は、教職員の給料支払いにも支障が出るレベルで、定年退職した教員の後任補充を停止している大学がかなり増えている。にもかかわらず、「一般運営費交付金」の削減は今後も継続される予定である。

教員の後任補充の停止とは、つまり若手研究者の就職先の削減ということだから、今後の日本では、若手が安定した職について活躍できる場がどんどん失われていくということである。その必然的結果として、これから一〇年後、二〇年後に、日本の研究教育力は、本当に壊滅的な状況になることだろう。「大学改革実行プラン」では「財政基盤の確立とメリハリある資金配分の実施」といったぼかした形で書かれているが、これは要するに財務省からの予算削減要求に対応する項目である。何をやるにせよお金は必要なので、目に付きにくいところで大学改革を主導しているのは実は財務省であるといっても、あなが

▼15 それに加えて「附属病院運営費交付金」と「特別要因運営費交付金」という区分もあるが、前者は二〇一三年度に廃止された。後者は主に退職金の支払いに充てるものである。なお、二〇一六年度からは、「一般」と「特別」の区分をなくした「基幹運営費交付金」という名称が用いられることとなった。しかし、その内部区分として、基本的な運営に使うお金と、特定の事業にしか使えないお金があるのは従来どおりである。

▼16 ちなみに、「附属病院運営費交付金」と「特別要因運営費交付金」まで含めたすべての費目を合計すると、独法化当初の二〇〇四年度（一兆二四一五億円）と二〇一五年度（一兆九四五億円）の間で一四七〇億円（〇四年度比で一二%弱）も減額されている［文献155］。平成二七年度（二〇一五年度）予算については文部科学省「平成二七年度国立大学法人運営費交付金予定額の概要」［文献156］。

ち的外れではない。その財務省は、上記の「一般運営費交付金」の二〜三割を「改革促進経費」として競争的に配分すべきだと主張している［文献64］。要するに、「一般運営費交付金」をさらに減らして、「特別運営費交付金」に振りかえようというのである。

大学は学生の定員も政府に管理されているから、お金が足りないからといって学生を増やして授業料収入を増やすわけにもいかないし、自分のところだけ授業料を上げれば受験生が集まらなくなる。「競争による予算配分」といっても、京都大学が百二十年前に決められた規模を独法化後も維持されてきたのは先に見たとおりだから、いったい何が競争なのか。昨今の国立大学の状況は、手足を縛られて川に放り込まれ、「死にたくなければ泳げ」と言われているようなものだ。一般運営費交付金がこれ以上減らされれば、破綻する大学も出てくるだろう。

財務省の本音は、今後の少子化を見据えて大学の数を減らすことにあるのかもしれないが、多くの国立大学を瀕死の状態にしてなぶり殺しにするような政策では、生き残った大学の体力も相当に消耗することになるから、弊害が大きすぎる。

いずれにせよ、独立行政法人化から一〇年の国立大学の実態は、「各大学が自主的・自律的に研究教育の発展に取り組む」どころか、政府による統制の強化と国立大学予算の削減による疲弊化だったというのが、おおかたの大学教職員の実感ではないかと思われる。

そしてこれは、単なる「実感」といった主観的な印象ではない。内閣府の「国立大学法人等の科学技術関係活動（平成二二事業年度）に関する調査結果」のなかに、驚くべきグラフ（図1-1）が収録されている。世界各国で論文の生産数が伸びている中で、日本だけが二〇〇六年ごろ、つまり国立大学の独立行政法人化の二年後を境に減少に転じているのである。一九九〇年代まではアメリカに次ぐ世界第二の論文生

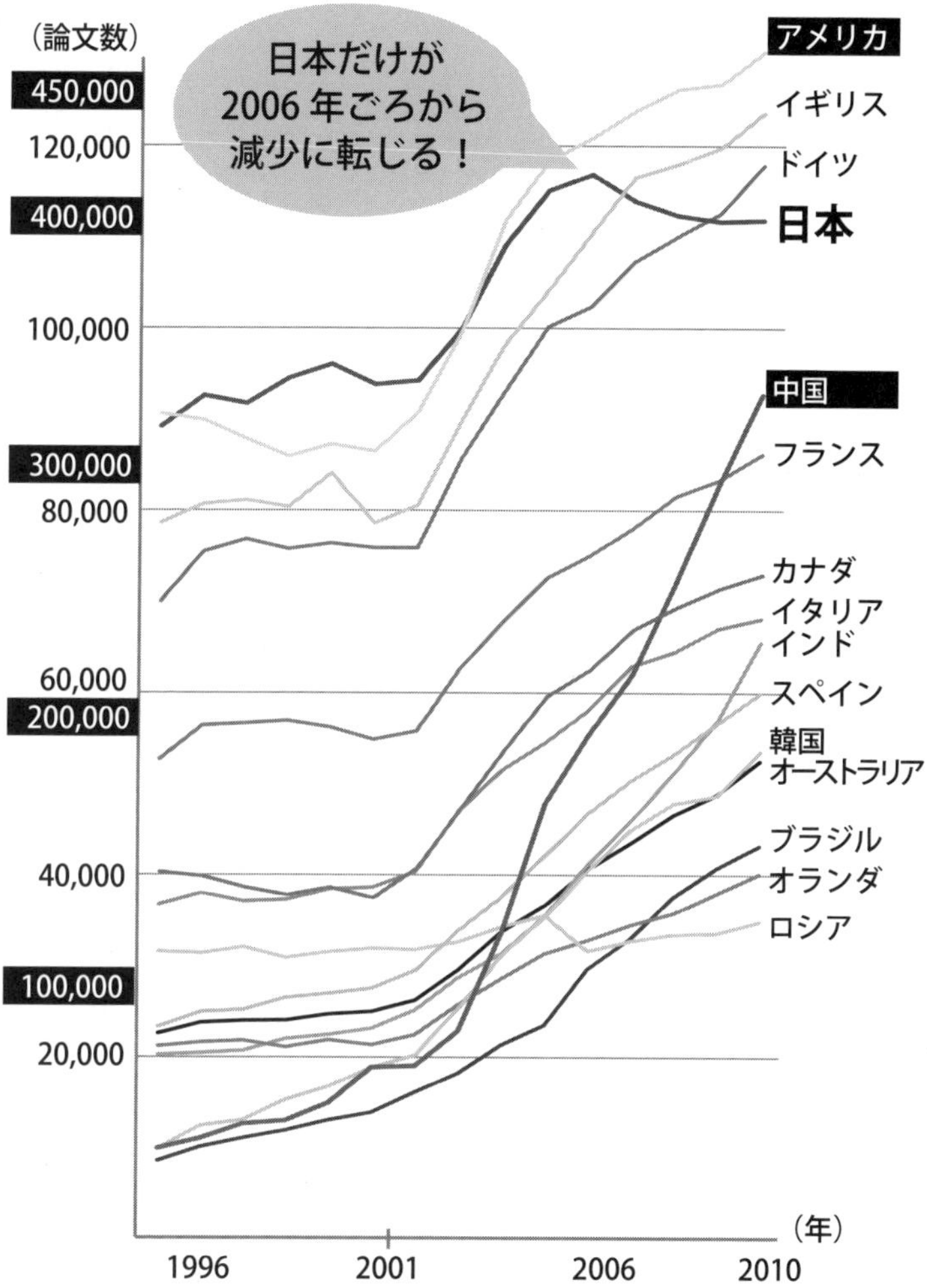

図 1−1　驚くべき！主要各国論文数の推移

出典：内閣府「国立大学法人等の科学技術関係活動（平成 22 事業年度）に関する調査結果」65 頁（http://www8.cao.go.jp/cstp/budget/syoken23/kokudai09.pdf）を基に作成。なお、アメリカと中国は黒塗りの数値なので、2010 年のアメリカの論文数は日本の約 4 倍。中国の論文数は 2004 年ごろに日本を上回り、2010 年では日本の約 3 倍である。

産数だったものが、二〇一〇年現在で中国、イギリス、ドイツに抜かれて第五位に転落している。これを失政の結果でなく、大学教員の怠慢のせいだとでもいうのだろうか。[17]

そもそも大学は政府の財政難の原因ではないのだから、その責任を取らされるいわれはないし、日本の教育に対する公的支出はOECD加盟諸国中で最低ランクを維持しつづけているのだが、[18]やはり「金がない」と言われれば反論は難しい。昨今の大学改革に対して批判的な論者も、財政の問題についてはあまり積極的に発言していない。

しかし、日本政府が財政難なのは、はっきり言ってしまえば、これまた政府の失政の結果である。あまり知られていないことかもしれないが、**図1-2・3**のとおり、二〇一三年における日本の租税負担率（国民所得に対する税金の比率）は二三・二％で、OECD加盟国中最低ランクである。アメリカ合衆国の二四・四％を下回り、日本より低いのはメキシコだけである。「社会保険料」の負担を加えると、三三か国中下から七番目だが、それでも低い部類である。ところが、奇妙なことに、「税金が高い」と感じる人の割合は主要先進国の平均を上回っており、実際の租税負担率が日本よりはるかに高いデンマークやスウェーデン、ノルウェーといった北欧の高福祉国より負担感がずっと高いのである［文献11、七頁］。

どうしてこんなことになってしまったのか。第４章第４節ではその理由を述べ、日本政府は財政難に対して、単なる支出の削減や消費税の増税以外にするべきことがあるのではないかということを考えたい。

社会が求めているのは〝人材〟か〝教養〟か

ここまで、昨今の大学改革の概要を、なるべく特定の立場に肩入れせず、客観的にまとめてきたつもりである。やはり日本の大学には問題があり、こうした方針で改革を進めることは妥当だと思われるだろう

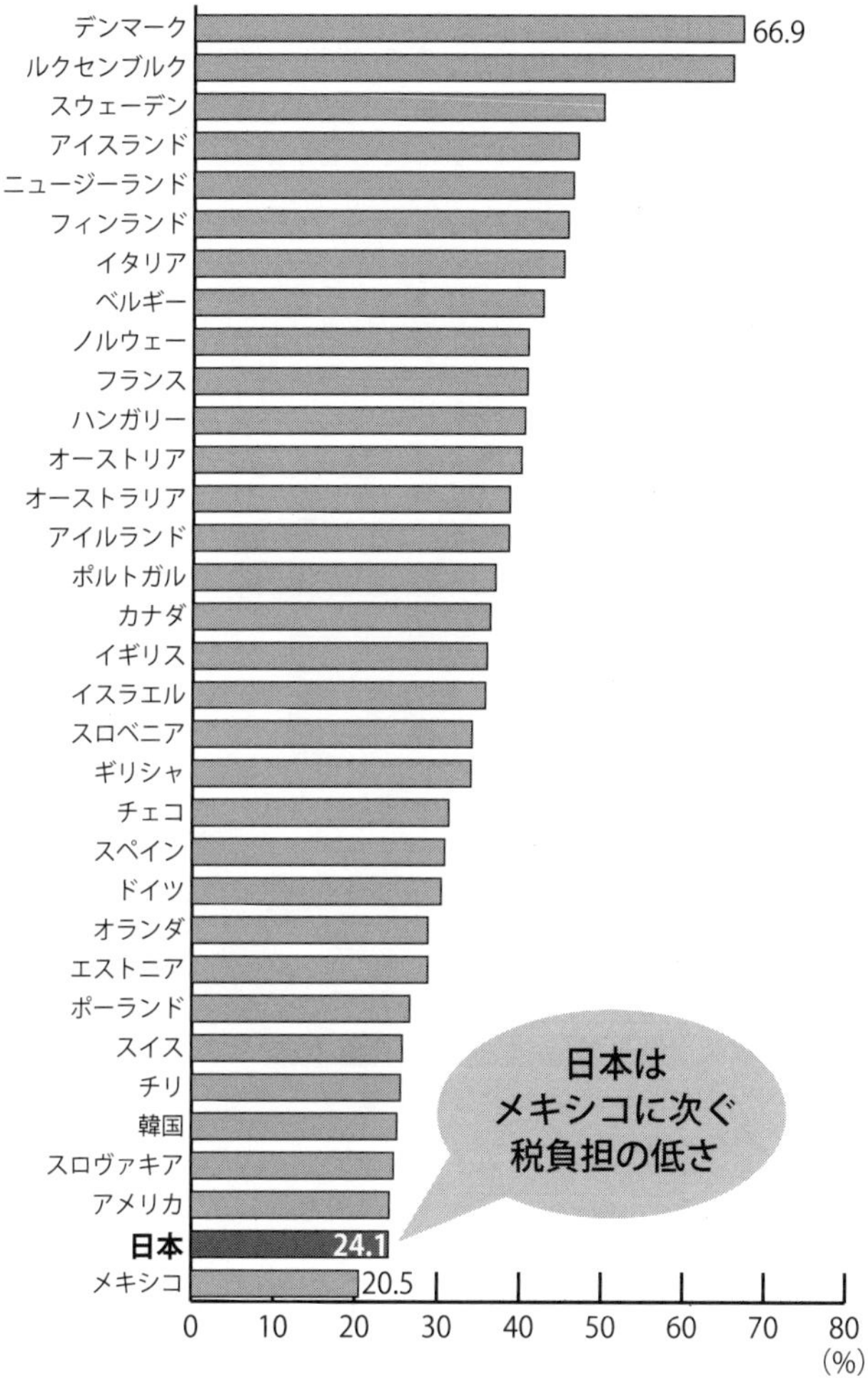

図1—2 OECD加盟国の租税負担率

出典：財務省サイトより作成。
http://www.mof.go.jp/tax_policy/summary/condition/238.htm

▼17 二〇一七年三月二三日号のNature (Vol. 543 No. 7646) の付録「Nature Index 2017 Japan」［欧文21］でも、複数のデータベースをもとに、日本発の論文の減少が示されており、「科学のスーパースターとしての日本の地位が脅かされている」と書かれている。また、その主たる原因は、大学予算の減額であると指摘されている。

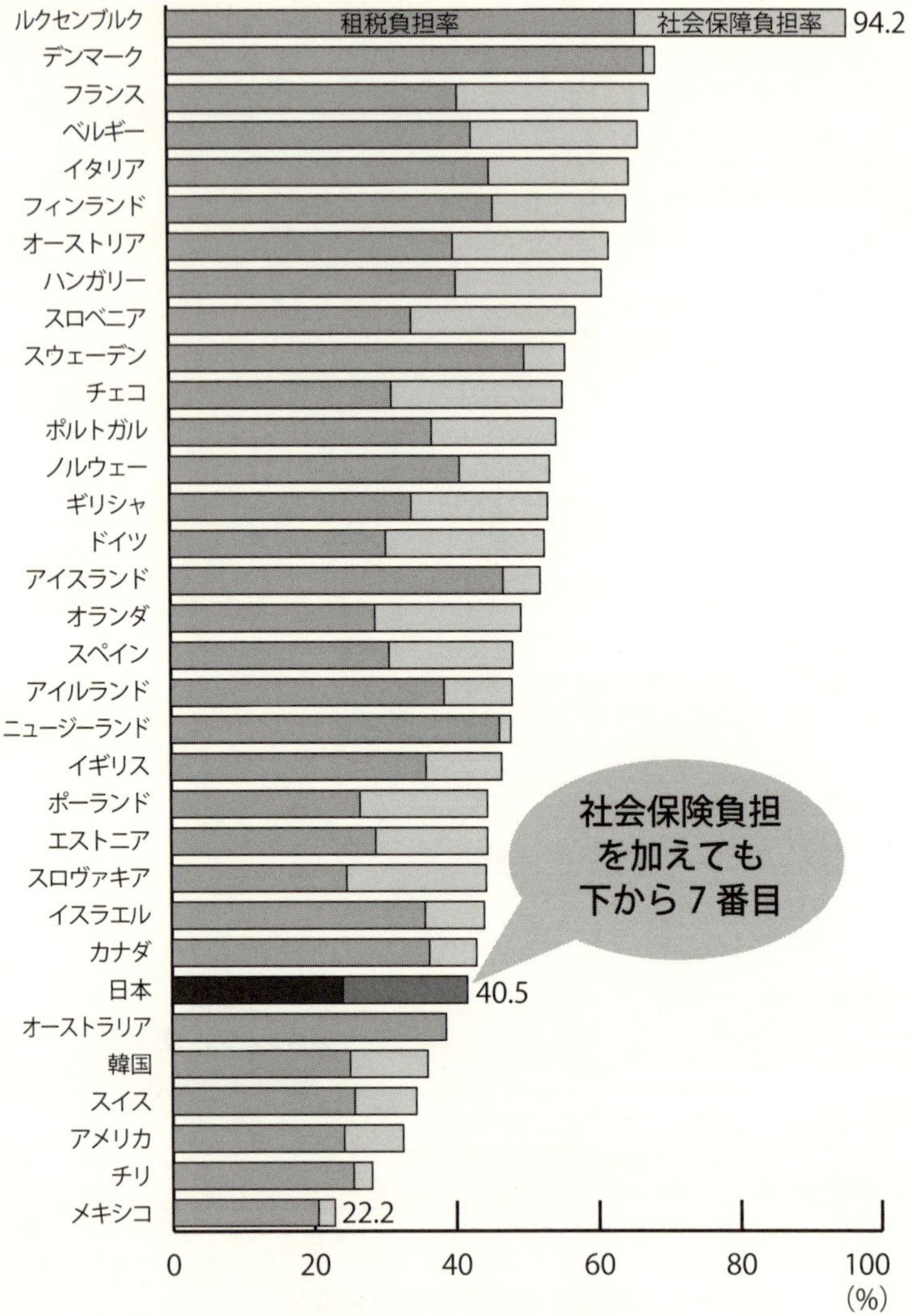

図 1−3　OECD 加盟国の税＋社会保険負担率

出典：財務省サイトより作成。
http://www.mof.go.jp/tax_policy/summary/condition/238.htm

か。

二〇一二年三月二六日の中教審大学審議会「予測困難な時代において生涯学び続け、主体的に考える力を育成する大学へ（審議まとめ）」［文献95］では、「国民は、大学教育の現在の状況に満足していない」と書かれており、そのことを示すデータとして、朝日新聞の世論調査を挙げている。それによると、大学は「世界に通用する人材を育てることができていると思うか」という問いに対して「できている」と答えた人が二六％、「できていない」と答えた人が六三％で、「企業や社会が求める人材を育てることができていると思うか」に「できている」が二五％、「できていない」が六四％なのだという。このデータは、「国民が大学教育の現状に満足していない」ことの証拠として、他の省庁での資料としても使われたほか［文献43、文献88］、大学入試改革を打ち出した二〇一四年の中教審答申でも言及されている［文献96、五頁の注8］。

しかし、実際の新聞記事を見てみると、「大学教育のあり方」として「幅広い教養を身につける」を選んだ人が四八％で、「職業に直結する知識を身につける」を選んだ人は四七％なのである［報道2、一八面］。つまり、国民の半数は、「世界に通用する人材を育てる」や「企業や社会が求める人材を育てる」といったことを、大学教育の役割だとは考えていないということだ。それゆえ、多くの人が、「大学はそうした人材育成をできていない」と答えたとしても、それを不満になど思っていない可能性が高い。上記データをもって「国民は、大学教育の現在の状況に満足していない」などと言うのはまったくミスリーディ

▼18　二〇一四年版のＯＥＣＤ「図表でみる教育」によると教育に対する日本の公的支出は対ＧＤＰ比で二・七％、ＯＥＣＤ加盟国の平均は三・六％。民主党政権下の二〇一〇年に始まった「高校無償化」によって公的支出は増えたが、それでも平均を大きく下回っている［文献22］。

ングなのである。もともとの記事にはそのようなまとめは付いていない。

もう一つ、この世論調査から「国民は大学教育の現状に満足していない」などというまとめに飛びつく前に考えなければならないことは、何十年も前に大学を卒業した人を調査したところで、かれらが大学教育の現状をどの程度知っているだろうかということである。「大学教育は仕事の役に立たない」というのは日本社会では通念になっているから、現状をよく知らずにその通念に従って回答しただけという可能性も高い。

私自身が大学を卒業したのは二〇年以上前の一九九〇年代前半だが、たまたまその後も大学に関わり続けて現在に至っているので、かつての大学と現在の大学をよく知っている。ここ一〇年ほどの間、改革の嵐にさらされ続けて、良かれ悪しかれ大学は激変した。

たとえば、私が学生だった頃には、一学期間の授業は多くて一二、三回で、七月に入ったら先生方は海外に研究に行ったりして前期の授業はもうなしということも普通だった。現在では（より詳しく言うと、二〇〇八年の中教審大学分科会「学士課程教育の構築に向けて」〔文献97〕の発表以降）、一学期一五回の授業が徹底されているので、前期なら八月の一週目ぐらいまでは授業をやらねばならない。しかも授業にはプリントを用意し、パワーポイントでスライドも用意し、こまめに小テストを行ったり、リアクションペーパーを書かせて授業に対する質問などを回収したり、学生の授業評価アンケートを行ったりと、相当な準備や手間が必要になっている。ときどき他の教員の授業を見学するが、黒板の前に座って原稿を棒読みするような「昔ながらの講義」を行う人はかなり減ったのではないかと思う。留学プログラムもいろいろ準備されていて、至れり尽くせりである。私が学生の時にもこんないろいろなプログラムがあったらよかったのにと思う。「あなたの大学（徳島大学）が特に優れているのでは」と思っていただければ、それはそれで幸いであるが、他大学の教員の話を聞いてもだいたい同じような状況のようである。現場の教職員は、改革と予算削減という矛盾する要求を押しつけられても、かなり誠実に、学生のために努力していると思う。▼19

もちろんこうした現状が、「世界に通用する人材を育てる」ことや「企業や社会が求める人材を育てる」ことに直結しているかどうかには異論があるだろう。私自身について言うと、そもそも「企業や社会が求める人材の育成」が大学の社会的責務だとは考えていない者の一人である。学生たちが民主主義社会を担う市民として育っていくように、ものごとを正しく考える技術を身につけるための授業を行っているつもりである。

それはともかくとして、世論調査で「大学は企業や社会が求める人材育成ができていない」と回答した人たちは、こうした現状を知っているのだろうか。一般の人たちがどう考えているのかは分からないが、政治家や財界人などが大学や教育を語るときの発言を聞くと、どうも自分たちの学生時代を念頭に置いているように思われてならない。大学はかなり変わってきている。むしろ変わっていないのは政治や企業の方ではないか。

▼19 こうした授業改善は、政府主導の「大学改革」の結果という側面もあるだろうが、従来は縁故採用が多かった地方の私立大学なども教員を公募するようになったこと、一九九〇年代後半における大学院重点化政策の結果増大した博士号取得者が、全国津々浦々、「大学」と名の付くところで教員の公募があれば、えり好みせずに応募して就職していったことが大きいのではないかと推定している。その結果、驚くほど優秀な若手の研究者が、入試の偏差値ランキングがあまり高くない大学の教員になっていたりする。ただ、「授業の実質的な改善」を客観的に把握することが困難なこともあり、あくまで主観を交えた推定である。

さらにもう一つ言っておけば、先の世論調査では「大学」についてどう思うかという質問が立てられていたのだが、日本にお住まいの方はみなさんご存知のように、一口に「大学」と言っても、東京大学のような難関校から、ほとんど無試験に近い状態で入れる大学まで、さまざまなものがある。それらを無造作にひとまとめにして「国民が満足しているかどうか」を問うても、あまり意味のあることではない。

もちろん、財界や政府は、そこで「大学の機能別分化」を持ち出すのだろうが、実はこの朝日新聞の調査では、多くの国民が「エリート教育」や「競争社会」に対して否定的な考えを持っていることも示されている。さらに、九割近くの人が教育予算を充実させるべきだと考えていることも記されている。つまり、この朝日新聞の調査からうかがえることは、「国民は大学教育の現在の状況に満足していない」などということではなく、「政府は教育予算を充実させるべきだ」ということなのである。先に述べたとおり、日本の教育に対する公的支出はＯＥＣＤ諸国中最低水準である。社会的要請に応えていないのは、大学でなくて政府の方である。

第2章

なぜ巨額の税金を使って「学問の自由」が許されるのか

第1節　ウニヴェルシタス──中世社会に花開いた自治的組合

ウニヴェルシタスの成立──その特徴と中世自由都市

そもそも「大学」とは何だろうか。それは、一二世紀ごろのヨーロッパで始まり、現在につながる教育機関である。

もちろん、それ以前にも「高等教育機関」は存在した。たとえば、紀元前三八六年ごろに古代ギリシアの哲学者プラトンが設立した「アカデメイア」はよく知られているだろう。これはのちに、「アカデミー（学士院・学校）」や「アカデミック（学問的）」といった言葉の語源となった。そのほかにも、世界史上さまざまな文明圏で高等教育機関が設立された。文明がある程度発展すると、人は、生きていくのに直接的に必要な知識や技術だけでなく、学問的な研究教育を行う機関を求めずにはいられないのだろう。

しかし、そうした大学以外の高等教育機関は歴史の流れの中に消えていき、大学のみが現在に至るまで世界中に普及している。そうなったことには、歴史の偶然という側面はあるだろうが、単なる偶然だけで大学という制度のみがこれほどの普遍性を獲得したわけではあるまい。やはり、大学は、他の制度と比べて、卓越した研究教育を可能にするものだったのだろう。

では、大学が持つさまざまな特徴のうち、どのような特徴が大学の卓越性を可能にしたのか。そこに、「大学の自治」や「学問の自由」はどのように関係しているのか。この節では、大学の成立と発展の歴史をたどることで考えていきたい。

まずは、大学という制度の全般的な特徴がどのようなものか、考えてみよう。ヨーロッパ中世における大学の成立史を扱った古典的研究であるヘースティングズ・ラシュドール『大学の起源』〔文献182〕は、中世以来の大学の特徴として、以下のような点をまとめている（下巻三四一～三四二頁）。

教師たちが一つの組合に統合され、多かれ少なかれ特権や自治を享受すること。いろいろな違った学科の教師が、同じ場所で教え、単一の機関に統合されること。学問が特定の学部（faculty：教師団）ごとに集団化され、学生はその一つに専念するように要求されること。修学の明確な路線が定められ、学生の修学過程に一定の年限が割り当てられ、その年限の終わりに学生は試験を課されて一つの称号（学位）を受けること。

現在に至るまで大学はこうした特徴を持っているので、われわれにとって当たり前のように思われるが、考えてみれば、高等教育機関がこうした形を取る必然性があるわけではない。実際、歴史上に現れたさまざまな高等教育機関は、必ずしもこうした構成を取っておらず、たいていは、卓越した師匠を弟子が取り巻くという形を取っていた〔文献139、六〇頁〕。

そこでラシュドールは、「現在あるような形での教授団や学習の課程、試験や学位は、中世の直接の遺産なのである」と言う〔文献182、下巻三四二頁〕。つまり、大学という制度は、ヨーロッパ中世という特定の時代状況の中で成立したのである。

では、ヨーロッパ中世のどのような時代状況のなかで、大学はこうした特徴を持つものとして成立したのか。ハンス＝ヴェルナー・プラールは、『大学制度の社会史』〔文献136〕の冒頭で、先行研究を挙げながら、以下のことを指摘している（三一～三七頁）。

まず、大きな文明史的背景として、生産力の向上により、直接的な生産活動に従事しない知識人階級の成立が可能になったことである。また、生産力の向上は、商工業の発展も可能にした。ヨーロッパでは、一一～一二世紀ごろから、新興の商人や職人が組合を形成して、自分たちの利益を共同で守るようになった。封建制が発展することで騎士団も形成された。そうした各種の組合形成の流れの一環として、大学は、「教師と学生の組合」として形成されたのである。

他方、商業と金融業の発達によって、聖職者階級が読み書きを独占する体制が崩れ、知的作業が手工業と並ぶ「労働」の一つとして認知されるようになった。つまり、学問に携わることが、宗教的儀式から解き放たれ、一つの「職業」と定義されることになった。[▼1] 同時に、宮廷や教会の行政事務が増大し、遠隔地との貿易が盛んになったことから、法律家や神学者の需要が増えた。また、都市の形成によって医者の需要も増えた。そこで、そうした専門職の新たな供給源が求められた。

最後に、イスラム圏との接触が、イスラム王朝があったイベリア半島ではじまり、やがて遠隔地貿易、最後には十字軍の遠征によって行われた。その結果、アラビアの諸学問や、そこで研究されていた古代ギリシアの文献が流入した。大量のギリシア語やアラビア語の文献がラテン語へと翻訳され、流通したのである。それが、既存のカトリックの伝統にとらわれない活発な議論を引き起こした。いわゆる「一二世紀ルネサンス」である。

こうした要因の中でも、中世において各種の組合が形成されたという点が重要である。その他の要因は、当時、学問研究や教育が盛んになったことの一般的な要因であって、先ほど列挙した大学の特徴が出現した理由を十分に説明するものではない。そして、大学が当初は「組合」だったということは、その「ユニヴァーシティ」という名前にはっきりと残されている。

英語で大学を意味する「ユニヴァーシティ」という言葉は、「ユニヴァース（世界・宇宙）」や「ユニヴァーサル（普遍的）」という言葉と、語源は同じである。「ユニヴァーシティ」のもとになったラテン語の「ウニヴェルシタス universitas」は、「ウヌス unus（一つ）」と「ヴェルトー verto（回す、向きを変える）」が組み合わさってできた語であり、要するに「一緒に動くもの」という意味である。

といっても、ユニヴァーシティは、「宇宙」や「普遍性」を探求するからそう呼ばれるのではない。中世において、「ウニヴェルシタス」という言葉は、単に「複数の人の集合体」を意味した〔文献182、上巻三九頁〕。つまり、英語で言うところの「ギルド」、日本語に訳すなら「組合」という意味である。第1章で触れたとおり、中世の「大学」は「人の集団」だったのである。それは当初、図書館や講義室はおろか、固有の建物すら持っていなかった。

「固有の建物がなくて、授業はどこでやったのだ」と思われるだろうが、たいていの場合、教師の自宅か借間を利用した。大学が固有の立派な建物を持つようになるのは一五世紀になってからである〔文献182、上巻一九五頁〕。

当時、教師や学生だけでなく、さまざまな職業の人たちがウニヴェルシタスを組織した。「ウニヴェルシタス」一語で「大学」を意味するようになるのは、のちのことである。なお、現代英語で「大学」を意

▼1　「職業」を示すドイツ語の Beruf や英語の calling ないし vocation は、原義としては「（神からの）呼びかけ」という意味である。従来、仕事とは「原罪への償い」としての苦役（labor）だと考えられていたが、この時期、「神に与えられた使命」という職業観が広がったというのである。マックス・ウェーバーは、『プロテスタンティズムの倫理と資本主義の精神』〔文献15〕の中で、Beruf が「職業」という意味で用いられたのは、ルターが聖書の訳語として使用したのが最初だと論じ、そうした職業観が広がるのは宗教改革後のプロテスタント諸国だとしている。しかし、プラールは、そうした職業観の変化は一〇世紀にすでに出てきているとしている。

味するもう一つの言葉である「カレッジ」は、ラテン語のコレギウムcollegiumが語源だが、この言葉もウニヴェルシタスと同義で、当初は単に「組合」を意味していた▼2〔文献182、上巻四〇頁〕。

一二世紀ごろのヨーロッパでは、農業生産技術の発展と人口増加によって、都市が形成されていった。都市は、商業や手工業に携わる多くの人を擁した。当時の社会では、ローマ教皇や神聖ローマ皇帝、国王や地方領主、さらには封建領主でもあった地域の教会の権力が複雑に重なりあっており、それらがそれぞれに裁判権や徴税権を持っていた。そうしたなかで、北イタリアの諸都市は、ローマ教皇と神聖ローマ皇帝の権力争い（いわゆる「叙任権闘争」）のなかでうまく立ち回り、裁判権や免税権などの特権を獲得して「自由都市」となっていった。

そうした自由都市の組織や自治的な運営方法が、教師や学生の組合を含む各種組合のモデルとされたのである。そうした都市自体がしばしば「ウニヴェルシタス」と呼ばれていた。そして、自由都市や各種組合の運営は、きわめて民主的なものであった。ジャック・ヴェルジェ『中世の大学』〔文献18〕の表現によると、以下のとおりである。

同じ仕事に携わり、隣接して住んでいる人々は、当然、自衛のために結びつこうとした。この結びつきは、封建社会の中で家臣を領主に結びつける縦の依存関係のようなものではなく、平等な人々の共同体を生み出した。彼らを結びつけている誓約は自発的な同意によるものであり、それによって課される義務は予め議論され、改正可能な規約の形で公表された。「団体」の内部には階級制度（徒弟、奉公人、親方）が存在しえたが、隷属的な性格は全くなかった。一つの階級から他の階級への昇級は正規のことと考えられ、公的な試験によって行われた。（一七頁）

つまり、「教師たちが多少とも自治的・特権的な組合を形成している」という、現在に至る大学の特徴は、錯綜する権力関係のはざまで各種の自治的な団体が設立されたという、ヨーロッパ中世的な現象を引き継いでいるのである。

以下では、既存の研究書が一致して「最初の大学」として挙げるボローニャ大学とパリ大学の事例を中心に、大学の成立過程をもう少し具体的に概観しておこう。[3] これら二つの大学の成立後、ヨーロッパ各地で大学が形成されるが、それらはこの二つの大学から分かれてできたり、これらをモデルとして設立されたりしたものである。

学生の組合「ナティオ」の結成——「最古の大学」ボローニャ大学

ボローニャは、北イタリアのロンバルディア地方の自由都市のひとつである。もともと北イタリアで

▼2　通説では、コレギウムは「教師の組合」で、ウニヴェルシタスは「学生の組合」だとされてきたが、児玉善仁『イタリアの中世大学』〔文献60〕は、コレギウムは当初、教師の組合ではなく、むしろ「学位授与団」であったとする（七五頁）。

▼3　ここまで、ラシュドール『大学の起源』〔文献182〕、プラール『大学制度の社会史』〔文献136〕、ヴェルジェ『中世の大学』〔文献18〕を引用したが、そのほかに大学の成立を扱った古典的な文献としては、ジャック・ル・ゴフ『中世の知識人』〔文献184〕、C・H・ハスキンス『大学の起源』〔文献127〕などが、日本語で読める主要なものである。児玉善仁『イタリアの中世大学』〔文献60〕の一三〜一七頁に、これまでの研究状況の概観が書かれている。本書の記述はこれらの文献にもとづく。出典については、複数の文献に言及があることについては、基本的に、より古い文献を参照指示した。

は、西ローマ帝国滅亡後もローマ法を研究教育する伝統が残っていたが、なかでもボローニャでは法学教育が盛んで、とくに一二世紀前半にはイルネリウスという教師が名声を博したため、全ヨーロッパから学生を集めることになった。

ところが、当時の自由都市では、その都市の市民の権利は保護されていたが、それ以外の者の権利は保障されていなかった。しかも、ボローニャには多くの学生が集まったために、下宿代や書物代などが急騰した。そこで学生たちは、団結して自分たちの権利を主張するために、「組合」を組織したのである。彼らは、都市当局と交渉して独自の裁判権や免税特権などを獲得しただけでなく、下宿屋や書店などとも交渉して、価格を決定する権利も確保した。こうした学生の組合が、世界最初の「大学」につながっていく。

当初、学生たちは出身地ごとに「ナティオ」[4]という団体を作り、それぞれに選挙を行って学頭[5]を代表として選出していた。一三世紀の中ごろにはそれらが統合され、「アルプス以南出身者のウニヴェルシタス」と「アルプス以北出身者のウニヴェルシタス」の二つにまとまった[6]［文献182、上巻一五〇頁］。

なお、これは法律を学ぶ学生の組合についての話である。当時のボローニャには、自由学芸[7]や医学を学ぶ学生もいたらしい。そして、自由学芸や医学を学ぶ学生たちは、それぞれに四つのナティオ（アルプス以北、ロンバルディア、トスカーナ、ローマ）を組織していた［文献182、一五二頁］。

よく「ボローニャ大学は世界最古の大学」などと言われるが、一三世紀において「ボローニャ大学」という単一の組織があったのではなく、ボローニャという都市に、法律を学ぶ学生たちのウニヴェルシタスが二つあり、自由学芸を学ぶ学生のナティオが四つ、医学を学ぶ学生のナティオが四つあったということだ。そうした諸団体が連合し、一つの組織として行動するようになるのは、一四世紀以降のことである［文献182、一六六頁］。

こうした学生の組合は、当初は相互扶助と自治を目的としていたが、徐々に教師に対する統制権を得ていった。気に入らない教師の授業をボイコットして、彼らが聴講料を得られないようにすることで、教師

▼4　原語はnatio、英語で言えば「ネイションnation」である。この言葉は通常、「国民」と訳されるが、中世ヨーロッパに存在した「国」の範囲は現在の諸国の国境とは異なり、そもそも国のあり方も異なっていた。さらに、ナティオを組織した人たちの出身地の範囲は、当時の「国」とも異なっていた。児玉は、ナティオは「近代的な国民概念成立以前の時代において、生誕地もしくは居住地を同じくする学生の団体を意味していた。と同時に、同一言語を話す者の団体という意味も大きかった」［文献182、五六頁］という。ラシュドールの訳者は、「ナティオ」を「国民団」と訳しており、児玉もそれを踏襲しているが、それでは「ナティオ」を現在の「国民」同様のものと誤解する恐れがある。あえて訳せば「同郷人会」などになるだろうが、それでは単なる親睦会のような印象を与える。そこで、ここでは訳さず「ナティオ」とカタカナ表記している。

▼5　原語はレクトルrector。この言葉は、現代の英語でも「学長」を意味するが、もともとは「いろいろな都市の長官や、ギルドの役職者に適用されたもの」であり、大学は「この言葉をギルドから借り、ギルドはまたそれを、都市の組織から借りていた」［文献182、上巻一五六頁］。

▼6　なぜナティオという団体があるにもかかわらず、学生たちは屋上屋を架すようにウニヴェルシタスを組織したのかという点について、ラシュドールは検討していない。この点について児玉は、「大学団とは、（中略）組織的に教授契約を締結するための完全な法人格を持つ団体組織に他ならなかったのである」［文献60、七〇頁］と述べる。つまり、ナティオは教育に関する機能を持たない学生たちの互助会的組織であったので、教師との教授契約を結ぶための法人としてウニヴェルシタス（大学団）が改めて組織されたということである。

▼7　ラテン語で「アルテス・リベラレスartes liberales」、英語で言う「リベラル・アーツ」である。これは、古代以来、教会や修道院の付属学校などで教えられてきたもので、言語にかかわる三学（文法学、弁証学、修辞学）と、数学にかかわる四科（算術、幾何学、天文学、音楽）で構成されているので、「自由七科」とも言われる。

を支配下に置いていったのである［文献182、一五八頁］。

現在のわれわれの常識からすれば、大学は教員を中心とする組織であり、学生は募集するものと考えがちである。ところが、この「世界最初の大学」は、大学自体が学生の団体で、教師の方が学生に雇われていたのである。

これは、ボローニャの学生の大部分が市外の出身者であり、しかも、「学生のほとんどが二十歳をはるかに超えており、特にドイツ人学生の中には裕福でしばしば貴族の家庭に属するものがいた」［文献18、三八頁］からである。彼らは、われわれが「学生」と聞いて連想するような未熟な若者ではなく、自分たちの権利のために団結して交渉することができる、誇り高い大人だったのだ。

そして教師たちはといえば、たった一日欠勤するのにも学生たちの許可を得る必要があり、市外へ出るためには、ちゃんと帰ってくる保証として一定額の金を供託する必要があるなど、学生に対する従属の度を深めていった［文献182、上巻一七九頁］。

「市外へ出る場合には供託」というのを見て、「なぜそこまでしなくてはならないのか」と思われるかもしれない。それは、当時、有力な教師は他の都市から引き抜かれたり、より快適な都市へ移住してそこで教えたりすることがよくあったからである。教師集団の移住によって、他の都市に「大学」が形成されることもあった。

他方、学生たちも、自分たちの処遇が不満の場合には、集団で他都市へ移住することがあった。たとえば、ボローニャの学生たちは一二〇四年にヴィチェンツァへ、一二二二年にはパドヴァへ、一三二一年にはシエナに移動し、それぞれ、その地で組合（大学）としての活動を継続した。

ボローニャや、次に見るパリにおいて大学が形成されて以降、ヨーロッパ各地で大学が形成されるが、その大部分は、このような学生組合や教師組合の移動によってできたのである。[8] 当時の大学は、建物も図書館も持たない「人の集合」だったから、移動も簡単にできたのだ。しかし、大学に属する学生や教師は少なくない人数だったので、彼らが大挙していなくなることは、都市の経済にとっていささか打撃であった。また、大学が存在することは、都市の威信にとっても重要な意味があった。そのため、「集団で移動するぞ」という脅しは、学生や教師の組合が都市当局と交渉して特権を獲得するうえで、有効なカードとして使われた。

リベラル・アーツの教師集団——教会と闘うパリ大学

ボローニャと並んで「世界最古の大学」とされるのは、パリ大学である。ボローニャの場合、市外から集まった学生たちが、都市当局に対して自治権を確保するために組合を組織したのだが、パリの場合には、教師たちが、地元の教会から自治権を獲得するために団結した。

パリには大聖堂[9]が置かれており、そこには学校が併設されていた。それが名声を博すのは、ペトルス・アベラルドゥス（フランス語でピエール・アベラール、一〇七九～一一四二年）の活動のおかげである。[10] アベ

▼8 イギリスのオックスフォード大学は、多くの文献ではボローニャやパリの大学と同様の自然発生的なものとされているが、ラシュドールは、さまざまな状況証拠から、パリ大学のイギリス人学生が集団で帰国して作ったものだと結論している［文献182、下巻二九～三六頁］。

▼9 大聖堂（カテドラル＝司教座教会）とは、司教座（司教の座る椅子）の置かれた教会であり、司教とはカトリックの行政単位である「司教区」の長となる職階である。なお、パリの大聖堂は、一二世紀から一三世紀に百年近くかけて建設され、現在も威容を誇るノートルダム大聖堂である。

ラルドゥスは一二世紀ルネサンスを代表する哲学者であり、当時の「普遍論争」において、唯名論的な立場をとった。たとえば、「人」などの一般名詞は、すべての個人に当てはまるが、それは各個人において「人という性質」（普遍）が実在しているからなのか。それとも、そうした抽象的なものは実在せず、「普遍」とはさまざまな個物の集合につけられた単なる名前に過ぎないのか。普遍論争とは、こうした問題をめぐるものであり、中世における哲学の主要な論点となる。唯名論とは、普遍とは単に名前であって実在しないという立場である。

アベラルドゥス自身はどこで学問を学んだのかというと、十代の頃から各地の高名な教師のもとを渡り歩いて学んだようである。先ほど、ボローニャが全ヨーロッパから学生を集めたことを述べたが、その時代、多くの若者がヨーロッパ各地を股にかけて勉強して回ったのであった。アベラルドゥスは、そうした遍歴の中で、高名な教師との論争で名を上げ、一一一四年、大聖堂学校の教師となった。そして、今度は彼のもとに多くの学生が押し寄せるようになった。[11] それに伴って、多数の教師もまた集まってきた。そうした教師が作った組合が、パリにおける大学の起源である。

当時、教育は教会にほぼ独占されており、教師になるには、大聖堂の尚書官[12]から教員免許を受ける必要があったが、教師たちはその資格授与の条件や報酬について交渉するために、組合を組織した［文献18、二〇頁］。また組合は、新たな教師を仲間として受け入れる儀式を行い、組合に属さない教師が教えることを阻んだ。「さらには多分、加害された仲間・学生の擁護、同業者間のエチケットの侵犯に対する追放・職業的破門という処罰」などを行っていたと考えられる［文献182、上巻二四七頁］。

パリにおいてもボローニャ同様、組合は四つのナティオによって構成されていた。ただし、ボローニャのウニヴェルシタスやナティオが主に法律を学ぶ学生によって形成されたのに対して、パリのそれは当初、自由学芸を教える教師の団体であった。パリの四つのナティオは、それぞれフランス、ノルマン、ピカルディ、イングランドという名だったが、「フランス」ナティオには全ラテン民族が含まれ、「ピカルディ」にはネーデルラント全体、「イングランド」にはドイツと北東ヨーロッパの出身者全部が含まれていたという［文献182、上巻二六三頁］。その後、神学教師、法学教師、医学教師もそれぞれに組合（ナティオ）を組織したが自由学芸の組合が優越的な立場に立っていた。これらのナティオは連合して一人の学頭を代表として選んだが、それは常に自由学芸のナティオから選出されていたのである。

こうした組合は、教会のもとに教育を統制しようとする尚書官との間で、自治権を確保するための争いを展開した。具体的には、新人を採用する権利、組合の規約を作って構成員に従わせる権利、組合の代表者を選ぶ権利の獲得を目指した［文献18、三一～三二頁］。そうした闘争のさなかで、一二一〇年ごろに最初の

▼10　アベラルドゥスの生涯と思想についての概略は、永嶋哲也「一二世紀の哲学」［文献115］などを参照。

▼11　ただしパリでの教師生活は数年しか続かない。年若い弟子のエロイーズとの恋愛沙汰の結果、パリを追われて修道院を転々とすることになる。『アベラールとエロイーズ　愛と修道の手紙』［文献2］に収められた第一書簡は、当時の知識人の姿を伝える資料であるが、エロイーズとの関係とそれに伴う災難を描いているので、「災厄の記」と俗称される。

▼12　原語はカンケラリウス cancellarius、英語で chancellor。この語は、現在では「大学総長」を意味しているが、手元のラテン語辞典（田中秀央編『増訂新版　羅和辞典』研究社、一九六六年）を引くと、一義的には「門番」である。一二世紀当時におけるカンケラリウスの本来の仕事は「印璽の保管、封印を要する書簡・記録の作成にあった。しかしそれが、（中略）ある程度の教養を必要としたことから、ごく自然に、学校の監督から図書館の世話まで、一手に任されることとなっていた」［文献182、上巻二四〇頁］。

規約が作られ、教師の組合は自治的な組織としての体裁を整えていく。それと相前後して組合は、フランス国王やローマ教皇から特許状を得て、尚書官との闘争で獲得した権利を確認してもらうことに成功する。

たとえば一二〇〇年のフィリップ二世（尊厳王、一一六五〜一二二三年）による特許状は、学生を市の裁判から免除して教会の裁判を受ける権利を保証するものである。一二三一年のローマ教皇グレゴリウス九世（一一四三〜一二四一年）の大勅書は、教員免許の授与に関する規定を立てることで尚書官の自由裁量を制限し、諸規約を作る組合の権利を認め、さらには抗議行動としての講義停止の権利までも認めている。[13]

このように、パリにおける教師の組合としての大学の発展は、教育を統制しようとする大聖堂の尚書官との闘争によって促進されたのである。教師たちは、教会権力のトップであるローマ教皇や、別の権力機構である国王を味方につけることで、地元の教会権力による統制を逃れようとした。しかしそれは、言うまでもなく、ローマ教皇や国王の支配下に入ることを意味した。のちのち、大学は教皇や国王の権力に従属して自治権を喪失することになる。

大学の隆盛とスコラ哲学

ここまで見てきたように、成立した当初の大学のあり方は、われわれの常識とは大きく異なるものであった。まずそれはボローニャにおいて学生の組合として、おおむね同じ時期にパリでは教師の組合として成立した。「教授会の自治は、大学の自治から派生した」などという財界の主張が、いかに根拠のないものであるかがはっきりしただろう。むしろ、大学の方が、学生や教師の自治的な組合から派生したのである。

また、財界や政府は、トップダウンによる大学の管理強化を主張するが、中世における大学の成立後、近代までの歴史は、権力による大学への介入が、大学の研究教育力を奪っていく過程であった。

付言すると、ボローニャやパリで大学が形成途上であった一三世紀にも、国家権力が管理する大学は存在した。一二二四年に神聖ローマ皇帝フリードリヒ二世（一一九四～一二五〇年）が、ボローニャに対抗して設立したナポリ大学である。ボローニャという都市は、皇帝と教皇の権力争いにおいて「教皇派（ゲルフ）」に属したので、皇帝は、それに対抗して「皇帝派（ギベリン）」の都市であるナポリに大学を置き、ナポリやシチリアの住民にそこで学ぶことを強制したのである。

ラシュドールによると、これは、「大学がこれほど完全に君主権力に服従した事実は、中世史でも他に例を見ない」という代物で、学生や教師の自治権などまったく認められなかった。[14] 彼は、この大学について、「中世思想の歴史にはなんの重要性も持つものではない」と断言している［文献182、中巻二九～三〇頁］。

国家権力が過度に介入すると研究教育は沈滞するというのが歴史の教訓であるように思われる。とはいえ、あまり性急に結論を出さず、一二、三世紀の大学における学問研究や教育のあり方を概観しておこう。

▼13　それぞれ、ハスキンス『大学の起源』［文献127］の巻末に付録されている（一六六～一六九頁、一七〇～一七六頁）。ただし、一二〇〇年の特許状は、学生に裁判上の特権を与えるもので、当時、ナティオやウニヴェルシタスが存在したことを証拠づけるものではない［文献182、上巻二五〇頁］。

▼14　それゆえ、ナポリに設立されたものは「ウニヴェルシタス（組合）」とは言いがたい。当時、「大学」を指すもう一つの言葉であった「ストゥディウム・ゲネラーレ studium generale」と呼ばれた。これは、「万国学校」（各地から学生が集まる学校）という意味である。「ストゥディウム・ゲネラーレ」と「ウニヴェルシタス」という概念の異同については［文献182、上巻四〇～四六頁］および［文献60、一一〇～一一五頁］を参照。

ヨーロッパ中世における学問といえば、「スコラ哲学」である。デカルトなど近代の哲学者たちが厳しく批判したため、スコラ哲学というと「些末なことに不毛な議論を戦わせるもの」というようなイメージが広がっているが、デカルト自身、スコラ哲学から大きな影響を受けていることは、今日の哲学史では常識である。

「スコラ」とは、ラテン語で「学校」の意味である。つまり、スコラ哲学とは、中世の大学を中心に展開された思想のことである。一二世紀ルネサンスによって哲学への関心が高まったことで、学生や教師が増え、ついには大学が形成された。

先に述べたように、その一二世紀ルネサンスは、イスラム世界との接触によって古代ギリシアの文献が流入し、ラテン語へ翻訳されたことがきっかけとなった。しかし、ヴェルジュが指摘しているが、「一二世紀の翻訳の中心地は、地理的には学校の所在地と全く一致していない」〔文献18、一〇頁〕。翻訳の中心地は、ギリシア文化の遺産を受け継いだビザンツ帝国や、イスラム世界と密接な関係にあったイベリア半島などであった。しかし、そうした地域に重要な学校は発生しなかったのである。研究や教育が大いに盛り上がり、大学が発生したのは、自由都市であった。自由都市が多くの人を引きつけ、その自由で自治的な雰囲気が、研究や教育の発展に大いに影響したということであろう。

先ほど、アベラルドゥスに関連して「普遍論争」について述べた。これは中世哲学における一つの重要な論点ではあったが、より根本的な問題は、信仰と理性の調和であった。分かりやすく現代風に言えば、「徹底的に科学的に考えながら、キリスト教を信仰することは可能か」ということである。

一二世紀から一三世紀にかけて、「ルネサンス」を引き起こすほどのインパクトがあったのは、アリストテレスの諸著作であった。彼の著作は自然学、形而上学、政治学や倫理学に及ぶ。しかも、そのいずれもが、彼なりの観察や論理的考察によって、非常に高い水準に達している。一二世紀より前には、ヨーロッパ中央部では、それらのうち論理学的著作の一部しか知られていなかったが、一二、三世紀にそのほぼ全体がラテン語に翻訳されたのである。それゆえに、「その影響はほとんどあらゆる学問分野に及び、スコラ哲学の主たる担い手であったキリスト教神学者たちも、(中略)アリストテレスなしにはその知的営為は不可能となったのである」[文献35、四〇七頁]。

そして、アリストテレスの諸学問と、聖書の記述にもとづくキリスト教信仰とが矛盾した場合にどうするかが、当時の根本的な問題となった。たとえば、アリストテレスの『形而上学』の中には、「第一原因」としての神についての議論が含まれている[文献7、第6章~第7章]。彼の議論は、要するに、以下のようなものである。

この世界には常に運動変化がある。たとえば天体は常に円運動をしている。そうした形で運動をさせている何らかの原理(アルケー:始まり)があるはずだ。ところで、通常の運動変化は他の運動が原因になって引き起こされるものだが、原理としての「第一原因」自体は運動変化ではない。もしそれが運動変化であるなら、それに先立つ別の原因があるはずなので、最初の原因ではないことになるからだ。つまり、「第一原因」は、自分自身は動かずに他の物を動かす「不動の動者」だということになる。では、それはどのようにして他の物を動かすのか。ちょうど、善や美を求めて身体が動くのと同じようにしてである。だとすると、「第一原因」は、すべての運動がそれを求めるような、善美なるものだということになる。

このように、アリストテレスにおける「第一原因」は、自然現象を観察したうえで、論理的思考を突きつめていくことで見いだされた「神」である。「善美なる唯一の存在」という点では、キリスト教の神と矛盾するものではないが、アリストテレスは「この世界には常に運動変化がある」ということを議論の前提としている。つまり、世界には始まりも終わりもなく永遠だということであり、「神による世界の創造」というキリスト教信仰の核心を否定しているのである。

当時、アリストテレスの神学とキリスト教神学との矛盾に対して、「ある人々は「世界の永遠性」という主張を、真理としてではなく、あくまでアリストテレスはそう述べているだけだと解説した。また、別の人々は（中略）その主張はアリストテレスの真意ではないとみなそうとした。もちろん、その主張をアリストテレス哲学の誤謬であり、神の啓示を欠いた人間の不完全性の証拠だとする者たちもいた」〔文献35、四一七～四一八頁〕。

こうした多様な解釈が展開され、それぞれの論者が論争を展開することで、スコラ哲学は大いに発展する。「そのような議論では、正当な推論の論理的原則が尊重される限り、あらゆる大胆さが許容された」という〔文献18、二二頁〕。また、当時の「学問の自由」について、ハスキンスは「パリの『大学記録』のなかの一三世紀のすべての記録を調べた」結果、「神学上の異端と思われていたものか、神学上の訓練を受けていない人びとによる神学的問題に対する不当な干渉」の少数の例はあるものの、「実際上の自由が大量にあった」と述べている〔文献127、九九～一〇一頁〕。学識のない権力者が学問研究に介入することは当時もあったようだが、全般的には学問研究は自由に行われていたのである。

そして、当時の大学での授業自体が、解釈と論争によって成り立っていた。

中世の大学の授業の基本は教師が権威あるテクストの意味を解説することであって、これが「読むこと」を意味する「講義」（lectura, lectio）という授業形態である。（中略）だが、中世の大学における教育の最大の特徴とされるのは「討論」(disputatio)と呼ばれる上級学生向けの授業形態である。教師が討論のテーマを、たとえば「神は存在するか」という問いの形であらかじめ提示しておき、討論当日にこの問いに肯定的立場の学生と否定的な立場の学生が何らかの根拠によって自分の立場を弁証し、その後に教師が裁定を下し、さらに両方の学生の根拠に批判を加えるというスタイルを取るものであった。〔文献35、四一四頁〕▼15

アリストテレスの自然学や形而上学は、一二一五年、キリスト教に反するとして禁書となり、その後も何度か禁止されるが、そうした禁止にもかかわらず、アリストテレスの諸著作は「講義」用の教科書に指定されていった〔文献182、上巻二八七頁〕。結局、学者たちはそれを解釈せずにはいられなかったのである。既存の権威や権力よりも、真理を探究したいという学者の探究心が勝ったということなのだろう。

トマス・アクィナス(一二二五?~一二七四年)、ロジャー・ベーコン(一二一四~一二九四年)、ドゥンス・スコトゥス(一二六六?~一三〇八年)、ウィリアム・オッカム(一二八五~一三四七年)といった中世哲学のビッグネームは、いずれも大学教師であった。そのことからも、一二、三世紀における大学が、いかに教育研究を盛り立てたかをうかがい知ることができる。彼らの授業の内容は、「注解書」や「討論集」などの形で現在に残され、哲学研究者にインスピレーションを与えつづけている。

▼15 ボローニャとパリにおける授業の実態については、それぞれ文献182の上巻一九四~一九六頁と三三九~三五五頁を参照。

第2節　近代国家の形成と大学の変質

自治を失う大学――絶対王政から近代国家へ

一二、三世紀に教師や学生の組合として大学は成立し、大いに学問研究が盛り上がるが、残念ながら、大学の栄光はそれほど長続きしない。一三世紀後半には学問研究の自由に対する教会の圧力が強まり、一五世紀までには組合自体も既得権益の確保のために硬直化する。大学が立派な建物を得て、教師が蓄財するようになる一方、大学の自治や学問の自由は失われるのである。

従来の大学史では、パリの司教エティエンヌ・タンピエが一二七七年に出した「禁令」が重要な転換点になったとされている。教皇ヨハネス二一世が、パリ大学における異端学説についての調査を命じたのに対して、タンピエは二一九の「異端的命題」を選定した。それらは、アリストテレスにもとづく主張のうち、キリスト教に反するとされたものであった。そしてタンピエは、それらをパリ大学で教えることを禁止したのである［文献94］。

ヴェルジュによると、これは「中世大学の歴史上重要な事件」であり、この結果、パリ大学の文芸学部はアリストテレス自然学の研究を停止し、文法や論理学といった伝統的な自由学芸へ戻ってしまった。また、神学部は哲学者の議論を参考にすることをやめ、聖書講読が神学教育の中心になり、さらには、公認教義の高揚と異端の糾弾の役割を担うことになったという▼16［文献18、一〇五～一〇九頁］。

その後、一四、五世紀にはフランスでは王権が伸長し、教皇よりも国王の影響力が強くなっていった。

一四四六年に大学は独自の裁判権を失い、国王の機関である高等法院の裁判権に服することになった。また、一四九九年には、ルイ一二世によって、抗議行動としての講義停止の権利を取り上げられた［文献182、上巻三三三〜三三八頁］。一六世紀には、絶対王政の確立を目指す王権が、大学だけでなく、その他もろもろの団体における中世的な特権の撤廃を進めることになる。

大学を含むさまざまな自治的な団体は、中世における錯綜した権力関係のはざまで成立したが、権力が王権へと一本化されていき、現在につながる「国」の形が形成されていくなかで、自治権や特権を喪失していくのである。

ではボローニャなど、イタリアの大学はどうだったか。それらは、自由学芸や神学ではなく、法学教育を中心としていた。そうしたこともあって、パリと比べて、地元の教会やローマ教皇からの影響はそれほどなかった。代わりに、都市当局からの影響を受けるようになっていった。

もともとボローニャでは、教師の収入は主として学生からの聴講料であった。ところが、一三世紀終わりごろから、都市当局が給料を負担する例がみられるようになった。近隣の諸都市が、有利な条件で教師の引き抜きを図ったために、対抗上、ボローニャも教師の待遇改善に踏み切らざるをえなかったのである［文献182、上巻一八九頁］。

▼16　近年の研究によると、従来、この禁令による効果と、当時のナティオ同士の内紛の結果とが混同されており、この禁令が「哲学史、思想史における大きな扱いに見合う影響があったかどうかは疑わしい」という［文献177、五七四頁］。とはいえ、「この禁令は（中略）よく言われる「異端宣告」ではなかったが、それは場所と時代を超えて広がったため、以後の神学・哲学者たちがそれを異端的学説の目録と見なしたことも事実である」［文献32、五八八頁］。

同じころ、教授職は世襲化の傾向を見せはじめる。その結果、「ボローニャ法学校の独創性と真髄とは、もはや壊滅の傾向を示すに至った」という〔文献182、上巻二二〇頁〕。

そして、給料の支払いが学生から都市当局に移るにつれて、教師の任命と、大学行政一般は、都市当局が設置する「大学改革委員会」に任されることになった。一五世紀末には、大学はもはや都市当局の一機関とみなされ、大学専用の建物が造られるようになった〔文献182、中巻六一〜六三頁〕。

こうして、一六、七世紀ごろまでには、大学の自治（ボローニャの場合には、学生の自治）は破壊されてしまう。

このように、既存の大学は自治権を切り崩され、国家権力に従属するようになっていくのだが、それと並行して、国家権力自体が大学を創設する動きも出てくる。[17] まず、これまで大学がなかったポルトガル王国にリスボン大学（一二九〇年）が作られた。イタリアでは、自由都市がフィレンツェ大学（一三四九年）を、ミラノ君主がパヴィア大学（一三六一年）を設立した。ボヘミア王でもあった神聖ローマ皇帝カール四世はプラハ大学（一三四七年）を作り、それに対抗したハプスブルク家のルドルフ二世はウィーン大学（一三六五年）を、ポーランド王はクラクフ大学（一三六四年）を作った。一五世紀になると、ヨーロッパ各地に多数の大学が創設された〔文献18、一五六〜一六〇頁〕。

こうして大学がたくさん作られると、大学は、それまでのような国際的性格を失っていくことになる。「一三世紀にはヨーロッパ全域から人はパリとボローニャに駆けつけたのに対し、大学はまず何よりも地方的、すなわち地域的になった」〔文献18、一六二頁〕。要するに、学生はわざわざパリやボローニャまで行かなくても、地元の大学に行けばよくなったのである。また、ヴェルジュは、大学が地域的になったことからは、「国民的感覚の誕生」を見て取ることもできると言う。

先に述べたとおり、ヨーロッパの中世では、ローマ教皇や神聖ローマ皇帝、国王や地方領主、さらには封建領主でもあった地域の教会の権力が複雑に重なりあっていた。それゆえ人々は、「ある一つの国の国民」という意識など持っていなかったと思われる。そもそも、現在のような意味での「国」が存在しなかったのである。一つの地域における権力機構が一つの政府に一本化され、それぞれの政府の権力の及ぶ範囲（国境）が排他的に画定されるような近代国家は、中世末期から近代にかけて、王権が他の権力機構を排除する努力の中で形成されていった。それに伴って、ある一つの政府の権力が及ぶ範囲内に住む住民は、「国民的感覚」ないし「国民意識」を持つようになっていく。最終的に、大革命後のフランスにおいて、近代国家は明確に「国民国家」という形をとる。大学の変遷は、こうした大きな世界史的な流れの中に位置づけられるのである。

大学の役割は官僚養成機関に

ところで、中世末期から近代初頭にかけて、なぜ多くの国家が大学を設置したのだろうか。引き続きヴェルジュの言葉を引くと、「明らかに大学が国家にとって現実の必要性に応えていたからであり、大学が官僚機構の増大によって必要となった官吏を供給することを、国家が期待していたからである」（一六

▼17　といっても、そうした大学の大部分は、ゼロから作られたのではなく、既存の学校をもとにしていた。また、それらの組織は、基本的に、ボローニャやパリを模倣するか、その混合形態をとるものであった。つまり、学生の組合か、教師の組合か、学生と教師の組合として、「ナティオ」を単位として組織されていた。当初は、独自の規約の制定権や裁判権などの自治権も与えられていた。個々の大学についての詳細は、文献182の中巻を参照。

五頁)。

王権が他の権力機構を解体し排除するということは、それら権力機構の役割を吸収するということだから、王の政府における官僚機構は肥大化することになる。中世末期以降の大学(とくに法学部)は、そこに官僚を供給する役割を果たしたということである。

もちろん、当時、大貴族の家に生まれた者は、大学になど行かなくても要職に就くことができた。それゆえ、王の官僚になるために大学に行こうとしたのは、中小の貴族の子弟だった。大学は、彼らにとっては、社会的地位を向上させるための手段であった〔文献18、一七二頁〕。

しかし、大学がそうした手段として機能したのは、短い期間だった。「官吏と法律家が閉鎖的な特権階級を作る傾向がもう一五世紀に顕著に現れたからである」〔文献18、一七三頁〕。官僚や法律家となった者は、買官制を利用して官職への就任権を購入し、いわゆる「法服貴族」となっていった。ただし、大学は、官僚養成の機能を失ったわけではない。法服貴族の子弟は、やはり大学に行った。大学は、彼らが自分たちの権威づけのために独占的に利用する機関となったのである。

同時に、大学自体も「貴族化」していった。かつては建物も図書館も持たない貧しい団体だった大学は、いまや立派な建物を持ち、着飾った教授たちが、華麗な学位授与式を主宰するような場になった。学生は学位授与などの際には高額の謝礼を要求されたし、式典自体にも金がかかるようになった。それゆえ、かつては多く見られた貧しい学生は、ほとんど姿を消した。他方、教授の子息は、そうした謝礼を免除されるなど特別扱いされたため、教授職の世襲化が進んだ。さらには、学位の売買なども行われたという。

その結果は言わずもがなであるが、ヴェルジュの言葉を引いておこう。

おそらく教育水準が低下したらしいということは別にしても、このような現象は教授たちに自分の知識と自分の職業に対する態度を変えさせた。学問に対する利害ぬきの好み、他の人たちと共に学問を語りたいという希望、議論の豊富な利点に対する信頼は失われ、それとともに、すべて能力あるものは教える権利を持つという考えも失われた。一二世紀と一三世紀の教員はこの考えを求めて闘ったのであった。それ以後、知識は所有物であり、宝物であると考えられた。屋敷、土地、書物と同様に、知識は博士の家系の世襲財産の一部となったのである。〔文献18、二〇七～二〇八頁（訳文を一部改変）〕

中世末期から近代初頭にかけて、大学は、自由な研究と教育の場から、実利的な関心にもとづく官僚養成機関となり、さらには特権階級の権威づけのための機関となってしまった。大学教師たちも貴族化・権威主義化した。[18] そしてフランスでは、大革命のさなかの一七九五年、すべての大学が廃止されてしまう。そのかわりに設置されたのは、多数の「グランゼコール（大学校）」であった。これは、研究を推進する

▼18　一六世紀から一八世紀までの大学のあり方について詳細に研究した文献がほとんど見当たらなかったため、本書における記述も著しく簡略なものとなっている。歴史学は一般に「起源への問い」を探求の動機としているから、大学についてもその起源についての研究は多数あるが、中間的な時期は関心を引かないのだろう。また、多くの文献が、近代初期の大学を、特権階級がのさばる国家の御用機関のように描き、知的な創造力を失ったかのように記述している。哲学史においても、その時期のスコラ哲学について言及されることは少ない。しかし、二〇〇〇年に『中世思想原典集成　第二〇巻　近世のスコラ学』が出版され、一六、七世紀におけるスコラ哲学の豊饒さの一端が、日本にも紹介された。同書の田口啓子による「総序」〔文献91〕には、このように書かれている。（▽）

ための施設ではなく、教員養成のための「エコール・ノルマル・シュペリウール」や、技術官僚養成のための「エコール・ポリテクニク」など、専門職養成のための学校である。これらは現在も、フランスにおけるトップエリート養成校として、高い威信を保ちつつ存続している。

後進国の改革とフンボルト理念——一九世紀ドイツ①

フランスで大学が廃止された一九世紀、近代的な大学が発展するのは、ドイツにおいてである。イタリアやフランスで大学が発生し、それが周辺の各地に移動して西ヨーロッパ一帯に大学が出現した一三、四世紀には、現在のドイツにあたる地域は封建制が根強く残る後進地域で、ほとんど大学は作られなかった。同地域で一四世紀までに作られたのは、エアフルト（一三七九年）、ハイデルベルク（一三八五年）、ケルン（一三八八年）のみである。ドイツで多数の大学が設立されるのは、一六、七世紀になってからである。

そのころまでに、不作や疫病や戦争の結果、小規模の荘園領主が没落して、領邦君主の権力が強化されていた。そうした領邦君主が、功名心から大学の設置を望んだ。また、宗教改革の結果、それぞれの領邦はカトリックかプロテスタントのいずれかの宗派を支持し、他方の宗派と張り合うために、自国に大学を設置しようとした。こうして領邦ごとに大学が設置されることになった。とはいえ、そうした大学の多くは、財政的な裏付けを持たず、大急ぎで作られたものだったので、長続きしなかった［文献136、九九〜一〇六頁］。

生き残った大学を襲ったのは、イタリアやフランスの大学と同じく、国家による管理強化だった。ドイツの領邦は比較的小規模のものが多かったが、それでも中世末期にはその範囲内で権力の一本化が進んだ。その結果、「中世」に教師と学生の団体の協同組合的提携として生まれ（中略）かなりの程度自律的な

「大学」という制度が、次第に、領邦君主の監督下に立つ国家施設になった」のである〔文献136、一〇七頁〕。とくに、一七世紀末の絶対主義の時代になると、「大学は国家施設になり、教授は官吏になり、学生は、世俗領主あるいは聖界領主の下僕の卵として「役に立つ奴《やっこ》」になった」(同所)。大学教授たちが貴族化・権威主義化していったのも、フランスなどの場合と同様である。

ところが、フランスでは大学は衰退するにまかされて、新しい学問的な研究は「アカデミー・フランセーズ」や「科学アカデミー」など大学以外の機関が担っていったのに対し、▼19 ドイツでは大学の改革が叫ばれた。そして、旧態依然とした大学は廃止され、新たな理念にもとづく大学が新設された。

その嚆矢は、一六九四年にプロイセンのハレに作られた大学である。そこでは、「啓蒙主義の理念が本気に取り上げられ、講義は初めてドイツ語で行われ、初めから歴史、地理、実験自然科学、自然法が教えられ、「研究と教授の自由 libertas philosophandi」という原則が推進された。(中略)神学、法律学、医学の内容は改められ、新しい学科が導入されたが、それらは、ハレでトマージウスやヴォルフによって提

(▽)「この時期、大学では依然としてスコラ学が教えられていたし、哲学の教科書「哲学教程」はスコラ学の体系に従って著述され、刊行されていた。印刷術の普及はこれに拍車をかける。この時期に刊行されたスコラ学の著作の多さは一見に値するし、その数はいわゆるルネサンス思想家の著作をはるかに上回っているのである。(中略)この時期のスコラ学は、(中略)論理学、心理学、存在論、倫理学、法学、政治学、および神学ときわめて広範囲にわたってバランスよく発達したと言える」(八〜九頁)。

残念ながら本書では、近世スコラ学の内容を紹介し検討することはできない。

▼19 一七、一八世紀フランスの「科学アカデミー」の制度的な位置づけや、そこで行われていた研究については、隠岐さや香『科学アカデミーと「有用な科学」 フォントネルの夢からコンドルセのユートピアへ』〔文献25〕を参照。

唱されていた合理主義哲学によって推進されたものであった」［文献136、一四三頁］。

そうした新しい大学では、従来の学芸学部は「哲学部」に改組され、古来の自由学芸ではなく、実際に役に立つ学科が教えられた。たとえば、「地理学、数学、建築学、築城学、紋章学、系譜学、年代学、帝国史と世界史、そして経済学と政治学」である［文献136、一四九頁］。授業の形式も、中世以来の講義と討論ではなく、「次第に実務的な演習と実例による具体的説明、コロキウムとゼミナール形式に移行していった」［文献136、一五一頁］。こうして「役に立つ学科」を修めた学生たちは、官僚として活躍することが期待されていたのである。

まさにその時代に大学教員であった哲学者のI・カント（一七二四―一八〇四年）は、『学部の争い』という本の中で、「医学部と法学部と神学部は官僚養成機関なのだから、政府の監督下に置かれるべきだ」と書いている。しかし彼はまた、「哲学部は真理を追究するものだから、政府は研究内容に口出しすべきではない」とも主張する。[20] そうした彼の議論からは、近代的な大学の開設当初から、政府による干渉と「学問の自由」との間には鋭い緊張関係があったことがうかがわれる。

その後、カントの影響を受けた哲学者たち、F・シュライエルマッハー（一七六八―一八三四年）やJ・G・フィヒテ（一七六二―一八一四年）、F・W・J・シェリング（一七七五―一八五四年）、フンボルトらが大学改革を求める論文を書いた。そうした改革論者、なかでもフンボルトの思想の強い影響のもとに、多くの大学史研究書が「最初の近代的大学」と呼ぶベルリン大学が設置されることになる（一八一〇年）。当時、プロイセンはナポレオンに対する軍事的敗北から、国家の改革と立て直しが叫ばれており、大学改革もその一環として取り組まれたのである。

大学に関するフンボルトの考えは、おおむね、以下のようなものである。すなわち、大学では研究と教育が表裏一体のものとして行われるべきである。職業に役立つ教育や、強制による教育は拒否されるべきである。また、大学に対する国家の干渉も有害である。学問研究は自由になされなくてはならない。国家は、個々人の理性の完成のために、「下心」なく、物質的基盤を提供すべきである。個々人の理性が高まることで、国家全体もより理性的な存在へと高まっていく〔文献136、一八四〜一八五頁〕。

こうした「フンボルト理念」こそが、近代における「学問の自由」や「大学の自治」、さらには大学と国家のあるべき関係についての明確な理論的言明である。そして、一読して明らかなとおり、この理論は、「国家が大学を支援すれば、大学は国家の発展に寄与する」という、国家主義的な構造を持っている。

こうした理念にもとづいて設置されたベルリン大学は、国家機関の一つでありながら、最大限の自由と自治を保障されていた。「教授の自由」と表裏一体のものとして、学生の「学習の自由」も保障された。ここで保障された自由は、単に「好きなことを研究教育してよい」というだけのものではなく、大学の運営について国家権力の不介入、つまり「大学の自治」が保障されているのである〔文献90、一五頁〕。

こうした理念を受けて、一八五〇年のプロイセン欽定憲法では、「学問およびその教授は自由である」（第二〇条）と定められた。こうして「学問の自由の憲法的保障というドイツ特有の方式が確立し、後の憲法はこれを継承して鞏固な伝統を築き上げた」〔文献90、一七頁〕。日本国憲法第二三条の「学問の自由の保障」は、ドイツ方式を導入したものである。

ただし、当時のドイツの大学では、教授の人事権は政府が掌握しており、大学は独自の財源を与えられ

▼20　カント「諸学部の争い」〔文献36〕。原著は一七九八年刊。なお、本文中の表現は、カントの言葉どおりの引用ではなく、カントの言葉を私が要約したものである。

ることもなかった。人事と予算という、組織運営のかなめの部分を国家に押さえられたうえでの、「与えられた自由」であった。

伊藤博文をはじめ、明治時代の要人の多くはドイツの大学に留学したから、日本の大学はドイツの大学を一つのモデルとして設計された。もちろん、大日本帝国憲法（明治憲法）にはプロイセン憲法のような「学問の自由」の条項はなかったが、ドイツ同様、大学の運営は基本的に教授会に任されていた。人事権については、ドイツ同様、政府が掌握していたが、一九一三年から一四年のいわゆる「澤柳事件」をきっかけとして、教授の任免には教授会の同意が必要という習慣が確立する。これは、当時の京大総長の澤柳政太郎が、独断的に教授を罷免しようとして教授会と対立し、罷免撤回に追い込まれた事件である。

しかし、軍国主義的な色彩が強くなっていった一九三五年の「天皇機関説事件」で、学問の自由は蹂躙されることになった。東大の憲法学者であった美濃部達吉の、天皇を国家機関の一つとみなす憲法解釈が、「不敬」とされて弾圧されたのである。当時、天皇機関説は憲法学上の定説だったので、全国の大学のほとんどの憲法学者が弾圧の対象になった。

その反省から、戦後、憲法第二三条が設けられたのだが、これはGHQが押し付けたというわけでは必ずしもない。[21] 戦前から日本はドイツ型の大学を持っており、ある程度の「学問の自由」や「大学の自治」の伝統を持っていたことから、改めてそれを確認したのである。[22] アメリカ合衆国憲法には、当時も現在も「学問の自由」の規定は存在しない。

さて、このようにして、近代的な意味での「学問の自由」を具現化した大学がドイツにおいて設置されるのだが、それが大きな学問上の成果を上げるのは、一九世紀後半になってからである。その時には、ドイツの大学には、アメリカ合衆国や開国後の日本から多くの留学生が集まり、ドイツの大学は、それらの国の大学改革や大学新設の際のモデルとされた。一八七〇年の普仏戦争でプロイセンに完敗したフランスでは、「ドイツの勝利は科学と知性の勝利であった」と考えられ、ドイツをモデルとした「教育制度の抜本的改革」が求められた。[23] トップレベルの大学は、トップレベルの軍事技術の開発にも加担していたのである。

▼21 ただし、一九四六年に、戦前の日本の教育体制を検証しにやってきた「アメリカ教育使節団」の報告書では、「学問の自由」の重要性が説かれている［文献6］。また、日本国憲法のいわゆる「マッカーサー草案」には、「学問の自由」の規定が入っていた［文献59］。しかし、戦後日本の改革が、GHQによる一方的な押し付けだということには根拠がない。たとえば、福永文夫は以下のように述べる。「占領期における戦後日本の形成が、マッカーサーやアメリカによる占領政策だけで進められたわけではない。そもそも固有の歴史と伝統を持つ国を占領したものが一夜にして変えることはできない。（中略）占領期、「マッカーサーの贈物」と言われた婦人参政権の付与、労働組合法、農地改革などの改革は、戦前からの懸案であり、GHQに先んじて、敗者の側から行われた改革であったことはあまり知られていない」［文献135、五頁］。大学改革についても同様である。そもそも、アメリカでは伝統的に「学問の自由」という観念は希薄で、二〇世紀半ばの当時、ようやくその社会的重要性が認知されたのである。この点については後述する。

▼22 戦前の日本における「学問の自由」についての概説は、石川健治「天皇機関説事件八〇周年　学問の自由と大学の自治の関係について」［文献10］を参照。

▼23 当時のフランスでは、大学は解体され、単科大学（ファキュルテ＝学部）になっていたが、予算も人も十分に配分されず、研究はもちろん教育も十分にできていなかった。フランスで大学（ユニヴェルシテ＝総合大学）が再建されるのは、一八九六年のことである。一九世紀フランスのファキュルテの状況や教育改革論議については、渡辺和行『近代フランスの歴史学と歴史家　クリオとナショナリズム』［文献187］を参照。「ドイツの勝利は…」は、『イエス伝』の著者として知られるエルネスト・ルナンの言葉（同、一一九頁）。

国家管理の利害得失——一九世紀ドイツ②

一九世紀ドイツの大学で学問研究が大きな成果を上げた原因は、何だったのだろうか。通説では、それを、フンボルトをはじめとする大学改革論者たちの哲学的な理念に求めていた。すなわち、「学問の自由」と「大学の自治」である。しかし、ベン＝デービッドは、『科学の社会学』のなかで、「ドイツの大学の科学上の生産性が、改革期を支配した哲学的理念によるものだとする証拠は一つもない」と断言する〔文献139、一五八頁〕。当時のドイツにおける「学問の自由」に対する彼の評価は、否定的である。

たしかに当時のドイツの大学では、教員は研究の自由を保障されていた。当時のドイツでは、一般市民の自由は容認されていなかったが、大学には特権的な自由が認められていたのである。大学教員は国家の被雇用者ではあったが、彼らの雇用契約上の義務は、授業や資格試験の実施に限定されており、研究については自由だった。また、教員の人事権は、国家が最終的な決定権を持っていたが、教授会には推薦権が認められていた。

しかし、こうした特権的な自由を行使して高度な研究を行うか否かは、「ひとえに構成員の意欲と質にかかっていることは明白であった。団体的自由は容易にその自由の誤用にも役立ったし、共通の既得権擁護という形で働くことも十分ありえた」〔文献139、一六三頁〕。

しかも、当時のドイツの大学は、権威主義的なピラミッド型の組織構造を取っていた。多数の私講師が無給で研究や教育を行う一方、俸給を受ける正教授に大きな権限が与えられていた。たとえば、「正教授は、資格試験論文の出来、不出来、専門分野への割り振り、ゼミナールや研究所や大学病院での就職口について、決定権を持った」のである〔文献136、一九一頁〕。

こうした、大学組織における正教授と私講師、さらには学生という身分の差は、「能力の差というよりも、権威と権力の差」であり、そうした身分差が、「科学共同体の有効な発達を阻害した」［文献139、一六五頁］。要するに、特権的な自由を与えられた大学は、その自由を主として享受する正教授の既得権益擁護の場となりがちだったのである。

では、ドイツの大学の学問上の成功の原因は何か。ベン＝デービッドは、「大学間の競争」を主張するが、この点については、潮木守一の批判と対案が説得的である［文献19］。

ベン＝デービッドの言う「大学間の競争」とは、要するに、各大学が著名な学者を獲得するために良い条件を用意し、学者のほうも良い条件を得るために研究に励むということである。しかし、潮木によると、「教授たちからすれば、同じ学部に著名教授が乗り込んでこようものなら、自分たちの影は薄くなってしまうし、おまけに聴講生は奪われ、聴講料のみいりも減ってしまう。こうした仕組みになっている以上、（中略）教師たちが、わざわざ著名教授を自分の大学に引っ張ってこようなどと考えるはずがなかった」［文献19、二二八頁］。

では、いったい何が学者たちを研究に励ませたのか。潮木によると、大学の人事権を中央政府が一元的に管理したからである。一九世紀初頭まで、ドイツの大学の人事は、大学の教授たちが自由に行っていた。その結果、派閥人事やコネ人事が横行し、教授職が売買されたことさえあったという。「近代派官僚はこうした積年の悪弊を一挙に払拭するため、いまや閉鎖的ギルドと化した学部教授会から教授選考権を吸い上げてしまった」［文献19、二二四頁］。しかし、候補者を選考しようにも「彼らは、個々の人間について、それほど詳細な情報を持っているわけではない。そうなると、一番手短な方法は、出版という形で具体化された研究業績に頼る外ない。さらに参考意見を求めるとしたら、その学部の教授たちの意見ではなく、他大学で教えている同じ専門分野の意見である」〔文献19、二二六頁〕。

「このようにして、かつては仲間内の評判とかコネとか情実で教授人事が進められていたが、文部官僚たちが人事権を握るとともに、業績主義がドイツの大学を支配し始めた」〔文献19、二三二頁〕。この、教授人事における業績主義こそが、ドイツの大学の研究水準を世界第一級に引き上げた、というのである。

このように見てくると、国家権力による大学の管理も悪いことではないと思われるかもしれないが、潮木も言うように、「こうした方式はいうなれば、一部文部官僚とこれまた一部有力ボス教授とのナレアイ人事に堕する危険性を多分にそなえている。事実、こうしたことはしばしば発生した」〔文献19、二二七頁〕。最終的に潮木は、「問題の焦点は、組織的官僚支配と身分制的同僚支配のどちらがましか、といった次元ではとどまることはできない。いかなる制度といえども、それなりの利害得失を持っている以上、それを利に変えるか、害に変えるかは、その制度を担う具体的人間の問題である」〔文献19、二九〇頁〕と言う。

もっともなことである。大学改革を計画する際には、中央管理か自治的管理かといった二者択一にとらわれるのではなく、研究や教育が創造的に発展できるような仕組みを考えるべきであろう。ただし、そのとき、具体的人間になるべく左右されない制度を設計するべきだということも忘れてはならない。

それから、国家による大学の管理は、大学を体制の擁護者にしてしまうという弊害が伴う。自然科学の研究であれば、個々の研究者の政治的信条は研究成果とあまり関係ないかもしれないが、人文社会科学の場合、体制の擁護者ばかりの研究者集団は、創造的な力そのものを喪失するだろう。そして実際、一九世紀から二〇世紀初頭にかけて、ドイツの大学で起こったのはまさしく、大学の「国家への迎合」であった。

当時のドイツの大学では、特権的な自由を与えられた正教授たちは、自らの権威と給料の源である国家に対して、ゆるぎない忠誠心を持っていた。一九世紀の前半には、大学はまだその改革者たちの啓蒙主義的でリベラルな思想を受け継いでいたが、一八四八年のドイツ三月革命が失敗した後は、多くの大学教授は国家主義的な傾向を強めていった〔文献136、一九一～一九三頁〕。

ドイツにおける「近代的大学」は、市民的な自由の発展の中で自然発生したのではなく、国家権力が有用性を見込んで設置し、有用な研究教育の発展に役立つ限りでの特権的自由を与えたものである。特権的自由の理論的背景には、先に見たフンボルトらの理念があるが、その理念においてすでに国家主義的構造が内包されていた。そうした大学に勤める教員たちは、特権を守るために自ら進んで国家権力と結びつこうとしたのである。その結果は、戦争やナチズムへの加担であった。

一九世紀後半から第一次世界大戦に至る時期の大学の政治的状況について、プラールの言葉を引用しよう。

総体的に言えば、一八五〇年から一九一四年、一八年までの時期は、ドイツの教授たちが、現存の社会的、政治的状況に次第に強く味方してゆくようになるのを特徴としている。ヴィルヘルム官憲国家[24]に対するこうした忠誠が頂点に達しているとも言えるのは、一九一五年、一三四七名の大学教授と知識人が連署して提出した戦争目的に関する請願書である。ドイツが、東西の隣国を軍事的、経済的に占領することを要求したものである。第一次大戦に反対した大学教授はほんの一握りに過ぎない。フンボルトの新人文主義の理念に沿って改革された大学、そして一八四八年の運動で多くの教授たち

▼24　ドイツ諸邦をドイツ帝国として統一したプロイセン国王ヴィルヘルム一世と宰相ビスマルクによる国家主義的体制のこと。第三代皇帝ヴィルヘルム二世は帝国主義政策を進め、第一次大戦を引き起こした。

や学生たちの革命的萌芽はつぶれて、ドイツの大学の百年の歴史の中で、いまや国家に忠誠を誓う施設になってしまっていた。国家からの大々的な干渉など必要としなかった。というのも、教授たちや学生たちの大多数は、十九世紀後半に、反動的と言えるまでの保守的な理念の擁護者になっていたからである。（中略）大学教授たちは、（中略）批判的な学者を自らの手で排除していったので、国家は弾圧に乗り出すまでもなかった。〔文献136、二七四頁〕

ドイツの大学のこうした国家主義的な傾向は、第一次大戦の敗戦後も大きくは変わらず、ナチズムの台頭を批判するどころか、多くの大学人がナチスに賛同したという〔文献136、三〇〇頁〕。第二次大戦後、ドイツ（西ドイツ）の大学は改めて自治権を獲得するが、ドイツ憲法典（ドイツ連邦共和国基本法）第五条第三項には、いまでも「教授の自由は、憲法に対する忠誠を免除するものではない」と書かれている〔法律1、二二四頁〕。つまり、民主主義的な憲法を破壊するような教育は認められないということである。大学がナチズムに加担したことへの反省である。

一九世紀のドイツの大学について、われわれにとっての教訓となる話をもう一つ付言しておくと、大学と企業の結びつきである。もともとドイツでは、大学は、官僚養成のために役立つということで国家機関化がすすめられたのだが、一九世紀後半になると、大学は、科学者や技術者、法律家などを私企業に供給する役割を期待されるようになる。すぐには製品に結びつかない基礎的な研究や、技能の高い労働者の養成には、多大な費用がかかるため、私企業はそのコストを大学に転嫁しようとしたのである。

また、国家資格は、もともとは官僚選抜のために考案された制度だったが、私企業が労働者を採用するときの基準として利用するようになっていった。しかも、「資格を確認する試験制度を維持するには、多額の費用が要るために、これは、その後も国家の受け持つこととされた」〔文献136、二五七頁〕。こうして、一九世紀のドイツの大学は、国家だけでなく私企業に対しても奉仕する機関となった。研究は商品開発につながることが期待され、学生は「資格を持った労働者」という規格に当てはまるように教育されるようになったのである。

当時の状況について、ここでもプラールの言葉を引用しておこう。

十九世紀の大学においては、二つの逆方向の傾向が実現されることになった。一つは、新人文主義の教育原理であって、人間は、教育によって自己を形成し、自己実現と自己倫理の確立に至るとするもの、もう一つは、社会で高い地位に就くための道具として役立つ規範的準備教育である。(中略)十九世紀の経過する中で、次第に強く直接職業に役立つ知識のほうに軍配が上げられるようになる。〔文献136、二五六頁〕

教員は店員、学生は顧客――一八～一九世紀アメリカ

一九世紀前半の学問の中心地はフランス、同世紀後半の中心地はドイツだったが、第一次大戦でヨーロッパが荒廃した二〇世紀初頭以降、現在に至るまで、世界の学問研究の中心地はアメリカ合衆国である。現在の日本の大学改革のモデルとされているのも、アメリカの大学である。ところが、アメリカの大学は、ヨーロッパ各国とは異なった経緯で形成され、その後も独特の展開をたどることになる。そうしたアメリカにおける「学問の自由」や「大学の自治」のあり方を見ておこう。

まずは、一九世紀までのアメリカにおける大学の歴史を、この分野の古典的な教科書であるフレデリッツ

ク・ルドルフ『アメリカ大学史』［文献185］を中心に概観しておく。

アメリカで大学（カレッジ）が設置されるのは、一六三六年のハーヴァードが最初である。それを皮切りとして、独立革命以前に、合計九つのカレッジが作られた。[▼25] これらは、イギリスのオックスフォード大学とケンブリッジ大学のカレッジ（学寮）をモデルとした小規模の全寮制の学校で、聖職者や政治的指導者を育成することを目的として掲げていた。そこでは当初、ラテン語とギリシア語を用いて、中世以来の自由学芸と、ルネサンス的な人文学が教えられていたが、一八世紀ごろには、新たに起こった自然科学（当時の言葉で言えば「自然哲学」）や、測量、航海、地理、歴史などの実学も教えられるようになっていた［文献185、四六〜五四頁］。

とはいえ、一九世紀中ごろまで、大学での教育は一般大衆の生活上の必要性とは結びついていなかったために、多くの大学は学生集めに苦労した。また、当時のアメリカの大学の教師に期待されていた役割は、学者や研究者ではなく、全寮制のカレッジという疑似家族の「父親」的な役割であった。カレッジを設立した主体は、多くの場合、キリスト教の各宗派であったため、たいていの教員は聖職者であった。

アメリカの大学は、オックスフォードとケンブリッジをモデルとしていたが、それらイギリスの大学は、中世において「教師と学生の組合」として自然発生したものであった。しかし、学問研究の伝統が存在しない植民地に、そうした形で大学が形成されるはずがない。アメリカにおける大学は、人為的に設置されたものである。設置主体となったのは、政府高官や有力者などからなる理事会で、それが教員を集めてきて雇用したのである。そうした経緯から、理事会や学長の力が強く、教員たちの地位や大学運営に関する権限が相対的に低いのがアメリカの大学の伝統的な特徴である。

ところで、現在、ハーヴァード大学は「私立大学」ということになっているが、もともとはマサチューセッツ議会によって設置され、その財政支援によって運営されてきたものである。その他の植民地時代の大学も同様で、ルドルフは、「それらが政府立カレッジだったと考えられるべきか、教会立カレッジだったと考えられるべきかは、記号論の問題〔単なる言葉だけの問題〕である」と言う〔文献185、三七頁〕。要するに、その時代、「国立」か「私立」かという明確な概念区分がなかったのである。

それが明確にされるのは、一八一九年の「ダートマス大学判決」においてである。ダートマス大学が州政府の管轄なのか、理事会の私有財産なのかが争われた裁判で、アメリカ連邦裁判所は、「ダートマス・カレッジは、実際に国民を助けようという目的を持つ私立の慈善団体であり、公的な支配の下に置かれる公立の団体ではない」と判示したという〔文献185、二〇七頁〕。この判決はまた、「アメリカの学術組織においては当該組織の支配権が教授陣の管理下にではなく外部者からなる理事会の管理下にあるという原則」を裏書きするものでもあった〔文献185、二〇八頁〕。

こうして、当時までにアメリカに存在していた大学は「私立大学」であることが明確になった。そして、大学は国家権力（州政府）からの干渉を受けずにすむようになった半面、公的支援を得ることが難しくなった。その結果は言うまでもなく、慢性的な財政難である。しかも当時、大学教育にそれほど需要がなかったことから、授業料を高くすることもできず、収入は篤志家や教会からの寄付金頼みとなった。そのしわ寄せは、当然のことながら、被雇用者である教員に集中した。一九世紀を通じて、アメリカの大学教員は、異常なほどの低賃金で働いていた。

▼25 ハーヴァード、ウィリアム・アンド・メアリ、イエール、ニュージャージー、キングズ、フィラデルフィア、ロードアイランド、クィーンズ、ダートマスである〔文献185、二八頁〕。

たとえば、「イリノイカレッジでは、学長と彼の家族は、一八四五年に給料の支払いがおこなわれなかったので、パン屑と砂糖黍《さとうきび》の糖液で甘くした水で飢えを凌いでいた」〔文献185、一九三頁〕し、コーネルの理事会の執行委員会は、「独身教授の年間給料が実質的に部屋代と食事代分にすぎなかったときに、給料が高すぎると文句をいった」〔文献185、一九九頁〕という。

こうした低待遇は、もちろん、教授たちの教育に対する意欲をそぐものであっただろうが、それよりも重要な問題は、教授という職業からまったく威信を奪い取ってしまったことであった。つまり、優秀で意欲ある人たちが、教授になろうなどと思わなくなってしまったのである。

このように、一九世紀のアメリカでは大学の水準は、ドイツなどと比べ物にならないほど低いものであった。それが二〇世紀になると、アメリカの大学は一気にドイツを抜き去って「世界最高峰」の位置につく。その転換点となったのは、一八七六年に設立されたジョンズ・ホプキンズ大学であった。

これは、鉄道会社の大株主であったジョンズ・ホプキンズの遺言と遺産によって設立された大学で、「アメリカ最初の大学院大学」として知られている〔文献20、一四九頁〕。ハーヴァードを含む当時のアメリカの大学は、学問研究の機関などではさらさらなく、疑似家族的な環境で学生の教育を担うものであったのに対し、ジョンズ・ホプキンズ大学は、ドイツの大学で学んだ若手の研究者を集めて、研究中心の大学として設立された。その結果、ジョンズ・ホプキンズ大学は、アメリカにおける研究の一大中心として発展する。そうした姿を見て、一八八〇年代にはハーヴァード大学なども方針を転換し、「採用人事も昇任人事も、なによりも研究業績が第一の基準とされる傾向が顕著となった」〔文献20、二八一頁〕。そして、これまでのような「疑似家族の父親」的な教授はどんどん解雇されていった。

こうして、一九世紀末からアメリカの大学は研究機関へと変化しはじめるが、他方、学生の教育はおろそかになる。フンボルトの理念では、研究と教育は表裏一体であるとされたが、潮木は、「一点に集中し、その中に没頭していく研究と、多少なりとも体系だった講義をすることとは、きわめて両立しにくいことのようである」〔文献20、一七九頁〕と述べる。そうした状況の中で、「大勢の学生の崇拝を一身に集め、講義室にあふれんばかりの聴講者を集めることに成功した教師もまた、何人もいた」〔文献20、二六九頁〕。しかし彼らは、「独創的研究面ではさっぱり」で、教授などの常勤職に昇任することは認められなかった〔文献20、二七六頁〕。

同時期、大学の組織は巨大化し、複雑化していった。そうしたなかで、研究や教育でなく、大学の運営（いわゆる「学内行政」）に専心する教員も出現した。さらに、政府の行政や企業の経営にも科学的知見を反映させるべきだという思想が台頭したことで、中央・地方政府や企業、組合、団体の顧問などとして活動する教員も出現した〔文献20、二八五～二九二頁〕。

現在の大学にも、研究は超一流だが授業は苦手な教員と、研究はさっぱりだが学生の支持を集める教員がいる。学内行政に専心したり、政府の顧問を引き受けたりする教員もいる。こうしたさまざまなタイプの大学教員は、一九世紀末から二〇世紀初頭のアメリカの大学で出現したのである（もちろん、現代でも、おそらくその当時も、たいていの教員は、研究もほどほどで教育もほどほどだが）。

さて、ジョンズ・ホプキンズ大学は、同名の実業家からの寄付によって設立されたものである。同時期、経済的に成功を収めた実業家が、大学など、社会的な事業に対して巨額の寄付を行うことが広く行われた。一九世紀末、アメリカの工業化と経済発展に伴って大富豪となった企業家が出現したが、「寄付行為は、社会における最適者、特別な素質や才能のおかげで人生の苦闘における勝利者となった者たちにとって義務となった」のである〔文献185、三八六頁〕。

なかでも、スタンダード石油で大成功したロックフェラーがシカゴ大学を創設するために提供した資金は群を抜いている。それは最終的に三五〇〇万ドルにのぼった。これがどれぐらいのお金だったかをイメージするために、同時期の日本の国家予算を見ると、一八九〇年の歳出・決算額は八四五八万円である。同年の円ドルレートは一ドル一・二一円なので、これをドルに換算するとおよそ六九九〇万ドルである。[26]ロックフェラーが提供したのは、当時の日本の国家予算の半分に匹敵する額だったのである。

これほど巨額ではないにしても、一〇万ドルや一〇〇万ドルといった単位の寄付をする大富豪は多数いたために、有力な大学は財政的に豊かになり、教員の待遇も改善した。寄付金をもとにした基金の運用益が、現在に至るまで、アメリカの私立大学の主要な財源となっている。[27]他方で、寄付した大富豪たちは「必然的にカレッジの理事会に名を連ねるようになり、そこで産業、ビジネス、金融の無秩序な世界で自分たちが企業家としてまたは管理職として学んだ多くの実践を入り込ませるように手引きした」〔文献185、三八七頁〕。こうしてアメリカの大学では、研究や教育の経験がない実業家たちが理事会を支配する構造ができあがった。

そうした理事たちは、研究や教育に関してはあまり口を出さなかったが、大学の経営に教員が関与することは認めなかった。一八八八年にプリンストンの学長に就任したパットンは、就任演説において、「カレッジという業務の経営において、理事たちは株主であり、教授たちは店員であり、学生たちは顧客である」と述べたという〔文献185、一六六頁〕。現代日本の財界人たちの発想は、百年以上前のアメリカの財界人と同様のようである。

また、従来のカレッジには、専任の教員は学長一人だけといった小規模のものが多数あったが、多くの寄付金を集めた有力大学は巨大組織となっていき、その学長は、教員の代表ではなく、理事会に対して責任を負う大学の経営者となっていった。そうした大学では、学部長もまた教員の代表ではなく、管理者の一部として雇用されることになっていった。

要するに、一九世紀末から二〇世紀初頭にかけて、アメリカの主要な大学は、私企業としての組織形態や運営形態をとり、多様な大学がそれぞれの学長の指揮のもとに競争することで淘汰され、発展していったのである。

このころ、ヨーロッパの多くの国で大学は、ドイツに代表的にみられるように、国家が管理する国立大学となっていたが、アメリカにおける大学改革は、個々の大学レベルで行われ、それが成功すれば他の大学が自主的に追随するような形で進んでいった。また、大学の理事や学長がどのような人物かによって、大学の命運は大きく分かれることになった。このように、ヨーロッパの大学とは大きく異なる歴史的背景を持つアメリカの大学において、「学問の自由」や「大学の自治」はどのように考えられ、どのような発展を遂げただろうか。次にその点を見ていこう。

組合活動で勝ち取った「テニュア（終身在職権）」と「学問の自由」——二〇世紀アメリカ①

ヨーロッパにおいて大学は、教師と学生が自発的に集合して成立した自治的な組合組織に由来するが、アメリカの場合は、教会や州政府、さらには大富豪の寄付者によって人為的に設立されたものである。大

▼26　当時の国家予算については森永卓郎監修『物価の文化辞典』〔文献147、四一六頁〕、円ドルレートについては東洋経済新報社編『明治大正国勢総覧』〔文献102、一五六頁〕。

▼27　たとえば、二〇一六年度のハーヴァード大学の基金は三五七億ドル（一ドル一〇〇円として三兆五七〇〇億円）に達する〔欧文11〕。

学の支配権は、教員組織ではなく、研究や教育に直接携わらない設置者たちの手に握られていた。それゆえ、設置者たちの利益に反するような主張や気に入らない主張をした教員は、解雇される場合があった。一八七〇年代には、ダーウィンの進化論を唱えた学者が、キリスト教の教義に反するという理由で追放されるなどの事例があったが、科学の進展とともに、自然科学については、自由な研究や教育が認められるようになっていった。

しかし、社会科学における「学問の自由」は、資金を提供した企業家たちの利害と直接に対立する場合があったので、一九世紀末や二〇世紀初頭になっても、まだまだ認められるものではなかった。たとえば、ストライキやボイコットについて好意的に語った経済学者や、独占企業を批判した経済学者、「苦力《クーリー》」の奴隷的な労働を批判した社会学者、黒人の権利を主張した歴史学者などが、攻撃の対象になった〔文献185、三七八頁〕。

ドイツの場合、大学教授は国家の被雇用者であり、一般市民には認められない特権的な自由が認められていたが、アメリカの場合、一般市民が憲法によって「言論の自由」を保証される一方、私企業の被雇用者としての大学教授にはそれが保証されていないという、皮肉な事態となっていたのである。「一八七八年にコーネルの理事の一人が、ビジネスマンが工場労働者を即座に解雇できるのと同じように、コーネルの理事会は教授を即座に免職できる権利をもっていると主張した」という〔文献185、三七九頁〕。

それゆえ、アメリカにおける「学問の自由」を求める闘争は、自分たちが所属する大学の経営陣に対する闘争という形をとった。大学教員たちは、経営陣が意のままに教員を解雇できないような身分保障を求め、一九一五年に「アメリカ大学教授協会」を設立した。最初は雇用期限付きの助教授などとして雇用され、業績次第で終身在職権（テニュア）を保証されるという、現在のアメリカで標準的となった大学教員の雇用形態は、「学問の自由」を確保するための闘争の一環として、以後数十年をかけて獲得されていった。

テニュアとは要するに、経営陣にとって都合の悪いことを研究教育したからといって解雇されない権利である。これは、アメリカの労働法に根拠のある制度ではなく、教師の組合としての大学教授協会が、個々の大学の経営陣と交渉して実現し、ついにはアメリカの大学における慣習となったのである。

また同時に、大学教員たちは、ドイツの大学の理念を参考に、教授会の権限の強化も図った。現在では、いわゆる「名門大学」ではとくに、教育研究や人事についての「教授会の自治」は当然視されている［文献90、一七九〜一八一頁］。一九七一年から九一年まで二〇年間にわたってハーヴァード大学の学長を務めたデレック・ボックは、「大学事務局は終身在職権を得た教授に対して行使できる権力をほとんど持っていない」と述べている［文献141、二八頁］。

ドイツでは国家によって与えられた特権としての「学問の自由」と「大学の自治」を、アメリカの大学人は自らの努力で獲得していったのである。「教授たちは店員」などという乱暴な発想は、現代のアメリカの大学ではもはや通用しない。

「基礎科学」神話の誕生——二〇世紀アメリカ②

アメリカでは、二〇世紀初頭になってようやく「学問の自由」という概念が登場し、大学教授たちはその実現を目指すようになった。社会科学におけるその実現には紆余曲折があったが、自然科学の分野では、研究の自由は早々と実現されていった。

ベン＝デービッドは、「応用科学の分野が拡大しはじめた頃、アメリカではたしかに短期的な効用を尺度に研究を評価することを辞さない態度が、一般的だった。しかし、中央的な権力や資金の提供者が、それを科学共同体に強制するということはなかった」〔文献139、二二〇頁〕とし、その理由を、応用科学の研究をめぐる企業や大学の競争のなかで、「科学を科学以外の目的に利用する最善の方法は、研究や教育を科学以外の尺度ではかるのではなく、科学をそれ自身の道に進むに任せ、その成果を生産目的や教育、さらには生活の質の改善にどう役立てていくかを考えることだ」という教訓が得られたからだと主張する〔文献139、二二一頁〕。そして、応用研究への支出の増大に引きずられるように、基礎研究の支出も拡大してきたと言う。

たしかにこの教訓はもっともらしいが、実際問題として、企業や大学の競争から必然的にこうした教訓が得られるものなのだろうか。大学教員が、自分たちのやりたい研究をしつつ、それへの寄付や補助金を手に入れることができるという、学者にとっていかにも都合のよい制度が、そのように簡単に形成されるものなのか。

こうした制度の形成過程については、上山隆大『アカデミック・キャピタリズムを超えて　アメリカの大学と科学研究の現在』〔文献16〕の説明が説得的である。上山は、ベン＝デービッドが無造作に前提としている「基礎科学―応用科学」という二分法こそが、二〇世紀前半のアメリカにおいて形成され、この二分法が、科学研究への民間資金や公的資金の投入を正当化する「神話」として機能したと言うのである。以下では上山の議論を概観しよう。

アメリカでは、一般の人々は大学における研究や教育にそれほど価値を見ていなかったし、寄付をしてくれる企業家たちは実用的な研究に関心があった。そういう社会的風土の中で、科学研究に資金を集めるために、「純粋な科学研究を行うことの意義を一般大衆に解らせるための物語」として、「ベーシック・サイエンス（基礎研究）」という用語が考え出された〔文献16、一六三頁〕。つまり、直接的には社会の役に立つわけではない基礎研究こそが応用研究を準備するので、基礎研究を充実させることは、結局のところ社会のために役立つというわけである。

ベン＝デービッドが言う「科学を社会に役立たせるための最善の道は、科学をそれ自身の道に進むに任せること」という教訓は、自然に得られたものであるよりは、アメリカの大学の置かれた社会的状況の中で、自由な研究への資金を獲得したい科学者たちが考え出した、政府や資金提供者を説得するためのレトリック、あるいは「神話」だったということである。▼28

これが神話だというのは、この主張には実際上の根拠が何もないからである。「基礎研究に巨額の資金を投入することが、そのままアメリカの産業界への利害に直結する保証もなければ、新しい技術革新となって一般大衆の生活を潤すことになる保証があるわけでもない。にもかかわらず、この論理はアメリカのパトロネッジ〔経済的ないし精神的な支援〕を満たすのには、極めて魅力的な説得であった」〔文献16、一六九頁〕。

つまり、われわれが「科学」に対して持つイメージそのものが、二〇世紀前半のアメリカの大学において考え出されたということである。

▼28　具体的に誰がこうしたレトリックで政府や企業を説得したのかというと、代表的な人物は、MITのプロヴォスト（学術担当副学長）などを歴任し、第二次大戦前後のアメリカの科学技術政策に大きな影響を及ぼしたヴァニヴァー・ブッシュ（一八九〇〜一九七四年）である。ブッシュについては文献16（一八一〜一八六頁）などを参照。

現在われわれが「科学」に対して感じる素朴な敬意や憧れがあるとすれば、この時期の基礎研究という神話に端を発したものだ。(中略)この物語こそが、理想としての「科学」のあり方を社会に認知させ、過去に例を見ないほどの純粋科学研究への政府による資金供与を可能にしたのである。
〔文献16、一八七頁〕

「店員」から「プロフェッション」へ――二〇世紀アメリカ③

加えると、われわれが科学に対して持つイメージの形成は、「科学者」についてのイメージの形成と表裏一体であった。つまり、科学者は「資格が必要な専門的な職業」の一つだというイメージである。第2章第1節では、大学の成立は教師という「職業」の成立と表裏一体であったことを見た。二〇世紀に至って、大学教員としての科学者は、「専門職(プロフェッション)」になったのである。

「職業」と「専門職」はどう違うのか、日本語ではよくわからないかもしれない。語源を言うと、プロフェッションは、ラテン語の「pro(前で)-fiteor(言う)」の名詞形で、もともとは「公言」「宣誓」「告白」という意味である(お気づきのように、これは「プロフェッサー(教授)」の語源でもある)。つまり、職業の中でも、自分がその職業を行うに足る学識があることを公言し、その職業に従事することを宣誓した職業が「プロフェッション」なのである。これは、古典的には法学者、医者、聖職者の三つを意味した。これらのプロフェッショナルの養成が、中世以来の大学の任務であり、それゆえに古典的な大学は法学部、医学部、神学部の三学部を擁した。二〇世紀以降、それらを養成する大学教員や研究者の側も、一つの専門職だと考えられるようになったのである。

近代におけるプロフェッションは、以下のような特性を持っている。すなわち、「第一に明確な知識体系の確立。第二に、長期間の教育の必要。第三に、その職業グループの自治と独立の保証。第四に、職業の倫理的規範の確立」〔文献60、二二四頁〕である。

このように定義すると、大学教員や科学者がプロフェッションであるのは当たり前のように思われるかもしれない。第一と第二については言うに及ばず、第三については法律家が弁護士会を、医者が医師会を組織しているのと同様に学者は学会を組織し、独自の研究倫理を掲げているからである。しかし、ベン＝デービッドによると、「一九世紀の初めにはまだ、専門的職業人（プロフェッション）としての資格をそなえた科学研究者という考え方はなかった。研究は神の啓示を受けた少数の者だけに許された、カリスマ的活動と考えられていたからである」〔文献139、一九〇頁〕。

一九世紀ドイツにおいて、大学教員の義務は授業や資格試験の実施に限定されており、研究については自由だったことは先にも述べたが、研究は「自由」というより、むしろ、才能に恵まれた学者が、職務以外の活動としていわば勝手にやっていたということである。それゆえに、研究のやり方を体系的に教育するという発想もなかった。

それに対してアメリカでは、法学者や医学者などの実践的な職業人を育成するのと同様に、研究者についても体系的な教育によって育成することが目指された。

そして、「一九二〇年代に入る頃までに、専門的な資格をもった研究者という概念が出現したのである。人文学や科学の領域で取得されるＰｈ・Ｄ（哲学博士号）は、医学の分野でのＭ・Ｄ（医学博士号）と同一の意味をもつようになった。Ｐｈ・ＤはＭ・Ｄが実務家としての医師の資格を示すのと同様に、研究者としての資格を示すものと受けとられるようになったのである」〔文献139、二一〇頁〕。

研究者が専門職として認知されるようになった過程は、大学教員がテニュアを獲得して「学問の自由」を享受するようになった過程と並行して進行した。大学教員は、工場労働者同様にいつでも解雇されうる「雇われ人」から、「雇用されている大学よりはむしろ学会に帰属意識を持った「専門職」へと変容した。大学側は、そうした専門職としての研究者を迎えるために、研究設備や研究費、研究時間を準備するようになった。

研究という活動を独占するにあたって、専門職としての倫理観も形成されていった。ロバート・マートンは、一九四二年に書いた「科学の規範構造」という論文で、「近代科学の精神」として、「普遍主義・共同体主義・利害関心にとらわれないこと・体系的な懐疑主義」の四つを挙げる〔欧文17〕。すなわち、科学的真理は個人や社会の事情ではなく、客観的に決まる。科学的発見は共同作業の成果であり、科学者共同体に帰する。科学研究は、知識への情熱、純粋な好奇心、人類全体の利益への利他的関心によって動機づけられる。体系的な懐疑主義は、科学の方法論上の要請であるが、一般に信じられていることを精査することで、宗教界や経済界、政界と衝突を引き起こす態度でもある。こうした「科学者の倫理」は、現在でも当の科学者を含む多くの人が信じているだろう。

一見すると役に立たない基礎的な科学研究そのものに価値があり、科学者は利己的な関心からではなく純粋に知的好奇心から研究に従事するという、科学と科学者に対するわれわれのイメージないし神話は、こうして二〇世紀の中ごろに形成されたのである。

世界大戦と資金の流入——二〇世紀アメリカ④

基礎的な研究は結局社会の役に立つというが、具体的にどんなことに役立つのか。最初に「応用」が期待された分野、あるいは科学者側が資金提供を期待した分野とは、「ミリタリー」であった。上山の議論に戻って、続きを見てみよう。

第一次大戦が勃発したとき、(中略)エリート科学者たちは、この戦争がこれまでにない新しい兵器(航空機、潜水艦、無線通信)を多用する科学の戦争であること、そしてこの戦争への積極的かかわりがアメリカの科学の社会的有用性を一般大衆に信じさせ、科学研究の拠点としてのアメリカを作り上げるのに大きな力を発揮すると考えた。[文献16、一七〇頁]

かくして、ミリタリーからの潤沢な資金が大学に投入され、アメリカの大学における科学研究は飛躍的な発展を実現するのである。それと同時に、強固な「軍産学共同体」が形成されることにもなった。▼29 マートンが「科学の規範構造」を書いた一九四二年は、言うまでもなく第二次大戦のさなかである。マートンは、軍事への協力を求める社会と科学者との間で緊張が高まったことで、科学者たちの規範意識が

▼29 一九六〇年代にはミリタリー関連資金の大学への流入への批判が高まり、「ミリタリー関係の資金がアカデミックな基礎研究に流れる道が制限されていった」[文献16、二二六頁]。近年、大学に最大の研究資金を投入しているのはNIH(国立衛生研究所)で、二〇一二年度には一八三億ドルが投入されている。七〇九億ドルにのぼる国防総省の研究予算の大部分は産業界に投入されている[文献28]。アメリカでは、政府が自前の機関で軍事研究を進めるのではなく、民間企業に資金を提供して軍事研究を行わせるスタイルをとっているのである。

問い直され、明確に自覚されるに至ったと考えている。しかし、皮肉なことに、自由な基礎研究という科学の理念を助成したのは、他ならぬミリタリーの予算だったのだ。実際のところ、国防総省からの資金は、「通常長期にわたり、潤沢で、使い勝手が良い」ものだったという〔文献81、六七頁〕。国防総省は、すぐには成果が出そうにない研究にも気前よく資金を提供し、日常的な研究の遂行に対してあまり管理監督をしなかったのである。

そうは言っても、こうした軍事への偏りが、科学研究に好ましくない影響を与えたという批判は、これまでも当然のようになされてきた。しかし上山は、「新興大学として科学研究に向かい外部資金の獲得に最も成功したこれらの大学〔MITやスタンフォード大学〕の研究が、ミリタリーな研究資金によって方向性をゆがめられたという痕跡を見つけることは難しい」と述べる〔文献16、一七五頁〕。今も昔も、科学者たちは、政府や企業を説得して資金を獲得すると、結局は自分たちのやりたい研究をやっていたということなのだろう。

また、上山は、ミリタリーの予算がアメリカの科学を支えてきたことに対する倫理上の批判に対しても、「アメリカの科学者にとって軍事研究との関わりは、純粋な知的活動に対する社会的無理解が強かった歴史の中で、ヨーロッパに負けない純粋科学研究への社会的支援を確立するまでに避けることのできないプロセスであった」と擁護している〔文献16、一七八頁〕。

たしかに、現在の視点から、過去の人々の営みを無造作に批判することは慎むべきであろう。こうした人々の努力の結果、自由な科学研究の価値に対する社会的合意が形成されることになり、科学研究に対して豊富な政府資金が投入されるようになった。その結果として、二〇世紀以降の科学の爆発的な進歩が実現したのである。その一つの象徴が、アメリカの科学界を総動員して原子爆弾を開発した「マンハッタン計画」であった。

マンハッタン計画に対する上山の評価は、以下のとおりである。

マンハッタン・プロジェクトを単なる軍事研究であり、科学者が核爆弾の製造に手を汚したものにすぎないと考えるのは大きな間違いである。そこには、巨額の研究予算によって、アメリカを世界の純粋科学のセンターに作り替えようとする、科学者の夢が込められていた。このプロジェクトには、軍事研究にとどまらない基礎研究が数多く含まれている。〔文献16、一七七頁〕

日本の大学はアメリカのマネをできるか

ここまで、一二世紀から第二次世界大戦前後までの大学の歴史を概観してきた。「学問の自由」や「大学の自治」という理念は、中世の自治的な組合に始まったが、近代ヨーロッパ（典型的には一九世紀のドイツ）において、それらは国家権力によって特権的に与えられるものとなった。

ドイツの大学で認められた特権的な自由が、教授の権益擁護の口実として使われたように、特権を享受する者に「自治権」を与えると腐敗しがちだということは、残念ながら歴史の教訓である。第二次世界大戦前後のアメリカでは、大学人の組合が大学の経営陣と闘争し、学問の自由の前提となるテニュアを獲得していった。同時期、「基礎研究は最終的に社会のために役に立つ」というレトリックが考えだされ、「金は出すが口は出さない」という、学者にとってたいへん都合のよい形の資金提供が行われることになった。その結果、二〇世紀にはアメリカを中心に科学研究は爆発的に進展することになる。ただし、とくに初期において科学研究に巨額の資金を投入したのは、ミリタリーであった。アメリカにおける軍産学共同体は、このときに形成されたのである。

昨今の日本では、「ガバナンス強化」を旗印に、大学の自治を制限しようとする財界や政治家と、「学問の自由」「大学の自治」を主張してそうした動きを批判する大学人とが対立している。ここまでの議論を見れば、大学の組織を企業的なものに変更し、大学間の競争を促進しようとする財界や政治家が、アメリカの大学のあり方を念頭に置いていることは明らかだろう。

しかし、日本の大学はアメリカの大学のマネをできるのだろうか。アメリカの有力な大学は大部分、私立大学である。アメリカ政府は研究資金を提供するものの、その経営に口を出したりしない。各大学は、企業家からの巨額の寄付に由来する基金を持ち、それぞれの創意工夫で独自の経営を行っている。昨今の日本におけるような、財界や政治家の意向を受けた官僚の立てたプランに大学を従わせようなどという発想は、アメリカ的なものとは正反対である。むしろ旧ソ連の「計画経済」と類比的とさえ言えるかもしれない。

他方、「大学の自治」や「学問の自由」を主張する大学人は、それを紋切り型のように繰り返すのではなく、そうした理念の歴史的背景を認識しておくべきであろう。おそらく多くの大学人が前提としている「一見すると何の役にも立たない基礎研究が応用研究につながり、最終的に社会のために役立つ」というレトリックもまた、アメリカの大学において考えだされたものである。そしてそれは、軍産学共同体を生み出しもしたのだ。

日本の大学も第二次大戦までは軍事研究に協力していたが、敗戦を機に軍事研究とは一線を画すことになった。一九五〇年に日本学術会議は「戦争を目的とする科学の研究には絶対従わない決意の表明」［文献

117〕を行う。しかしアメリカでは、大戦後も科学研究に国防総省からの巨額の予算が流入しつづけた（ただし、現在では軍事技術の開発は、大学ではなく民間企業が中心となっている）。戦後、原子物理学が飛躍的に発展するが、それは核兵器開発を念頭に置いた基礎研究として潤沢な予算が提供されたからである。上山は、「ミリタリーな研究資金によって科学研究の方向性がゆがめられた痕跡はない」と言うが、個々の研究内容でなく、科学研究の全体としての方向性が、予算が潤沢に振り向けられる分野に偏るということは大いにある。冷戦終結後、物理学研究よりは生命医学研究に政府の研究予算が振り向けられた結果、同分野が飛躍的に発展することになった。

　戦後、日本では、軍事予算が科学研究に流れることはほとんどなくなったが、科学研究の中心地であるアメリカで科学研究に莫大な軍事予算が投入されている以上、たとえ日本国内で軍事的研究投資がとるに足らなくても、「科学研究を国際水準に合わせようとする限り、その科学は軍事的に規定されたものであることを免れることができない」〔文献133〕。こうして、現在の科学技術は、ほとんど「原罪」とでもいうべき関係を軍事と取り結んでいるのである。

　しかも昨今、大学改革の流れと並行して、日本政府は軍事への傾斜を強めている。安倍晋三政権は、二〇一三年に従来の武器輸出禁止三原則に代えて、「防衛装備移転三原則」を採用し、外国との武器の共同開発の道を開いた。二〇一五年にはいわゆる「安全保障法制」によって集団的自衛権にまで踏み込んだ。同年、防衛装備庁管轄の「安全保障技術研究推進制度」という競争的研究資金制度を開始し、大学を軍事技術開発に巻き込もうとしている。アメリカ国防高等研究計画局（DARPA）をモデルにした「革新的研究開発推進プログラム（ImPACT）」も開始した▼30。戦後七十年間、日本の大学人は、軍事研究に関して自らの手を直接汚すことはほとんどなかったのだが▼31、ほとんど唐突に、自分たち自身への問いとして、軍事研究との距離の取り方を突きつけられることになったのである。

こうした状況に対して、日本学術会議は、「安全保障と学術に関する検討委員会」にて一年近い検討を経たうえで［文献118］、一九五〇年の声明を再確認し、安全保障技術研究推進制度については「政府による研究への介入が著しく、問題が多い」と指摘した（二〇一六年三月）［文献119］。さしあたりは、妥当な結論だったと思われる。しかしもちろん、自分たちだけが直接手を汚さなければよいという態度は許されるべきではない。日本の大学人は今後、日本国内だけでなく、全世界的な観点から、軍事と科学技術の関係について、自分たち自身の問題として考え、討議し、合意を形成し、科学技術の存在意義やあるべき姿について発信していくことが必要になるだろう。

中世において、自由に学びたい学生と、自由に教えたい教師たちが作った自治的な組合は、たしかに既存の権威に縛られない自由を謳歌した。かれらは、自分たちの学問研究が「最終的に社会のために役に立つ」かどうかなど、考えもしなかっただろう。こうした功利主義的な思考は、近代資本主義社会の産物である。

しかしながら、中世における大学は、貧しくつましい団体だった。巨額の資金がなければ研究ができない現在の大学は、そんな団体に戻ることはできない。それに、日本の大学は、ドイツ圏の大学と同様、国家権力が官僚養成のために設置したものである。イタリアやフランスの中世大学のような自生的な組合ではなく、アメリカのような私企業でもない。日本の大学の将来を考えるためには、そうした歴史的背景や、その結果としての現在のあり方を常に念頭に置いておく必要があるだろう。

▼30　「非連続的なイノベーションの創出を目指して平成二六年に創設された、総合科学技術・イノベーション会議主導のプログラム」である（ＩｍＰＡＣＴ公式サイト［文献14］内のパンフレットより。平成二五年の補正予算において五五〇億円が計上された［文献109］。

▼31　ただし、日本の大学研究者の一部に、アメリカ国防総省の研究予算が支給されていたことが明らかになっている［報道1］。

第3章

大学の大衆化と「アカデミック・キャピタリズム」

第1節　大学の大衆化と機能分化

M・トロウの「大学発展三段階説」——エリート段階、マス段階、ユニヴァーサル段階

近代における「学問の自由」や「大学の自治」についての基本的な考え方は、一九世紀初頭のドイツで考えだされ、「自由な科学研究の価値」についての社会的合意は、二〇世紀半ばごろまでにアメリカで形成された。しかし、その後の半世紀で、大学のあり方は様変わりした。端的に言って、二〇世紀半ばごろまでは、大学は少数の人のみが通う特権的な場所だったが、現在、OECD加盟諸国の大学への進学率は平均で六〇パーセントを超え[▼1]、世界の主要国において大学は「大衆化」している。

アメリカの教育社会学者マーチン・トロウは、大学への進学率が上昇するにしたがって、大学の性格が変化することを主張した［文献107］。彼の見立てでは、進学率一五パーセントまでが「エリート段階」、そこから五〇パーセント程度までが「マス段階」、それを上回ると「ユニヴァーサル段階」に入るという。そして、段階が進展するにしたがって、「学生や教師の大学教育観、高等教育制度がはたす社会的機能、カリキュラム、学生の一般的な就学形態、学生の質、研究教育の水準と性格、学校の規模、授業形態、学生と教師の関係、高等教育制度と他の諸制度との境界、管理運営の形態、学生と教師の選抜の方針と方法など」、大学に関わるおよそほとんどの側面が変容を余儀なくされていく［文献107、六三頁］。その結果として、「学問の自由」や「大学の自治」といった理念も変質せざるをえないだろう。以下では、トロウの議論を概観しよう。

トロウによると、エリート段階での大学の機能は、支配階級に属する人々の精神や性格を形成することであった。そのために、専門分野を体系的に学ぶ厳密なカリキュラムが準備された。授業は少人数のゼミナールなどで、徒弟制度ともいうべき濃密な師弟の人間関係のもとで実施された。そこでは、具体的な技術や知識の伝達よりは、幅広い視野を持った、つぶしのきくトップエリートに必要な人間性を養うことが重視されたのである。

また、こうした大学は、少数のエリートによって運営されていた。大学のリーダーだけでなく、政府機関や財界のリーダーもこうした大学の卒業生で占められており、彼らはたいてい互いに顔見知りだった。それゆえ、大学政策そのものも、そうした内輪の人々によって決定されていたという。

「学問の自由」や「大学の自治」といった理念が形成された二〇世紀半ばごろまで、大学はまだエリート段階にとどまっていた。ヨーロッパ諸国における大学進学率は概して数パーセント程度だった。これはつまり、大学全体の規模が小さく、それにかかる費用も相対的に小さかったということである。それゆえに、大学に対する社会的な関心は低く、大学が「学問の自由」を謳歌していようと、気にする人はそれほどいなかったということでもある。

マス段階に入っても、大学の基本的な機能はエリートの養成だが、その「エリート」の範囲は拡大する。つまり、一般企業の管理職や技術職なども養成の対象となる。そのため、エリート段階のような全人的な教育よりは、技術や知識の伝達が重視されるようになる。厳密なカリキュラムは単位制による選択履

▼1　二〇一〇年で六二％。最高はオーストラリアの九六％。日本は五一％で、三一か国中二一番目［文献157、一〇頁］。

修にとって代わられ、履修コースの弾力的な組み合わせも認められるようになる。大教室における講義形式が授業の主流となり、それをティーチング・アシスタントが担当するゼミナールが補うというのが一般的な形態となる。

さらにユニヴァーサル段階に入ると、多くの大学はエリート養成という機能を失い、多数の学生に「高度産業社会で生きるのに必要な準備」を与えることが教育の主眼となる。つまり、「新しい、より複雑なものの見方」を幅広く身につけさせることで、「社会と経済の急激な変化への適応性」を与えるということである。そして、「大学で学んだからといって、特定の職業に必要な資格がえられるわけではないから、成績評価の必要性もますますあいまいになっていく」〔文献107、六七頁〕。当然、厳密なカリキュラムが維持されるはずはなく、履修コースの境界さえあいまい化していく。

こうした段階では、大学に行ったことのある人、家族や友人が大学に行っている人が激増するから、大学は一般の人々の関心の対象になる。しかも、多くの学生を受け入れる大学は巨大化し、巨額の費用が必要になるので、それに税金を投入するとなると、社会的合意形成が必要にもなってくる。つまり、大学は社会的要請から無縁でいられなくなり、「学問の自由」や「大学の自治」といった理念も、無条件では認められなくなっていくのである。しかも同時に、教員の数も増えるから、教員の間での合意形成も難しくなっていく。

トロウがこの「三段階説」を唱えたのは、アメリカがマス段階からユニヴァーサル段階への移行期にあった一九七〇年代である。一九四〇年に一六%だったアメリカの大学進学率は七〇年に四五%となり、二〇一〇年現在で七四%に達している。▼2 彼は、アメリカの大学はエリート段階からマス段階への移行について「成功を収めてきた」と評価している。それは、「ヨーロッパ諸国の場合のように、高度で単一的な基準をもち、中央の統制ないしは調整を受ける少数の大学から成る大学制度とはちがって、アメリカは共通の基準も、中央で調整された統一政策ももたない、巨大にして多様化した高等教育体制をそなえていた」からである［文献107、一〇頁］。そのおかげで、個々の大学が、大衆の感情や市場の動向に対して、創意工夫で敏感に反応することができた。

しかしトロウは、そうした成功体験があるからこそ、次のユニヴァーサル段階への移行は困難になるだろうと考える。彼が指摘する問題は、以下の三点である。すなわち、「(一)高等教育機関の基本的な本質と機能に関して、教授団や学生層に合意が成立していないこと。(二)アメリカの大学在学者のなかで自分の意志でなしに通学してくる者の比率がたかまっていること。(三)正規の大学教育プログラムの拘束にたいして、多くの数の学生層から一種の反乱が生じていること」である［文献107、一五頁］。さらにトロウは、エリート教育の重要性を指摘し、高等教育がユニヴァーサル化する中にあって、それがどのようにして存続していけるのかを検討している。

しかし、トロウの心配をよそに、その後、アメリカでは、一九六〇年代から七〇年代にかけて多数設立された州立大学が多くの進学希望者を引き受け、有力な私立大学は比較的少数の学生に対するエリート的な研究教育を行うという機能分担が、基本的な発展の方向となった。そして、引き続き政府は研究資金を提供し続けたが、各大学は、運営資金を獲得するために、「私企業」として一層の営業努力を行うことになる。

▼2　一九四〇年と七〇年の大学進学率はトロウ（七頁）、二〇一〇年は前掲の文部科学省「教育指標の国際比較（平成二五年版）」［文献157］による。

第二次大戦後の各国の大学の状況――進学率上昇時代

第二次大戦後、大学が大衆化していく過程を、日米欧各国の状況に即して、もう少し具体的に見てみよう。多くの国が、エリート段階からユニヴァーサル段階への急激な移行に直面して苦慮することになる。問題は、大きく言って二つある。「エリート教育を誰が担うか」というトロウが問うた問題と、もう一つ、トロウがそれほどクローズアップしていない問題、すなわち「誰が大学教育の費用を負担するのか」という問題である。

戦後の復興期には、経済成長に伴う税収増のおかげで、各国とも政府が費用を負担することができたのだが、一九七〇年代、大学進学率が急上昇したのと同時期に「石油ショック」が襲った。日米欧各国の経済成長は頭打ちとなり、各国政府とも財政難に陥ったことから、費用負担の問題は深刻化した。現在の状況もその延長線上にある。とはいえ、あまり急ぎすぎず、第二次大戦直後の時代から順に見ていこう。

まず、アメリカの場合、戦場から復員した多数の兵士を失業者にしないために、とりあえず大学に入学させる政策が取られた。そのために政府の奨学金制度が拡充された。[3]

日米欧各国で経済的な復興が進んだ一九六〇年代以降、各国とも、大学進学希望者が増大していく。経済的な余裕ができたことで、勉学への欲求が高まったこともあるが、より有利な就職を目指して大学へ行く若者も多かった。[4] 経済発展や技術革新によって労働生産性が飛躍的に向上した結果、労働者に対する需要が減少したことから、とくに若年層の失業対策として、とりあえず大学に入学させることには労働政策的にも合理性があった。同時に、産業の高度化に伴って、高度な技能や知識を身につけた労働者への需要が高まったため、工学部や科学技術専門学校など技術者養成のための高等教育機関が多く作られることになった。

アメリカでは、先に述べたとおり、多数の大学進学希望者を受け入れるために、授業料が安い州立大学が各地で設立された。州民へのサービスとして作られた州立大学、とくに「コミュニティ・カレッジ」と呼ばれる二年制の短期大学は、入学希望者を選抜なしで受け入れた。

ヨーロッパ各国でも、増加する多数の大学進学希望者に、国立大学の増設や受け入れ人数の増加によって対応した。高等教育を受けることも人権の一つだという考え方から、英独仏をはじめ、多くのヨーロッパ諸国は大学の授業料を無償とした。一九六六年の国連総会で採択された「国際人権規約」の第一三条cでは、「高等教育は、すべての適当な方法により、特に、無償教育の漸進的な導入により、能力に応じ、すべての者に対して均等に機会が与えられるものとすること」とされている。[▼5]

一九六〇年代に各国で大学教育が拡張されたもう一つの理由は、いわゆる「スプートニク・ショック」である。当時、アメリカを代表とする資本主義陣営と対立していた社会主義国のソヴィエト連邦は、一九五七年に世界初の人工衛星「スプートニク」の打ち上げに成功した。アメリカは、ソ連の科学技術に対抗

▼3　一九四四年の「復員兵援護法 Servicemen's Readjustment Act」［法律2］、通称「G・I・BILL」による。同法は、The Our Documents（アメリカ史を画する重要資料一〇〇）のうちの一つに選定されており、全文が以下のページに掲示されている。https://www.ourdocuments.gov/doc.php?doc=76&page=transcript

▼4　その結果起こる「学歴インフレーション」については第4章第1節で取り上げる。

▼5　日本は一九七九年に国際人権規約を批准したが、この項目については「留保」としてきた。民主党政権下の二〇一二年にようやく留保を撤回した（世界で一五九番目）。規約の本文、および日本政府による留保撤回については、外務省「国際人権規約」のページを参照［文献27］。

するために、科学教育の重視という方針を打ち出した。「連邦防衛教育法」［法律3］を制定し、奨学金や学生ローンを拡大するなどした結果、大学進学率が上昇することになった。

また、ソ連がすでに実施していた「国営大学、授業料無償制度、奨学金制度」という「三点セット」は、鉄のカーテンの東側から送り込まれる強烈なインパクトであった」［文献21、一八八頁］。ヨーロッパ諸国が大学の授業料を無償化したのは、これに倣ったという側面がある。

おおまかに言うと、アメリカでもヨーロッパでも、戦後の復興期における多数の大学進学希望者を受け入れたのは、授業料が無償、もしくは安価な国立・州立大学だったとまとめることができるだろう。

しかし、トロウが言うように、大学の重要な社会的機能としてエリート教育という側面がある。現実的に言って、どのような社会であれ、中心になって社会を指導する層が必要である。そして、一部のエリートを選抜して教育することと、万人に権利として教育を行うことは相反するため、同じ機関がその両方を担うことは困難である。アメリカの場合は、一部の私立大学がエリート教育を担うことになるが、ヨーロッパ諸国はどうだったのか。以下では、英独仏の場合を概観する。

イギリス（イングランド）の場合──無償から自己負担へ

一九世紀前半までイギリス（イングランド）には、大学はオックスフォードとケンブリッジの二つしか存在しなかった。[6] 一九世紀半ばに、新興資本家層がロンドン大学、マンチェスター大学、ニューカッスル大学などの「市民大学」を設立した。これらの大学はすべて私立だったが、第一次大戦で科学研究の重要性を痛感した政府は、大規模に公金を投入する政策をとり、一九一九年に「大学補助金委員会」を設置した。この委員会が支給する補助金は、「一括支給とされ、その使途については、大学側の自由裁量が認められた。イギリスの大学補助金委員会は、「支援すれども、干渉せず」のモデルとされ、その後、多くの国の私学助成のモデルとなった」〔文献21、三〇頁〕。この委員会の独立性は徹底しており、議会の会計監査さえ受けなかったという〔文献90、一一〇～一一一頁および一九五～一九八頁〕。この委員会はその後七〇年間、一九八八年まで存続した。

しかし、イギリスの大学は相変わらず少なく、第二次大戦終戦直後でも大学進学率は二%、学生数は五万人程度であったという〔文献1、八三頁〕。一九六〇年代になると、大学に対する社会的要請の高まりを受けて、政府はサセックス、ヨーク、ランカスターなど七つの大学を国立で設置した。こうした政策の結果、大学進学率は倍増し、一九六〇年代半ばに一〇パーセント、七〇年代初頭に一五パーセントほどになるが、その後は一九八〇年代半ばまでそのままを維持していた〔文献183、一三頁〕。トロウの区分で言うところのエリート段階とマス段階の境界線上にとどまっていたということである。

では、その他多数の進学希望者はどこに行ったのかというと、「ポリテクニク」や「工業カレッジ」などと呼ばれる技術者養成の専門学校である。それらは、一九九二年の制度改正によって、「大学」に昇格した。「その結果、一九九二年度末までは「大学」の数は四八であったが、一九九三年からは「大学」の数は八八(一年後には八九となる)に、一挙に倍増した」〔文献21、三九頁〕。二〇一〇年のイギリスの大学進学率は、日本を上回る六三%となっている〔文献157〕。

そうした中にあって、現在もオックスフォードとケンブリッジは、高い選抜度を維持するエリート校で

▼6 同時期、連合王国の中でもスコットランドには、セント・アンドリュース、グラスゴウ、アバディーン、エジンバラの四つの大学があった。いずれも一五、六世紀に設立されたものである。

ある。たとえば、二〇一五年度のオックスフォード大学の学部志願者は一万八〇〇〇人以上だが合格枠は三二〇〇人程度、大学院は二万四〇〇〇人の志願者で合格枠は五二五〇人程度であった。かれらは、テストと論文と面接によって選抜される［欧文22・欧文23］。

なお、一九八〇年代以降のイギリスの大学は、サッチャー政権の改革によって激動にさらされることになる。しかもサッチャー改革は、日米の教育改革の一つのモデルとされたのである。この点については後述する。

イギリスの大学について特筆すべきことは、一九九八年に、財政難を理由として、それまで無償だった授業料が有償化され、近年それが急激に高額化していることである。[7] つまり、誰が大学教育の費用を負担するのかという問題に対して、イギリスは「政府だけでなく学生にも負担させる」という回答を与えたのである。

九八年当時の授業料は、家庭の所得によって無料から一〇〇〇ポンドまでの間で課された（当時のレートで一ポンド二〇〇円として約二〇万円）。二〇〇六年からは最高額を三〇〇〇ポンドとして、各大学が自由に設定できるようになった。その後、毎年、上限額の小幅な値上げが行われていたが、二〇一二年には上限が一気に九〇〇〇ポンドに引き上げられた。そして、多くの大学が授業料を最高額の九〇〇〇ポンドに設定してしまった（最近のレートで一ポンド一三〇円として一一七万円）。

ただし、授業料の急激な値上げと同時に、授業料の後納制度も始められ、学生は卒業後、年収が一定額（二万一〇〇〇ポンド）を超えたときから年収の九%分を三〇年間の分割払いで支払うことになっている［文献61・文献1］。年収が基準を超えなかったり、三〇年たっても完済しなかった場合は免除となる。

フランス・ドイツの場合——無償だが劣悪

次いで、フランスとドイツについて見ておこう。この両国では、高校卒業資格（フランスでは「バカロレア」、ドイツでは「アビトゥーア」と呼ぶ）の取得者は、原則として、どこでも好きな大学・学部に進学できる制度を取っている。現在でもそうである。そのため、日本のような「入学難易度にもとづく大学ランキング」は存在しない。ただし、近年は、進学希望者が多すぎる場合には、卒業資格試験の成績で選別するとか、入学定員に余裕が出るまで待機させるなどの対応が取られている。

一九六〇年までの、大学進学希望者がそれほどいなかった時代には、高校卒業資格取得者もそれほど多くなかった。たとえば、フランスの場合、一九六〇年にバカロレアを取得する者は年間わずか六万人程度だったという。それが、一九七〇年には一七万人、八〇年には二二万人、二〇〇〇年には五二万人と、急激に増えてきた［文献21、一〇七～一〇八頁］。一六年は六三万人以上で、同年代のうちの七八％程度が取得している［欧文18］（**図3－1**）。

先述の通り、バカロレアを取得すれば、原則としてどこの大学にでも進学できるので、バカロレア取得者の急増は、大学入学者の急増と直結している。政府は、大学を大増設する一方、授業料の有償化や進学制限などを実施しようとしたが、そのたびに学生側からの大反対運動が巻き起こった。「その結果、現在では右派政党であれ、左派政党であれ、大学問題には手を付けたくないという状態にあるという。その結

▼7　大学を有償化したのは、イングランドとウェールズと北アイルランドで、スコットランドは無償のままである（ただし、イングランド、ウェールズ、北アイルランド出身者には授業料を課す）。その後、ウェールズでは無償への揺り戻しの動きがあるという［文献1、八八頁］。

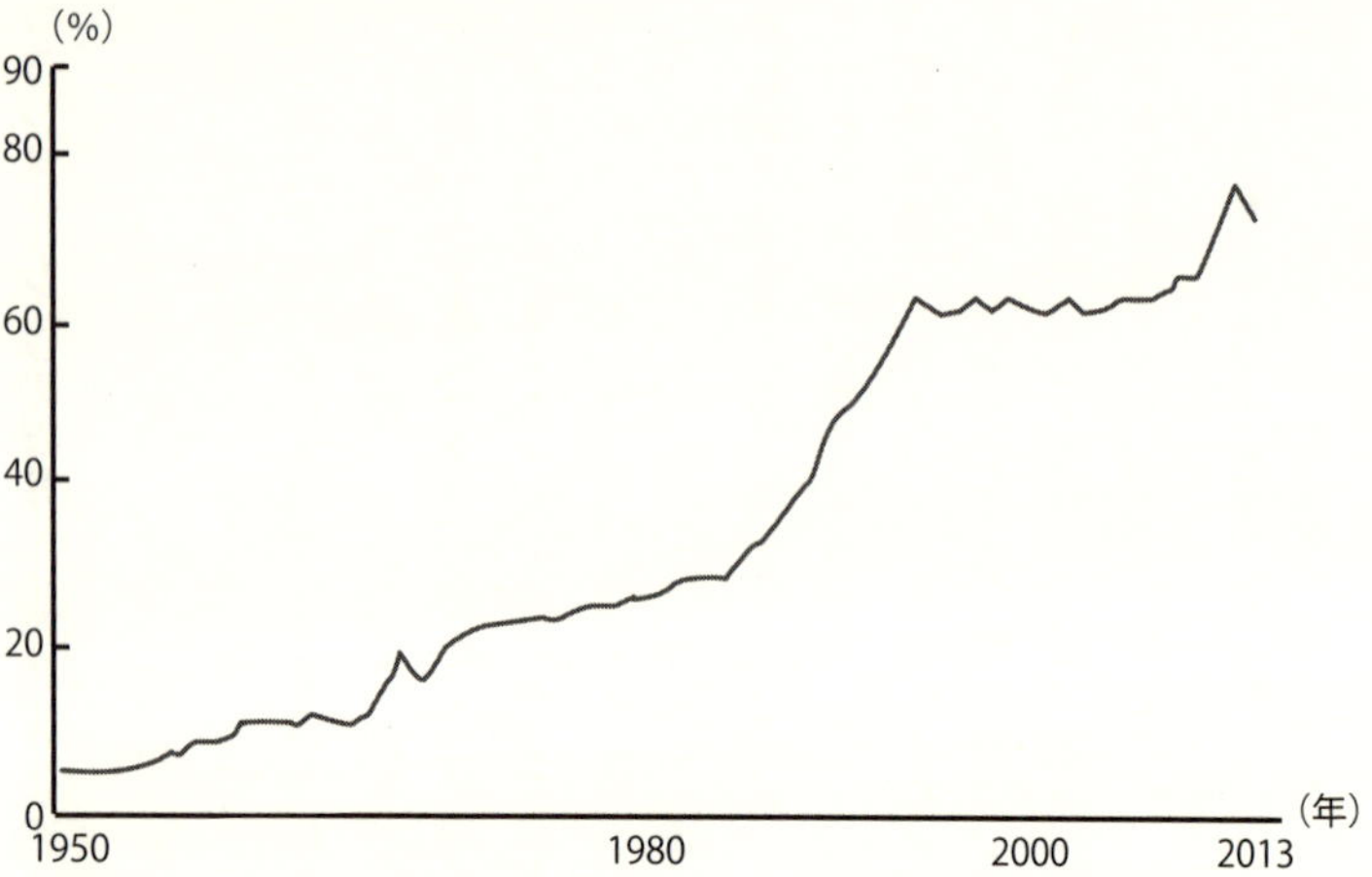

図3−1　1950年から2013年までの同年代における バカロレア取得者の割合

［欧文19］より。
ただし、バカロレアには「一般バカロレア」「技術バカロレア（1968年創設）」「職業バカロレア（1985年創設）」の三種があり、近年の取得者の割合はおおむね２：１：１となっている。

果、何が起きているかというと、大学予算の増額なしに、年々学生数だけが増加し、教育条件、学習条件の悪化だけが進行している」［文献21、一一二頁］。

とはいえ近年は、サルコジ政権下の二〇〇七年に「大学自由責任法」が制定され、入学希望者に対する大学と高等学校（リセ）による進路指導の義務づけ、学長の権限強化や大学評価制度の導入、大学の営利活動の条件緩和など、第１章で見た日本における大学改革とも類比的な大学改革が始められている［文献79］。

エリート教育について言うと、フランスでは伝統的に、大学とは別の「グランゼコール」と呼ばれる学校群が担っている。フランス革命期に設置された「エコール・ノルマル・シュペリウール」と「エコール・ポリテクニク」に加え、一九四五年に設置された「ＥＮＡ（Ecole nationale d'administration：国立行政学院)」が、フランスにおけるエリート校の御三家で、入学のための厳しい選抜試験がある。▼8 フランスにおける高級官僚や学者、企業の経営者の大多数は、これら三校の卒業生である。これらの学校の学生は、卒業後は一〇年間の公務につくことが定められているが、在学中から国家公務員として給料が支給されるなど、非常に優遇されている。これも潮木によるが、「グランゼコールとその準備学級の学生は、高等教育の全学生数の四パーセントを占めるだけなのに、高等教育予算の三〇パーセントを使っているという」〔文献21、一三二頁〕。

しかし、グランゼコールのトップ校に進学する学生の多くは、高級官僚、会社の管理職などといった社会的に指導的な地位にある恵まれた家庭の出身である。優れた成績を上げるためには、家庭がかける教育費用が重要だからである。また、そうした家庭では、子どもに優れた教育を受けさせようという意欲も高い。エリート家庭の出身者をさらに優遇するような予算措置には、フランス国内でも批判がある。また、エリート家庭の出身者が名門校を卒業して、やはりエリートになることは、社会格差の再生産である。試

▼8 「グランゼコール」とは大学以外の高等教育機関の総称であり、公的な定義が存在するわけではない。フランス教育省によると、グランゼコールとは「生徒を競争試験によって採用する高等教育機関」であるが、これは定義としては非常にあいまいである。〔欧文20〕

なお、現在のフランスには、本文で上げた三校のほかにも多数の公立、私立のグランゼコールが存在する。「カンファレンス・デ・グランゼコール」に加盟している学校は二二一、そのほかに企業八、機関三五がメンバーとしてリストアップされている。〔欧文1〕

これらの学校間には当然、入学難易度や威信の格差が存在する。私立のグランゼコールには、高額の授業料を徴収しているところもある。

験の成績にもとづくエリート選抜システムは、努力すれば誰でもエリートになれるように思えるので、一見すると民主的だが、その実、社会格差の再生産装置として機能するのだ。▼9

もちろん、完全無欠の制度は存在しないので、いかなる制度であれ、メリットと同時にデメリットがある。そのことを十分に認識したうえで、一番マシな制度となるように改良を重ねることが重要だろう。

最後に、簡単ではあるがドイツ（西ドイツ）にも触れておく。ドイツでも、フランス同様に高校卒業資格を取得すれば、どこでも好きな大学に行ける制度を取っている。また、ドイツでも大学はほぼ無償である。二〇〇五年に授業料の有償化が許容され、いくつかの州では有償化されたが、その後、また無償に戻す動きが強まっているという［文献34］。

これまでドイツでは、エリート教育よりも、大学教育を大衆的に普及させることを政策の中心に据えてきた。しかし、「最近ではドイツでも、いかにして優れた拠点大学を作り出すかが、政策課題として登場しはじめた」という［文献21、九五頁］。

このように、ドイツにおける「大学のユニヴァーサル化への対応」はいささか遅れているようだが、「教育指標の国際比較（平成二五年版）」によると、二〇一〇年のドイツの大学進学率は四二％で、OECD加盟国の平均（六二％）を大きく下回り、トロウの区分で言うマス段階にとどまっている。

これは、ドイツでは、ホワイトカラーを含む職業教育が充実しているからではないかと思われる。初等教育終了後、多くの生徒は「基幹学校」や「実科学校」に進学し、学校で学ぶと同時に企業で働くことで実地に職業訓練を受ける「デュアル・システム」で教育され、職業資格を取得する。アビトゥーアを取得後に、改めて「デュアル・システム」で職業資格を取得する者もいる［文献130］。いずれの国であれ、大学が「就職予備校」としての機能を果たしているが、ドイツでは就職するための大学以外のルートが確立していることから、六割の生徒があえて大学へ行かない選択をしているのではないかと思われる。[10]

日本の場合――身も蓋もない「自己責任」

見てきたように、仏独では授業料無償の国立大学を拡充することで、増加する大学入学希望者を受け入れてきた。それに対して日本では、終戦後に「新制大学」が各県にほぼ一つずつ設置されたあとは、国立大学の大規模な増設はなく、多数の大学進学希望者は、授業料が高い私立大学に受け入れられた（図3−2・3）。国立大学でも多少は学生定員の増加が図られたが、主に理工系の学部についてであった。

そうした傾向は現在も続いており、一部に「難関私大」と呼ばれるような私立大学もあるが、一般的に言って国立大学の方が学生の選抜度が高く、入学するためにはより高い成績が必要となっている。また、研究設備の整備に多額の費用が必要な理工系の学部は国立大学に集中しており、私立大学で理工系学部は少ない。そして言うまでもなく、国立大学の中でも東京大学をはじめとする旧帝大が高い入学難易度を保ち、事実上エリート教育を担ってきた。

戦後の一九四九年に定められた「私立学校法」では、政府の権限が大幅に制限され、私立大学はほぼ自由に運営されることになった。ただし、政府による財政支援もなかったため、学生数が増えるにしたがっ

▼9 グランゼコールに対する古典的な批判としては、ピエール・ブルデュー『国家貴族 エリート教育と支配階級の再生産』［文献137］を参照。

▼10 坂野慎二［文献70］が行った調査によると、ギムナジウム（高等学校）の生徒のうち「大学進学をすでに決めている者は五割程度に過ぎず、職業訓練に進むことを決めている者は約三割に達している」（一七四頁）、「ギムナジウム生は進路として大学のみならず職業訓練等も視野に含めて進路選択を行っている」（一八〇頁）という。

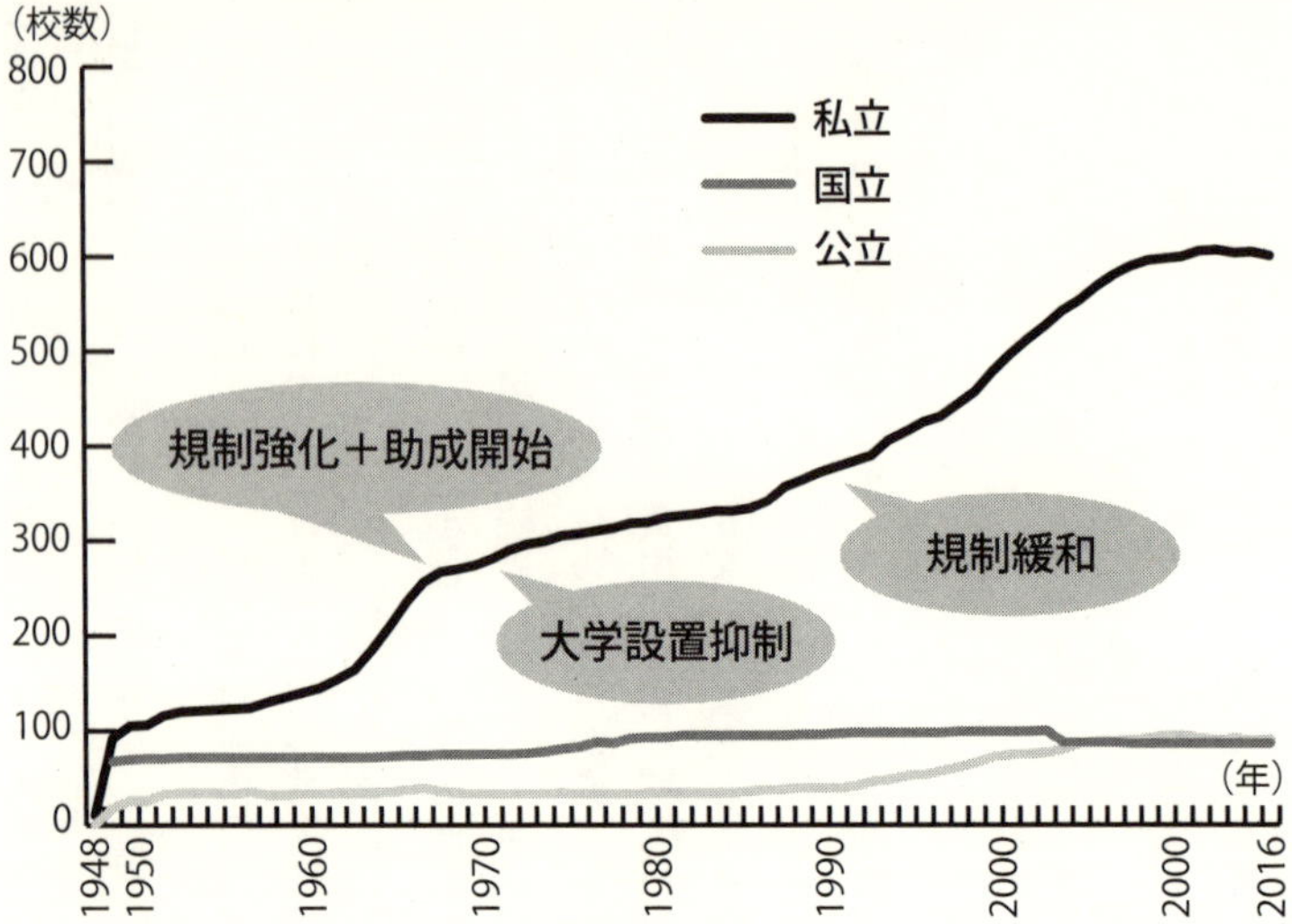

図 3−2　戦後日本の大学数の推移

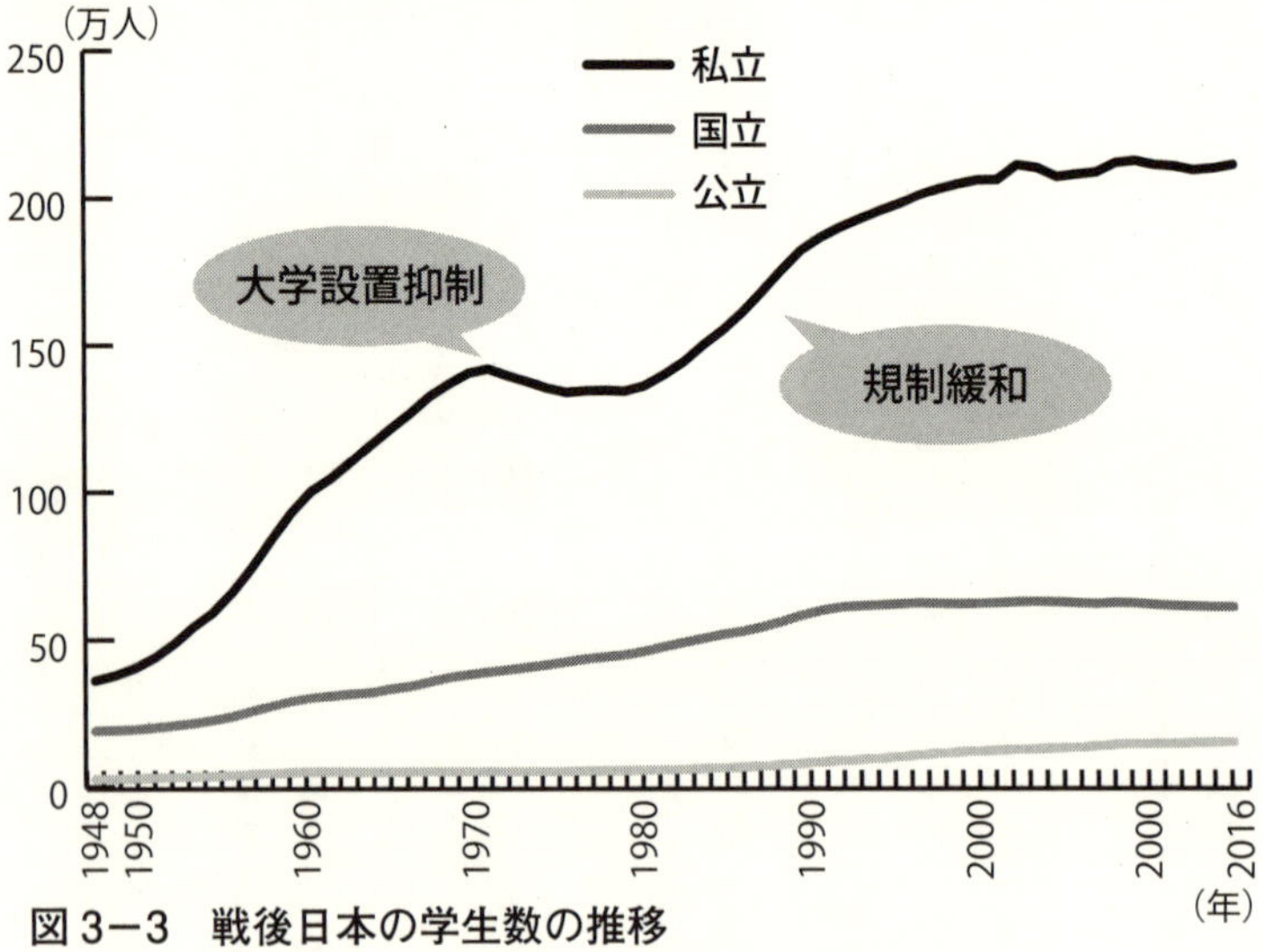

図 3−3　戦後日本の学生数の推移

出典：ともに文部科学省「学校基本調査・年次統計・進学率」より作成。
http://www.e-stat.go.jp/SG1/estat/List.do?bid=000001015843&cycode=0

て、私立大学の教育環境は、国立大学と比べていちじるしく劣悪になっていった。一九六〇年代半ば（昭和四〇年代）には、有力な私大で学費値上げ反対のストや学園紛争があったこともあり、政府は私立学校への規制を強化する一方、[11]私学助成の制度を始めた［文献40、第6章］。

学校数と学生数の推移のグラフから、その時期に私立大学の設置が抑制され、学生定員を順守させる政策が取られたことが見て取れる。これは、単に規制強化というだけでなく、石油ショックに直面した政府の財政難から、学生数をそれ以上増やす政策をとれなかったということでもある。学生数を抑制してもなお、私立大学への助成の金額は、授業料の高騰や教育環境の劣悪化を抑えるには全く不十分なものであった。

そして、現在でも私立大学への国からの補助は手薄である。全部で八六ある国立大学（学生総数約六一万人）には例年一兆円超の運営費交付金が支給されているのに対し、六〇〇の私立大学（学生総数約二一〇万人）に対して経常費補助は三〇〇〇億円程度である［文献159・文献160］。学生一人あたりにすると、国立大が約一六四万円、私立大が約一四万円と、十倍以上の差がある。

こうした状況は、低所得層に重い負担を課し、高所得層の負担を軽くする「逆配分」となっている。先に書いたように、優れた成績を上げるためには、家庭がかける教育費用が重要であるため、高学力層はおおむね高所得層と重なり、低学力層はおおむね低所得層と重なる。低学力層が授業料の高い私立大学に進学し、高学力層が、多額の税金を投入されて授業料が安く抑えられた国立大学に進学するということは、

▼11　なぜ政府による規制と助成が一体なのかというと、日本国憲法第八九条で「公の支配に属さない教育事業に対して公金を支出してはならない」とされているからである。

低所得層も負担する税金を、高所得層に配分する結果になるのである。この点は、大学改革を論じるうえであまり話題になっていないが、忘れてはならない重要な問題である。

さらに、これら二つのグラフを見ると、一九六〇年代半ばから八〇年代にかけて抑制されてきた私立大学の数が一九九〇年代になって増加に転じ、学生数も急増していることがわかる。これは、一九九〇年代から現在に至るまで推進されている「規制緩和」と「自由競争」を旨とするいわゆる「新自由主義的改革」の一環として、一九九一年以降、私立大学の新設が容易になったためである。人口統計上、少子化時代が始まることが明らかであったし、折しも「バブル崩壊」で、国の財政が好転する見通しもなかったにもかかわらず、私立大学の数は倍増した。昨今、「大学全入時代」や「大学生の低学力化」などが問題になっているが、それはこうした政策からの必然的帰結である。

さて、仏独では国立大学の授業料はほぼ無償だが、周知のとおり、日本の国立大学は有償で、しかもかなり高額である。二〇一六年現在、入学金と授業料の標準額はそれぞれ二八万二〇〇〇円と五三万五八〇〇円で、両方を合わせた初年度納入金額は八一万七八〇〇円にのぼる。私学はそれよりもさらに高額となっている。この点についても見ておこう。

まず、一九五二年から六五年まで国立大学の授業料は年間六〇〇〇円であった。現在の金額で六〇〇〇円というと安価なように思われるが、一九五〇年代の大卒事務職の初任給は一万円程度であった。現在のそれが二〇万円程度だということを考えると、当時の六〇〇〇円は、現在の感覚では一〇万円程度であろうか。

その後の経済成長で物価も給料も上昇していくなか、国立大学の授業料も六六年に一気に倍額の一万二〇〇〇円に増額、さらに一九七二年はその三倍の三万六〇〇〇円、翌七三年からはそれに加えて一万二〇

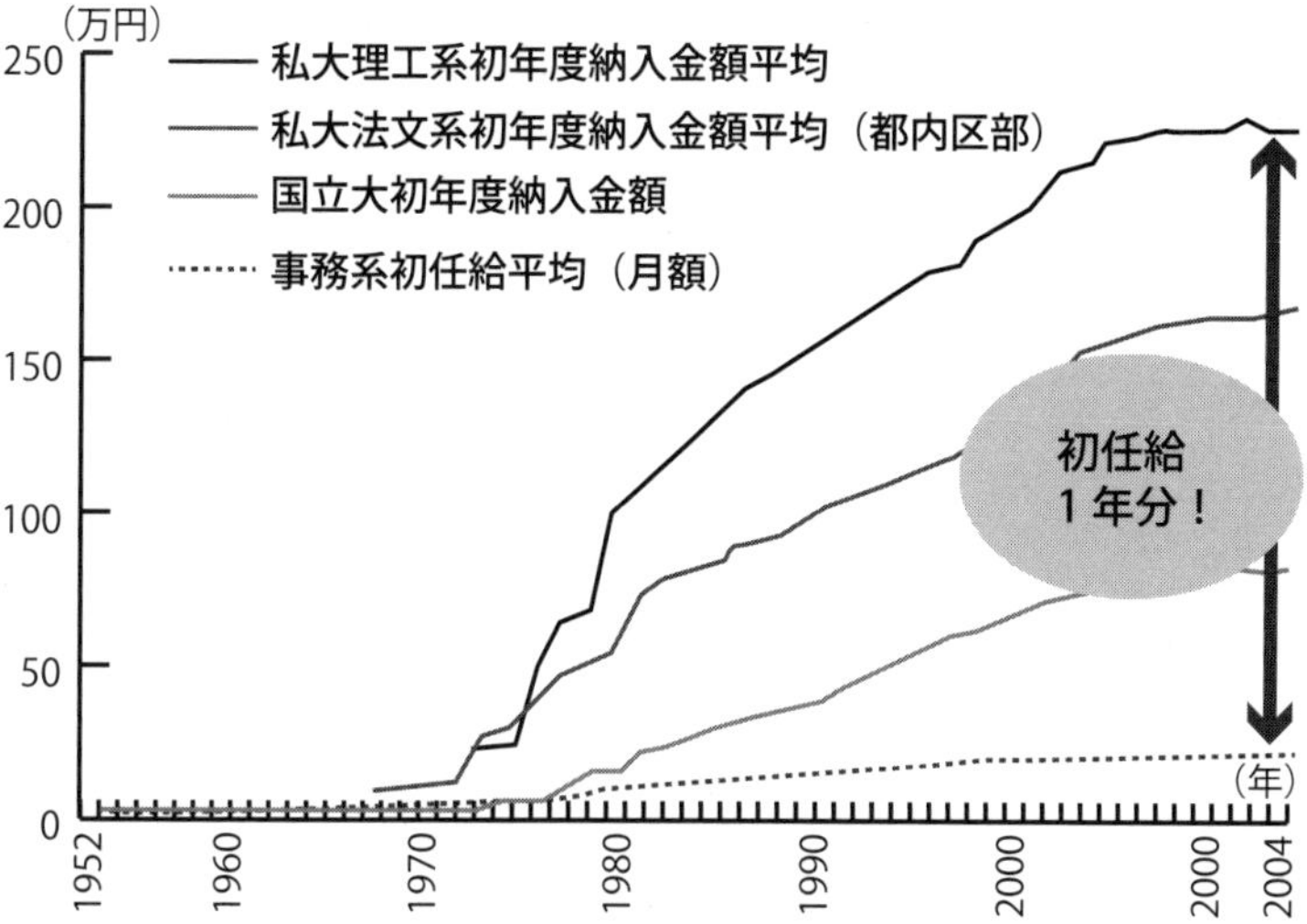

図3－4　日本の大学の初年度納入金と事務系初任給（月額）の比較

出典：森永卓郎監修『物価の文化史辞典』［文献 147］より作成

〇〇円の「入学金」の徴収が始まり、以後ほぼ毎年、規則的に増額が続けられてきた。独立行政法人化翌年の二〇〇五年に初年度納入金は八一万七八〇〇円に到達して、そこで上げ止まっている（独法化後の金額は国が定める「標準額」）。驚異的な上昇率だが、図3－4を見ていただければ明らかなように、私大の授業料の上昇率は国立をはるかに上回る。

もちろん、日本の経済成長に伴う物価や所得の向上に合わせての増額だったという側面はあるが、それにしても急激な上昇である。グラフでは、比較のために「大卒事務職の初任給の平均額」を記載してみた。人々の収入の増加をはるかに上回るペースで大学の授業料が上昇したことが見て取れる。二〇〇四年の「私立理工系平均（都区内部）」は約二二五万円で、同年の大卒初任給の一〇倍以上、つまり年収に近い額となっているのである。

このように、日本では国立私立を問わず授業料が高額なのは、政府の財政支援が不足しているからである。ＯＥＣＤの『図表でみる教育　二〇一五年版』によると、「日本は公財政教育支出の割合が最も低い国の一つ」であり、「高等教育の私費負担割合はＯＥＣＤ加盟国で最も高い国の一つ」なのである［文献23］。要するに、日本の高等教育は、学生やその家庭の個人的な負担によって支えられているということである。

こうした状況に対して、大きな批判や反対運動が起こらないのは、日本では多くの人が「大学教育は個人が費用を負担して受けるサービス」であり、「教育は個人の利益のためのもの」と考えているからかもしれない。しかし、こうした考え方は、教育には社会全体として生産性を向上させる効果があることや、大学は市民の知的資質を向上させて民主主義を支える基礎となることを無視している。高額の授業料は、貧しい家庭の子どもたちから大学に行くという選択肢を奪うだけでなく、大学に行けた裕福な学生たちから「勉強させてくれた社会の恩に報いるために貢献しよう」という公共心を奪うことにもなるだろう。

しかも、二〇一六年現在、日本には公的な給付型の奨学金制度が存在していない。▼12 二〇一八年度（一七年度から一部先行実施）から低所得層（住民税非課税世帯）向けの給付型奨学金制度の創設が決定されたが、給付額は月額二万円（国公立大自宅生）～四万円（私大下宿生）で、給付規模も各学年二万人程度と、はなはだ不十分なものである［文献161］。

ＯＥＣＤ加盟国中では、アイスランドにも給付型奨学金制度がないが、アイスランドの大学は無償で、大学院生に対しては給付型の奨学金制度がある。他のヨーロッパ諸国は、大学が無償でかつ給付型の奨学金があるのが普通である［文献121］。日本学生支援機構が運営している「奨学金」と称するものは、金利が優遇されており、無利子の枠もあるとはいえ、返済が必要だから、本来なら「学生ローン」と言うべきものである。英語で「スカラシップ」といえば給付型奨学金のことだから、日本の「奨学金」をスカラシップと英訳するのは誤訳である。アメリカでは、「新自由主義的改革」の結果、給付型奨学金の割合が減って学生ローンが増えたことが批判されているが、それでもまだ半数は給付型である［欧文3］。日本の大学生は、世界的に見て非常に過酷な経済環境に置かれているのである。日本は、「自己責任の国」アメリカよりも「自己責任論」が徹底している国（逆に言うと、「政府が無責任な国」）だといってよいかもしれない。

第2節　一九八〇年代以降の展開

グローバル化時代の改革とは――〝株式会社アメリカ〟化する大学

見てきたように、各国各様に大学の大衆化への対応を行ってきたのだが、一九八〇年代以降、「大学改革のグローバル化」が進められるようになってきた。しかもそれは、サッチャー改革に典型的にみられるような、いわゆる「新自由主義」にもとづく改革であった。

先ほど、「新自由主義は規制緩和と自由競争を旨とする」と述べたが、もう少し詳しい定義としては、以下の引用文が妥当であろう。

▼12　かつては、卒業後に教育または研究の職に就いた者には奨学金の「返還特別免除」の制度があったが、一九九八年に廃止された。

一般に「新自由主義的改革」の特徴としては、私的所有権至上主義と市場原理主義により「小さな政府」を追求すること、すなわち、市場への参入障壁となる規制を緩和し、そこへ投入する公的な資金を削減するとともに競争的に配分することが指摘できる。そして教育改革においては、教育目的が経済成長あるいは国際競争力の確保に資するという点に一元化されることから、政府による統制の強化がこの改革に続くと言われている。［文献131、六五頁］

イギリスにおけるサッチャー改革や、近年の日本の大学改革は、まさしくこうした展開を見せている。一九七九年にイギリス首相となったサッチャーは、新自由主義的な信念を持ち、電話やガス、水道など国有企業の民営化と規制緩和を推進して、それに抵抗する労働組合を弾圧した。所得税と法人税を引き下げる一方、消費税を引き上げるなど、富裕層を優遇した。一九八〇年代後半からは、同様の信念のもとに教育改革を断行した。一九八八年の「教育改革法」［法律4］によって、先述の「大学補助金委員会」を廃止し、大学評価に基づく競争的配分を導入した。サッチャーは一九九〇年に退陣したが、その後もメージャーが九七年まで保守党政権を維持し、サッチャー路線を継承した。

こうした政策の結果、貧富の差が拡大したことへの反発などから政権交代が起こり、ブレアを首相とする労働党政権が誕生するが、大学政策の基本的な路線は継承された。大学の有償化が実行されたのは労働党政権下である。さらに、大学評価の徹底や、大学ランキング（リーグ・テーブル）による競争化などが進められた。

労働党は二〇一〇年に政権を失い、保守党と自由民主党の連立政権が成立した。そこで再び新自由主義的政策が強化され、現在に至っている。

近年の状況は、以下のようなものである。

大学を構成するステークホルダーの利害関係（理事者、大学教職員、学生）の対立の顕在化、大学の競争的種別化をめぐる激しいランキング競争と大学グループ再編の進展、米国型専門職大学院の増大と普及、大学統治における同僚的ガバナンス・ピア評価に対してそれを否定的にとらえる企業的経営・業績達成評価の強まりとそれに対する抵抗、突出した上げ幅になった大学授業料に対しての学生団体や国民諸団体からの全国的な授業料値上げ反対運動の顕在化などが生じてきた。

［文献1、八五〜八六頁］

サッチャー改革は、同時期のアメリカのレーガン政権にも影響を与え、さらには、アメリカ的な大学のあり方が世界各国に輸出されるようになる。大学改革のグローバル化とは、「大学のアメリカ化」だというのが実態である。新自由主義の定義の中にあった「私的所有権至上主義」や「市場原理主義」は、アメリカの伝統的な価値観と言ってもよい。第2章第2節でみてきたように、アメリカでは大学も「私企業」としてきわめて競争的な環境で運営されてきたのである。

そして、そのグローバル化＝アメリカ化は、交通システムや流通システムの発達や情報通信技術の進歩の結果起こった自然な展開などではなく、世界銀行やＩＭＦ（国際通貨基金）、ＷＴＯ（世界貿易機関）、ＯＥＣＤ（経済開発協力機構）など、アメリカが指導的立場を占める国際機関（「グローバライザー」と呼ばれる）の主導で、人為的に、しかも各国政府の債務処理と引き換えにかなり強引に進められてきたという側面がある。

一九八〇年代前半からの「グローバライザー」たちの方針は、「ワシントン・コンセンサス」と呼ばれる。その内容は、「財政規律、教育や保健衛生に対する公的支出の拡大（初等教育、プライマリーヘルスケアが中心）、課税基準の拡大および限界税率の引き下げを目ざす財政改革、市場決定利率、為替レートの単一化と競争化、自由化、海外直接投資の促進、民営化の促進、規制緩和、財産権の保障という一〇項目に集約される」［文献181、三二頁］。大学に関しては、授業料の値上げなどが求められた。

日本では、サッチャー政権と同時代、中曽根政権における「臨時教育審議会」で、サッチャー改革に影響を受けた教育改革が議論されるが、新自由主義的な大学改革が本格化するのは、そうした「グローバライザー」による大学改革が世界中で推進された一九九〇年代の後半以降である。

とはいえ、本書は国際機関の動きなどについては他の文献に任せて深入りせず▼[13]、大学のあり方の変容に焦点を当てていきたい。以下では、近年の大学改革のモデルとされているアメリカの大学について概観する。そのうえで、歴史的背景も制度も社会的位置づけも異なる日本の大学が、アメリカの大学から学びうることは何か、マネをしようとしてもうまくいかないだろうことは何かについて検討したい。

アカデミック・キャピタリズムの蔓延——研究の商品化はうまくいくのか

これまで、アメリカの大学は「私企業」であると繰り返してきたが、制度上それらは営利企業ではなく非営利団体であり、研究教育に関わる部分は免税措置を受けている。大学への寄付金は税金の控除の対象となるし、州立大学であれば州政府から補助金を支給されている。大学は、そうした「特権」を維持しながら、市場に参入して資金を得ようとしているのである。

そうした動きには、大学が新自由主義的な経済体制に否応なく巻き込まれているという側面もあるが、大学自身の判断による行動という側面もあるし、政府による誘導という側面もある。もう少し長い歴史的スパンでアメリカ固有の事情を考えれば、第一次大戦から第二次大戦にかけての時期、潤沢なミリタリーの予算が大学に投入されていたが、大戦が終わって、「大学も私企業の一つ」というアメリカ特有の大学観が再び前面に出てきたという側面もあるだろう。そうした大学観はアメリカにおける大学の成立と発展の歴史的経緯と表裏一体である。

実際、アメリカの大学が営利事業で資金調達を行うようになったのは、必ずしも近年のことではない。たとえばスタンフォード大学は、一九五五年に敷地の一角にショッピングモールを建設した。高級ブランドを含む百数十のテナントが入った巨大なものである〔欧文25〕。その横には大型デパートも併設されている。上山によると、このショッピングモールは大成功で、「純利益は一九五一年度の一九万ドルから、八〇年には三〇〇万ドル、九〇年には八三五万ドルへ、そして二〇〇二年時点で一五〇〇万ドルへと、五一年との比較では百倍近い増加を示している」のだという〔文献16、二九頁〕。

また、アメリカンフットボールやバスケットボールなどの大学スポーツは、巨大な競技場を満員の観客で埋め、巨額のテレビ放映権を稼ぎ出しているが、大学が競技場の建設に邁進しはじめたのは、今から百年前の一九二〇年代のことである。ルドルフによると、「一九二六年にシカゴでは、記録的な一一万人という人々が陸軍〔大学校〕対海軍〔大学校〕の試合を見た。一九二八年にイェールでは運動協会が、一一一万九〇〇〇ドルの総収入と三四万八五〇〇ドルの純益を計上した」という〔文献185、三五七頁〕。

▼13 前掲の『新自由主義大学改革』のほか、デヴィッド・ハーヴェイ『新自由主義 その歴史的展開と現在』〔文献126〕やジョゼフ・スティグリッツ『世界を不幸にしたグローバリズムの正体』〔文献80〕などを参照。

このように、伝統的にアメリカの大学は営利事業を行ってきたが、ショッピングモールにせよスポーツにせよ、大学の本来の任務である研究や教育とは関係がない。一九八〇年代以降の状況の特異性は、大学の本分たる研究や教育そのものを利益に結びつけようとする点にある。そうした動きを、スローターとレスリーは「アカデミック・キャピタリズム」と呼んだ［欧文24］。直訳すれば「大学の資本主義」だが、「大学における利益至上主義」といった批判的なニュアンスを含んだ言葉であり、従来は公共的な役割を担う専門職であった大学教員が、自らの専門的知識を「資本」として私的利益を追求する企業家的なふるまいをはじめたという状況を指し示す言葉でもある。

その典型的な例は、大学における研究の商業化を図る、いわゆる「産学連携」である。もともと大学における研究の大部分は、政府の予算によるものだったので、その成果は公共のものと考えられていた。しかし近年では、大学が特許を取得してそのライセンス収入を得たり、大学発ベンチャー企業を育成してその株による収入を期待したりといった事例が増えている。

その他、情報技術の導入によって教員一人当たりで担当可能な学生数を増加させたり、より手っ取り早くは非常勤講師の割合を増やしたりすることで、教員の数を減らし、人件費を抑制するなどのことも行われているという。

それらと比べるとやや目立たないが深刻な事態は、授業料の高騰である。「アカデミック・キャピタリズム」の思想的背景として、「自己責任論」ないし「受益者負担論」がある。つまり、大学教育は学生やその親の個人的な利益になるから、当然その対価を支払うべきだという考えである。一九八〇年代以降、そうした思想が蔓延した結果、私立大学のみならず、州立大学も学費が高騰している。たとえば、ハーヴァード大学の二〇一八－九年の学費（授業料＋入学金）は四八九四九ドル（約五〇〇万円）である［欧文

8〕。また、二〇一六ー七年における州立の四年制大学の学費は平均で九六五〇ドル（約一〇〇万円）となっている〔欧文2〕（ただし、さまざまな割引措置があるので、実質的な支払額は安く抑えられる場合がある）。もともとアメリカでは、州立大学だからといって州政府からの財政支出が保障されているわけではなく、「「地域の消費者と寄付者を引き付ける能力」による「競い合う組織」と位置づけられていた」〔文献131、六六頁〕。近年では、「州政府からの資金が一〇％台になっているところがあり、州立とは名ばかりになっている」という〔文献144、四八頁〕。

しかも、授業料の高騰と同時に給付型の奨学金が減少し、返済が必要な「学生ローン」が増大した。近年では給付型とローンの比率はおおむね半々となっている。これは、ローンの返済に自信のある層、つまり中高所得層を優先することにつながり、格差の拡大や固定を助長するのではないかとの批判がある〔文献81、六四頁〕。

付言すると、アメリカの有力大学では、もっと直接的に高所得層が優遇されている。つまり、「縁故入学（Legacy preference ないし Legacy admission）」を行っているところが少なくない。[14] これは、卒業生の子どもを優先的に入学させる制度だが、通常は巨額の寄付金と引きかえである。さらに、マイケル・サンデルによると、「親が卒業生でなくても金持ちで、相当の寄付をしてくれそうであれば、きわめて成績がよいとは言えない受験生であっても大学は入学基準を緩めてくれる」という〔文献26、一五六頁〕。

いささか古い記事だが、二〇〇四年一月八日の『エコノミスト』誌の記事によると、「アイヴィ・リーグ〔ハーヴァードなど東海岸の名門大学群〕のたいていの大学では、「縁故枠入学者」は新入生の一〇％か

▼14　アメリカにおける縁故入学の歴史と現状については文献144（一三一〜一四一頁）を参照。

ら一五%にのぼる」という［報道4］。J・F・ケネディ元大統領は縁故枠でハーヴァード大学に、ブッシュ（子）元大統領はイェール大学に入ったといわれている。アメリカの有力私立大学の財政は寄付金に大きく依存しているが、寄付金集めのためにはこうした手も使っているのである。

大学に企業的な経営を導入するアカデミック・キャピタリズムの蔓延により、大学は「学問の自由」や「自治」を保証されるべきだという、二〇世紀半ばまでに形成された神話は、早くも変質を余儀なくされつつある。その神話では、長期的には社会に大きな利益をもたらす「基礎研究」は、直接的には利益を生まないので、それを社会が保護し育成することが必要だというのが「学問の自由」の根拠とされた。しかし、大学が学問研究の成果から直接的に利益を得られるなら、そうした根拠の前提が掘り崩される。そして、こうした事態は同時に、大学教員は私心なく学問的真理の探究を行う専門職であるという神話も変質させつつある。アメリカ型の大学改革が導入された現在、日本の大学も、そうした転換点に直面させられているのである。

特許ビジネスで大学は儲かるのか——事務経費にもならない実態

スローターとレスリーは、おもに一九八〇年代以降の状況を「アカデミック・キャピタリズム」と呼んだが、一九八〇年代に何があったのか。明確な法制度上の変更は、一九八〇年の特許商標法改正、いわゆる「バイ・ドール法」である（法案を提出した上院議員のバイとドールの名前からこう呼ばれる）［法律5］。それ以前、国の研究資金を使ってなされた発明についての特許権は国に帰属し、規定の使用料さえ支払えば誰でも利用することができた。それが、この改正によって、発明のもとになった研究の資金源が国であっても、大学が特許を取得して排他的に利用することができるようになった。一九七〇年代後半に、アメリカの産業競争力が低下し、「日本脅威論」が叫ばれるなか、大学における基礎研究を積極的に産業応用させることで、アメリカの産業競争力の強化を図ろうとしたのである。

たしかに、この法律の制定の結果、アメリカでは大学発の特許件数が増加した。また、一九九〇年代のアメリカでは、情報技術やバイオテクノロジー関連で多数のベンチャー企業が生まれ、経済成長が達成された（図3−5）。

そうしたことから、アメリカの経済再生はバイ・ドール法のおかげだという認識が広がり[15]、日本でも同趣旨の法律が制定された（一九九八年「大学等技術移転促進法」、一九九九年「産業活力再生特別措置法第三〇条[16]」）。さらに、二〇〇四年の国立大学の独立行政法人化の目的の一つも、産学連携の促進にあった。国立大学の教員を、兼業に制限のある国家公務員でなくしてベンチャー企業に関わらせようとしたのである[17]。その結果、二〇〇〇年代の初頭には大学発ベンチャー企業が多数設立され、最近に至るまで国立大学の特許権保有件数は増加しつづけている。しかし、日本経済が大幅に成長したということはなく（図3−5）、

▼15　たとえば一九九九年から二〇〇〇年にかけて開催された「産業競争力会議」の第四回会議で、財界代表の委員が「バイ・ドール法」に言及して、日本でも同様の制度を導入することを提言している［文献73］。

▼16　この法律は「日本版バイ・ドール法」と俗称される。二〇〇九年に「産業活力の再生及び産業活動の革新に関する特別措置法」として改正されたあと、二〇一四年に「産業競争力強化法」の制定に伴って廃止されたが、産学連携の促進という趣旨は現行法でも残されている。

▼17　『平成一六年度文部科学白書』では、「国家公務員法体系にとらわれない弾力的な人事システムへの移行」として、教職員の「兼職・兼業の活用による産学連携の推進」と書かれている［文献162、第二部第三章第一節二「国立大学の法人化等」］。

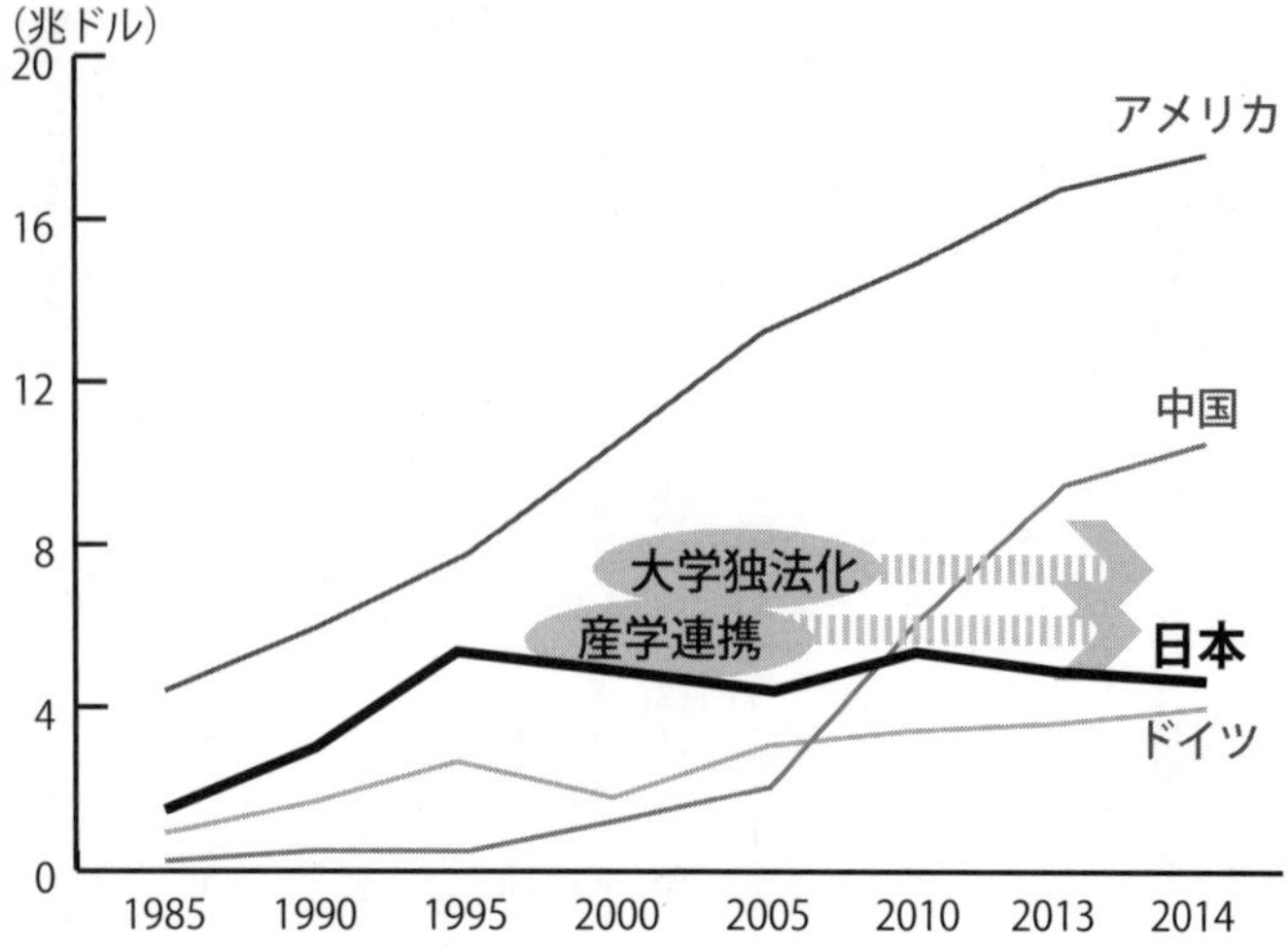

図 3−5　上位四か国の名目 GDP の推移

出典：総務省統計局「世界の統計 2016　国内総生産（名目 GDP、米ドル表示）」（http://www.stat.go.jp/data/sekai/0116.htm）より、2016 年で GDP 上位四か国について著者作成。ただし、名目でドル建てなので、インフレや為替レートの影響が入っている。

特許権の実施料収入で大学の財政が好転することもなかった。

ちなみに、「日本版バイ・ドール法」の制定から十数年を経た二〇一四年度における全国の国立大学の特許実施料収入は、合計で一五億円程度である。といっても、京都大学・東京大学の上位二校で全体の半分近い収入を得ているなど、八六校の国立大学のうち、ごく一部の大学しかまとまった収入を得ていない（**図 3−6**）。最多の京都大学で三億六千万円弱だが、これは一七〇〇億円にのぼる同大学の予算規模と比べると微々たる額である［文献38］。

にもかかわらず、「国立大学改革プラン」において、「国立大学法人化の成果」として「特許実施料収入の増加」が挙げられ、「大学の機能強化を実現するための方策」の一つとして「大学発ベンチャーの支援」が謳われている。二〇一四年の閣議決定「日本再興戦

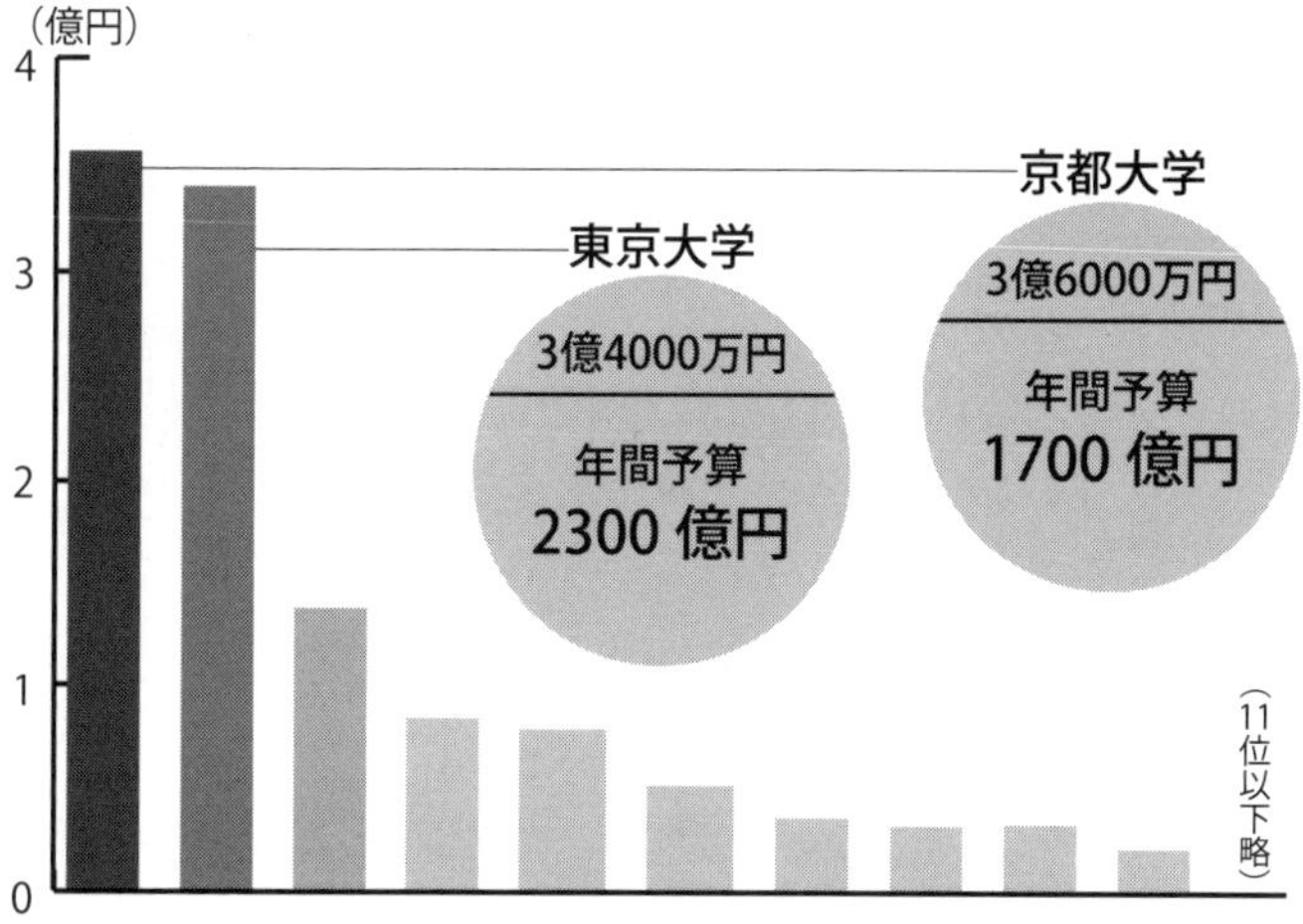

図 3−6　国立大学別特許実施料収入額（2014 年度）

出典：文部科学省「平成 26 年度　大学等における産学連携等実施状況について（平成 27 年 12 月 25 日 訂正版）」(http://www.mext.go.jp/a_menu/shinkou/sangaku/1365479.htm) より。大学別のデータは、同「特許関係実績（機関別）」より。

略」でも、経済再生に対するベンチャー企業の寄与が期待されている。

こうした期待の根拠は、「アメリカでは大学と産業界の連携で経済発展が成しとげられた」という思い込みだが、実際のところアメリカの大学は特許実施料から大きな収入を得ているのだろうか。また、本当に産学連携のおかげでアメリカの経済成長は達成されたのか。

一つ目の問いに対して、結論から言ってしまえば、アメリカにおいても大学は特許権でそれほど儲けていない（二つ目の問いについては後ほど検討する）。たとえば、宮田によると、「研究成果がライセンスされ新製品になっても、大学に入ってくるのはその売上高ではなくその数パーセントにあたるロイヤリティなので、研究費を賄うには遠く及ばない。○七年度のアメリカ大学全体におけるライセンス収入は二一億ドルであるが、大学が使用した研究開発予算は四九○億ドルであるので、四・三％にすぎない。ライセンス収入はＴＬＯ（Technology Licensing Office：大学で特許関連の事務を扱う部署）の事務経費を賄うのがやっとであり、研究費を稼ぎ出すことはできない」［文献144、二〇二頁］。「二一億ドル」は、ざっと一ドル一〇〇円として二一〇〇億円だから、先に見た日本の大学の特許実施料収入一五億円と比べると百数十倍の額だが、京都大学一校の予算規模を上回る程度である（ちなみに二〇一四年度の東京大学の予算規模は約二三〇〇億円）［文献99］。

しかも、アメリカにおいても、特許権によって大きな収入を上げているのはごく一部の大学であり、大きな収入をもたらす特許は全体の中のごく一部である。

大学発の「大ヒット特許」の典型は、バイ・ドール法制定以前の一九七四年に申請され、八〇年に認可されたいわゆる「コーエン・ボイヤー特許」である。これは遺伝子組み換えの基本的な技術についての特許であり、特許が有効だった一七年間で合計三億ドル近い収入をスタンフォード大学にもたらしたという。収入は毎年増大し、最大となった一九九六年には約四〇〇〇万ドルとなった。同年のスタンフォード大学の特許収入全体の七割ほどを占めている［文献16、四七頁・文献17］。

この大ヒット特許がもたらした収入の最大値四〇〇〇万ドルはたしかに巨額なようだが、スタンフォード大学の研究費全体と比較すれば、一〇％に満たない。しかも、大多数の大学は、こうした大ヒット特許を持たない。先に概観した日本の現状は、日本で「産学連携」がうまくいっていないことの証拠ではなく、むしろアメリカの状況が正確に再現されているというのが妥当な解釈であろう。そしてアメリカでも、「いくつかの大学は、技術ライセンス室、訴訟、投資の失敗などの経費のために損失を出している」［文献81、一二六頁］。

では、アメリカで、特許権からの収入など物の数ではないほど巨額の研究費を大学に提供しているのは誰か。それは連邦政府である。近年のアメリカ連邦政府の研究開発予算の総額は毎年一四五〇億ドル前後（およそ一五兆円）で推移しており、[18]そのうちおよそ三〇〇億ドル（およそ三兆円）が大学に提供されている。[19]そのうえに民間からの資金が提供されているのである。アメリカの大学の研究予算は総額で六〇〇億ドルを軽く超える。それに対して、日本の国立大学の研究費は、二〇一四年度で総額およそ五五〇〇億円である。[20]科学技術分野におけるアメリカの強さの秘密は、産学連携よりも何よりも、この巨額の研究開発予算だと考えるべきであろう。

日本では、産学連携の推進の意図の一つとして、国立大学の自己収入を増やして国の大学関連予算（そのなかでもとくに、教職員の人件費など基本的な運営にかかわる部分）を削減することがあるように思われる。アメリカの産学連携政策の目的は産業競争力の強化であって、政府の大学関連予算削減といった底意はない。そもそも連邦政府は研究費や学生の奨学金を出しているものの、大学の一般的な運営費は負担していない。そこを見誤り、産業競争力の強化と大学関連予算削減というお互いに矛盾する二兎を追おうとしても、産業競争力の強化という目的は達成できないであろう。そのあとに残るのは、予算削減で疲弊し

▼18　二〇一六年度は一四五七億ドル〔文献29〕。

▼19　科学技術振興機構「主要国の研究開発戦略（二〇一五年）」〔文献30、三七頁〕によると、二〇一二年度で二八七億ドル。同資料では、「米国における官民合わせた総研究費は四二四四億ドル」で、そのうち「大学が一四・九％」を使用しているとある（三四頁）。そこから計算すると、約六三二億ドルとなる。

▼20　二〇一四年度で、研究経費が三四四九億円、受託研究費等が二〇六七億円〔文献164〕。科学技術関係予算の全体は毎年四兆円ほどだが、その大部分は、国立大学やその他の独立行政法人の運営費交付金など、直接的な研究予算以外のものが占める。

創造力を喪失した大学である。

特許で経済は成長するのか――成長を阻害する特許利用法

先に出した二つ目の問い、「産学連携のおかげでアメリカの経済成長は達成されたのか」について検討してみよう。こちらのほうは検証がより難しい。一九九〇年代におけるアメリカの経済成長が事実だとしても、何がその原因なのかは即座には分からないからである。

まず、大学発の特許の経済貢献については、非常に大ざっぱにだが、ライセンス収入から逆算して売り上げを推計することができる。宮田によると、「二〇〇六年の（製品売り上げに比例する）ロイヤリティが九億六八五七万ドルであり、ロイヤリティの率が売り上げの二％ならば、特許を基にした製品の売り上げは四八四億ドル、五％ならば一九四億ドルとなる。しかしこれらは二〇〇六年のGDP（国内総生産）の一三兆四〇〇〇億ドルに比べると、それぞれ〇・三六％、〇・一四％にすぎない」〔文献144、二〇〇頁〕。

では、こうした経済への直接的な貢献でなく、もっと見えにくい、イノベーションへの特許の貢献は、どれぐらいだろうか。バイ・ドール法は、その目的として第一に、「発明の有効活用を促進するために、特許制度を利用すること」〔法律5、§二〇〇〕を掲げているが、果たして特許制度は発明の有効活用に利用できるのだろうか。

特許制度の基本的な考え方は、「苦労して発明しても、他の企業に容易に模倣されたら、発明にかけたコストが回収できなくなるため、誰も発明をしようとしなくなる。そこで、発明者に一定期間その利用を独占させることで利益を確保させる。それによって発明を促進する」ということである。こうした特許（パテント）の特性を積極的に活用してイノベーションを促進しようとする考え方を、「プロパテント」という。ちなみに、アメリカ合衆国憲法は第一条第八項で、「著作権と特許権の保護による学問と有益な技術の進歩の促進」を連邦議会の権限として明示している。

一九八〇年代から九〇年代にかけて、アメリカはプロパテント政策を取り、バイ・ドール法以外にも多くの法律を制定し、知的財産の保護や産学連携の推進による競争力強化を図った。アメリカ国内だけでなく、アメリカ主導で「知的財産保護」についての国際協定も締結された。[21] こうして、アメリカ的なアカデミック・キャピタリズムは、日本を含む諸外国に輸出されたのである。

しかし、一見して明らかなように、特許とは、発明の利用促進と利用制限という矛盾のあいだのバランスで成り立つ制度である。それゆえに特許制度は他社の研究開発を妨害することにも使える。ある分野における研究開発の根幹にかかわる部分に特許を取って、それを他社に利用させないとか、高額の使用料を要求すればよいのである。特許をこのように使えば、イノベーションを阻害する効果を発揮する。

▼21 スローター&ローズは、「競争的な研究開発政策を推進した一連の法律」として、技術移転に関わる「スティーブン・ワイドラー法」(一九八〇年)、特許紛争への対処の統一を図る「連邦裁判所改善法」(一九八二年)、大学での研究をもとにした医薬品開発を促進する「希少難病医薬法」(一九八三年)、ベンチャー企業に対する独占禁止法の適用特例を定めた「全米協同研究法」(一九八四年)のほか、「商標明確化法」(一九八四年)、「医薬品輸出修正法」(一九八六年)、「連邦技術移転法」(一九八六年)、「包括通商法」(一九八八年)、「全米競争力強化技術移転法」(一九八九年)、「国防予算法」(一九九三年)など、二七の法律を挙げている。また、「アカデミック・キャピタリズムを促進する国際条約と通商協定」として、「関税と貿易に関する一般協定:GATT」のウルグアイ・ラウンド(一九八六年)、「北アメリカ自由貿易条約:NAFTA」(一九九三年)、「貿易関連知的所有権に関する協定:TRIPs」(一九九四年)、「貿易とサービスに関する一般協定:GATS」(一九九四年)などを挙げている[文献81、七一~八九頁]。

そうした明確な悪意がない場合でも、特許はイノベーションを阻害する場合がある。ヘラーとアイゼンバーグの論文「特許はイノベーションを阻害するか―生命医学研究におけるアンチ・コモンズ」(一九九八年)[欧文13]が言うように、資源が多数の所有者によって細切れに分割されてしまうと、それら所有者一人一人に許諾を求めるには手間とお金がかかるので、資源全体があまり使用されないままになってしまうからである。同論文が言うには、一九九〇年代以降、生命医学分野では、多数の「遺伝子特許」が乱立し、製薬などの産業応用だけでなく、生命科学の基礎研究までもが阻害されるようになった。

これは、研究成果や発明を利用したい人たちの相互作用の結果、皮肉にもそれらが利用できなくなってしまうという事態だが、近年は、はじめから発明を利用する気がなく、単に大企業に「特許権侵害」の訴えを吹っかけて金を儲けようとする「パテント・トロール」も問題になっている。この言葉は、一九九〇年代にインテル社の副社長で法務部次長だったグンデルフィンガーが考え、同僚のデトキンが広めたものだという。「トロール」とは北欧神話の妖怪のことだが、「自分が作ったわけでもない橋の下に隠れて、渡りたい人に通行料を要求する男」というイメージらしい[欧文27]。大学や個人発明家などから、活用されていない多数の特許を二束三文で買い集め、どこかの企業の製品が、そのうちのどれかに引っかかっていないかを精査して、特許権侵害のかどで賠償やライセンス料を請求するのが典型的なパテント・トロールの手口である。

パテント・トロールを規制するために二〇一三年にアメリカ下院はイノベーション法を可決したが、規制色の強い法案に上院は納得せず、廃案となった。二〇一五年の下院にほぼ同様の法案が提出されたが、上院は特許権者の権利に配慮した改正案を対案として提出した。二〇一六年の会期末において、いずれも可決されていない[法律6・法律7]。それゆえ、現在のところパテント・トロールは合法なのだが、大学がそうした企業に特許を売り渡すことには批判がある。しかし、少しでも収益を上げたい各大学のTLOは、契約相手を選り好みできなくなっているという［欧文15］。

先に書いたとおり、特許とは、発明の利用促進と利用制限という矛盾のあいだのバランスで成り立つ制度である。その一側面だけを伸ばすことは困難で、プロパテント政策は必然的に反対の側面も助長してしまう。特許は、水戸黄門の印籠のような、それ一つで万事解決する万能の手段や原理ではない。一般的に言って、そんな便利な手段や原理は存在しない。どのような手段や原理であれ、かならず複数の効果を持っている。社会政策を立案し推進するためには、その微妙なバランスを取りながら、繊細な配慮をしつつ進んでいくほかないのである。

アメリカの土俵に引きずり込まれる――ベンチャー・イノベーションに向く社会、向かない社会

ここまで、プロパテント政策が経済成長に大きく貢献するわけではなく、アメリカではむしろ弊害の方が目立ってきていることを見たが、産学連携のもう一つの柱である「大学発ベンチャー」についてはどうだろうか。

アメリカでは、大学発か否かに関わらずベンチャー企業の創業が盛んである。「ベンチャー・インパクト――ベンチャー・キャピタルの投資を受けた企業のアメリカ経済における重要性（第三版）」（二〇〇七年）［欧文26］によると、二〇〇五年にアメリカのベンチャー企業はGDPの一六・六％（二兆一〇〇〇億ドル）の収益を上げ、民間企業の雇用者の九・〇％（一〇〇〇万人）を雇用しているという。

また、民間の研究開発費用のうちの四四％がベンチャー企業による投資であり、グーグルからインテル、配送業者のフェデラル・エクスプレスまで、「ベンチャー企業はアメリカ経済を根本から変革した」

とも評される［欧文5］。

大学との関係を言うと、特許のライセンス収入ではあまり儲からないので、「九〇年代に入ると、アメリカの大学はベンチャー企業への研究資源提供の見返りとして、ライセンス収入よりも株式を受け取るようになる。（中略）上場するに至ったときの株式評価の高騰は大学に大きな資金をもたらす。例えば、カーネギーメロン大学は、インターネットのポータルサイトであるライコス社の株式取得によって株式公開後に六千万ドルの収益を確保した」［文献16、三二頁］。また、グーグルはスタンフォード大学の大学院生が設立した会社だが、その株式を譲渡されたスタンフォード大学は、三億三六〇〇万ドルもの売却益を得たという［文献144、二〇五頁］。

そうしたアメリカの状況を見て、日本でも一九九〇年代の後半以降、ベンチャー企業の育成が叫ばれるようになり、二〇〇一年には、当時の平沼赳夫経済産業大臣が「大学発ベンチャー企業を三年間で一〇〇〇社にする」という目標を立てた。「新市場・雇用創出に向けた重点プラン」、いわゆる「平沼プラン」である［文献75］。

具体的な施策としては、「大学の学部・学科の組織編制の自由化や国立大学の早期独立行政法人化、人事・給与等処遇の弾力化へ向けた制度整備を図る」「実務的・実践的な講座（先端技術、知的財産、国際標準等）の設置の促進、産業人材の教官への活用など、高等教育の戦略性を高める」「大学教官の特許取得へのインセンティブの付与、民間への技術移転に関するルール整備、ベンチャー休暇制度、大学等への出資機能の付与、企業資金とのマッチングの強化、学内インキュベーション体制の構築など、「大学発ベンチャー」を育成する」などが挙げられている。

その後、これらの施策は順次実行に移され、**図3―7**の通り二〇〇四年には設立累計が一一〇〇社を超

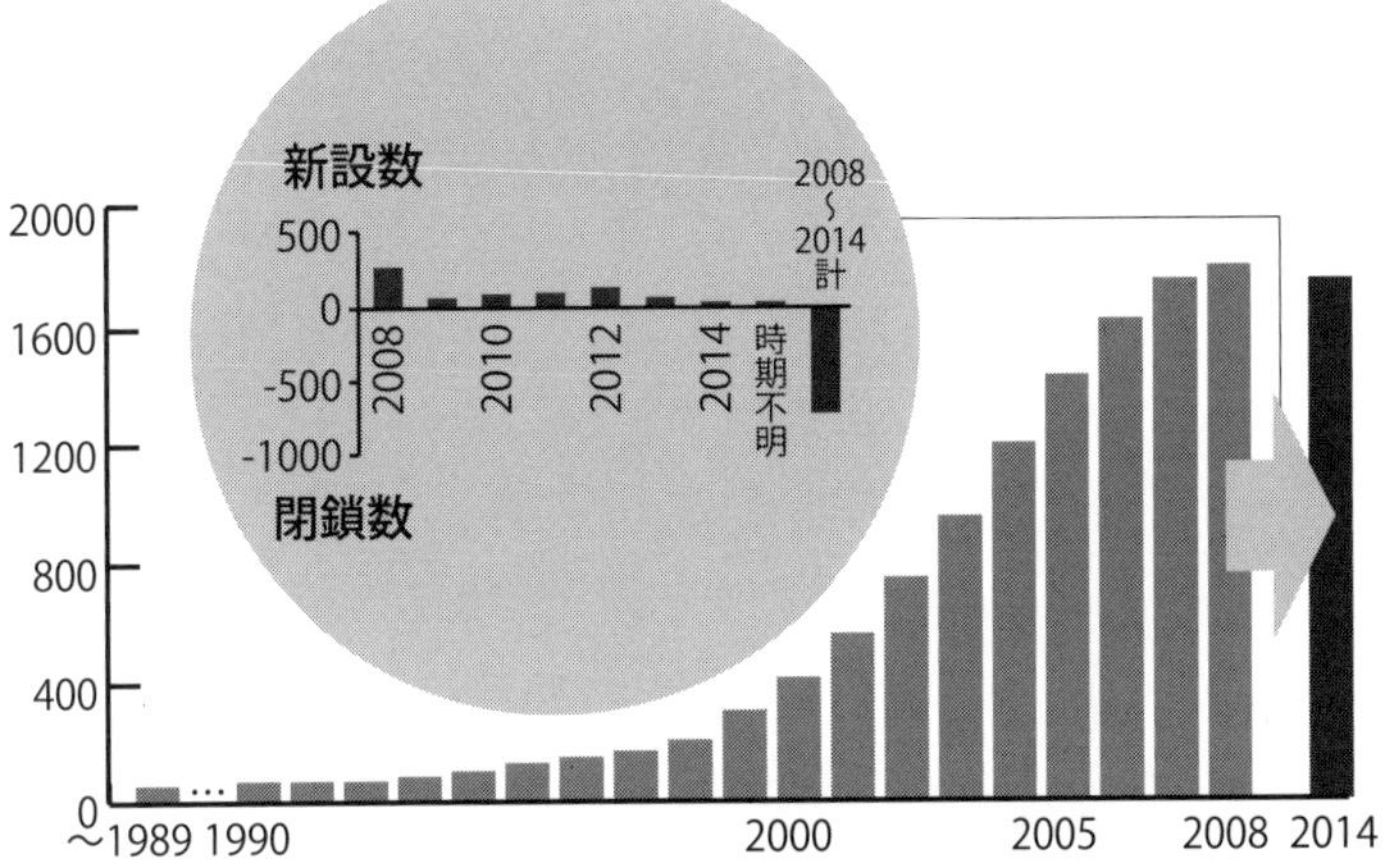

図 3−7　大学発ベンチャーの総数の推移

出典：経済産業省「大学発ベンチャー調査　分析結果」(2015 年 3 月)［文献 44］より作成。

えて「平沼プラン」の目標は達成された。しかし、その後の設立は伸び悩み、閉鎖される企業も例年三割程度あることから、二〇〇八年以降は横ばいの状態である。

東京大学発の創薬企業「ペプチドリーム」のように二〇〇六年の創業後わずか一〇年で株式時価総額二〇〇〇億円を超えた企業も出現しているが、二〇一四年の段階で上場にこぎつけた大学発ベンチャーは四七社にとどまっている［文献44］。

そのため、平沼プランから十数年を経た二〇一六年現在でも、いまだに「大学発ベンチャーの育成」は政策課題として挙げられている。日本経済再生本部が決定した「ベンチャー・チャレンジ二〇二〇」［文献123］では、「これまで政府においては、制度整備や補助金等、様々なベンチャー支援策を実施してきた。しかし、様々な主体が施策をバラバラに展開してきたため、（中略）十分な効果を上げることができなかった」とし、今後の「政策対応の方向性」として、「東京大学、京都大学、大阪大学、東北大学の四大学のファンドによる投資活動を促進する」「少なくとも五つの大学・研究開発法人について、（中略）世界最先端の戦略研究拠点とすることを目指す」などとされている。要するに、大学全体を底上げすることをあきらめて、少数の大学に集中投資することで何とかしようというのである。

国の財政難を背景とする「選択と集中」が、科学技術予算だけでなく、近年の日本の国家予算全般の特徴である。もちろん、必要な事業と不必要な事業を精査し仕分けすることは必要だが、ことイノベーションについて言うと、それは思いもかけないところから起こるものである。選択するためには、すでにある程度の成果を出していることが必要だが、そういうところには、民間からの資金も流入するだろう。そもそも、現時点で起こることが予測されているものは「イノベーション」とは言えない。本当にイノベーションを目指すなら、国の科学技術予算は、どこにあるかわからないタネが芽吹くように、広く配分することが必要である。

とはいえ、これまでの二〇年間で具体的な施策はほぼやりつくした感がある。制度面ではアメリカと変わらない体制が作られている。にもかかわらず、ベンチャー企業が日本の経済成長にそれほど大きな貢献をしたわけではなく、経済を根本から変革したわけでもない。「ベンチャー・チャレンジ二〇二〇」で書かれている施策にも新味はない。それを補うためか、同文書には、「政府や地方自治体、企業、大学・研究開発機関、金融機関、経済団体等に至るまで、関係機関全てがベンチャー・エコシステム〔ベンチャー企業が生息できる環境〕の構築を共通の目標と認識し、各々が当事者であるということを強く自覚しなければならない。受け身ではなく「攻めの運動形成」を仕掛けることで、今までとは次元の異なるベンチャー創出を実現していくべきである」と、なにやら国家総動員の精神論のようなことが書かれている。これでは、これから二〇二〇年までに、ベンチャー企業が劇的に成長するとは思えない。

一九八〇年頃の日本経済は、アメリカを脅かすほどの勢いがあった。それがアメリカのプロパテント政策やベンチャー企業育成政策のきっかけの一つとなった。

上山は、アメリカにおける産学連携について、「かの国の知的風土の長い歴史の中で培われてきた結果」であり［文献16、三一七頁］、「アメリカのアカデミズムの中にごく自然な形で根付いている市場との親和性が、常に生まれ出る新たな知見や知恵や技能を、大学の地道な研究の中から発見するのに有効だったのだろう」［文献16、三一九頁］と言う。

要するにアメリカは、自分たちに強みがあるところで勝負しようとしたのである。そのために、自分たちのやり方やルールをかなり強引に世界に輸出した。だとすると、アメリカの政策に追従することは、アメリカが強い土俵で勝負することである。アメリカと同様の制度を整えて二〇年経っても、日本ではベンチャー企業がそれほど育ってこないということは、日本は、アメリカ的な土俵のうえでは自分たちの強みを発揮することが難しいということではないか。政策立案者は、「経済のグローバル化」などといった言葉に踊らされずに、自分たちの強みを再検討したうえで、根本的な方針を考え直すべき時であろう。

産学連携の功罪——おびやかされる民主主義

ここまで、アメリカ流の産学連携政策が日本では必ずしもうまくいっていないことを見てきた。特許は大学の財政にそれほど貢献しておらず、ベンチャー企業は日本経済を変革するほど育っていない。産学連携の本家アメリカにおいても、大学の行きすぎた「商業化」には大きな批判がある。しかし、そうした批判を踏まえたうえで、ボックは、プロパテント政策の結果、「多くの大学は自分たちの研究室に商業的な価値のあるイノベーションがないか探し続けている。この点で、商業的誘因は大学を社会の利益のために貢献しようと努力させることに成功してきた」［文献141、八一頁］と言う。つまり、産学連携の推進は、大学に、自分たちの存在の社会的意味について再考させるきっかけとなったということである。

アメリカであれ日本であれ、巨額の税金が大学に使われているので、大学といえども、「研究は社会の動きとは関係ない。研究者が自分の好きなことだけやっていればよい」といって安閑としているわけにはいかない。もちろん、企業の利益に貢献することや、政府の政策や方針に従うことが「社会の要請に従う」ことではないが、大学人は、自分たちの研究に、いったいどのような社会的意味や、あるいは人類史上の意味があるのかということを、少しは意識したほうが良いだろう。そうした観点から、政府の政策や方針の誤りや不備を指摘していくことも、大学人に課せられた重要な仕事である。

他方、産学連携の推進の弊害は何か。これまで参照してきた諸文献が一致して指摘するのは、利益相反の問題である。典型的な例は、製薬会社から研究資金を提供された研究者が、その会社に有利な論文を書くといったことである。客観的な事実を明らかにするという研究者本来の問題関心と、せっかく開発した医薬品の効果を実証して販売したい製薬会社の利害関心が相反する場合、資金提供者の利害関心に引きずられて、研究の客観性が脅かされがちなのである。

日本で大きな話題になった「ディオバン（バルサルタン）事件▼[22]」のように、データを改竄《かいざん》するほど悪質な事例はそれほど多くないかもしれないが、製薬会社から資金提供を受けている研究者は、研究対象の薬剤について好意的な評価をする（効果を高く、副作用のリスクを低く見積もる）傾向があることは、公表された論文の内容と利益相反の有無を調べたいくつもの研究によって示されている［文献63］。

利益相反に対しては、アメリカでは二〇一〇年に「医師への支払いに関するサンシャイン法」［法律8］が成立し、一三年からは製薬会社と医療機器メーカーから医師への金銭等の利益供与についてすべて公表することとなった。日本でも、二〇一七年四月に「臨床研究法」［文献186］が成立した。これは、製薬会社から資金提供を受けて行われる薬剤の試験について、「臨床研究審査委員会」の審査と承認を義務づけるものである。

こうした法律が適切に運用されれば、研究者個人の利益相反は抑止できるかもしれない。しかし問題は、「監視する側を誰が監視するのか」という点である。サイフェによると、アメリカの規制当局であるＮＩＨ（国立衛生研究所）の諮問委員や調査委員にも製薬会社からの金がいきわたっており、利益相反の監視や対策が十分に行えない状態だという［文献63］。また、大学当局にも、企業からの寄付金や研究資金が提供されている。研究者としての責務に忠実に、企業に不都合な研究結果を発表した研究者を、守るどころか解雇するといった事例もある。宮田はいくつかの事例を挙げているが、そのなかから印象的な二つを紹介しよう。

「一九九四年、ブラウン大学のカーンは、マイクロファイバー社の工場での従業員の肺疾患の調査を依頼されたが、製造工程で発生する「毛くず」が原因だと突き止めた」［文献144、二一七頁］。会社と大学両者が反対したにもかかわらず、カーンがそれを公表したところ、大学は彼の雇用延長を拒否し、雇止めにしたと

▼22　ノバルティス社の高血圧治療薬「ディオバン（一般名：バルサルタン）」には、血圧を下げるだけでなく、脳卒中や狭心症のリスクも下げる効果もある、という論文が、京都府立医大教授など複数の研究者によって書かれたが、データ改竄の疑いで論文は撤回された。かかわった研究者のもとにはノバルティス社からの巨額の奨学寄付金が提供されていたほか、データ解析にノバルティス社の社員がかかわっていた。ディオバンはノバルティス社の看板商品で、年間一〇〇〇億円以上の売り上げがあったという（事実関係の確認のために、朝日新聞記事データベースを使用した）。

いう。

また、「トロント大学のオリビエリは九三年から九五年にかけて、カナダの製薬会社アポテックス社の溶血性貧血の治療薬の臨床試験を行った。有効性が低いだけでなく有害であることが分かったので、公表しようとした。同社は守秘義務違反だとして抗議したが、オリビエリは九七年に公表した。大学は、同社から数千万ドルの寄付を受けることになっていたので、オリビエリを擁護するどころか、九九年一月、責任あるポストから解任した」〔文献144、二二七頁〕。オリビエリはテニュアを持っていたので、解雇することはできなかった。

つまり、NIHや大学といった公的機関が、民間企業からの資金に染まってしまうと、組織的な利益相反が起こってしまうのである。

第2章第2節で、テニュアが「学問の自由」を確保するための闘争の結果、獲得されたことを見たが、このような事例を見ると、「学問の自由」や大学教員の雇用の保証は、単に大学教員の利益のためだけでなく、社会全体の利益にもなることが改めて確認される。製薬会社や大学の都合で、有効性が低く有害な薬が売りつづけられたら、たまったものではない。

まとめると、産学連携を推進することの最大の弊害は、産業界から距離を取って客観的な立場から事態を評価できる中立的な研究者や研究機関が失われることである。

ところで、利害関心があるのは、産業界だけではない。宮田は、政府にも利害関心があるので、政府資金でさえ、研究の中立性をゆがめる場合があると指摘する。「原子力工学研究科の卒業生は電力会社や原子炉メーカーに就職し、教員も研究費や寄付を受ける。さらに、厄介なのは国・経済産業省の利害も絡んでくる。（中略）市民が信頼できる中立な研究者はどこにいるのか、ということである。これまでは、「中立な研究者」を支えるためには、企業からの資金による研究でなく、政府による研究資金が重要と考えられてきたが、政府からの資金にも利害が絡んでいるということを今回の〔福島第一原発〕事故は教えてくれた」〔文献144、二二七頁〕。

大学も科学者も政府も信用できないとなれば、市民は、自分たちの思いこみや感情で判断するしかなくなってしまう。実際、福島第一原発の爆発事故以降、ネットなどでは放射性物質や放射線について、あるいは汚染の程度や危険性について、ほとんど科学的根拠のない主張があふれている。そうした人たちに、「科学的に見て、こうですよ」と言ったところで、「それは原子力推進派の息がかかった意見だ」と言われてしまう。こうして、理解の共通の地盤が失われてしまえば、合理的な合意形成や意思決定が不可能になる。大学や研究者が信頼を失うことは、健全な民主主義社会の存立を脅かすことにつながるのである。

強まる国家統制に面して――アメリカのNOと日本の右往左往

先に、「新自由主義的改革」の特徴として、規制緩和と公的資金の削減のあとに、政府による統制の強化が続くと言われていることを見た。日本は、もともと政府による規制や統制の強い国だが、アメリカは伝統的に政府による規制を嫌う国である。たとえばボックも、政府による大学に対する規制や介入をくりかえし警戒している。

「〔大学の〕信用が失われると、政府の介入の危険性が増大する。（中略）しかし規制はいつも代償を伴う」〔文献141、一一六頁〕。

「〔利益相反などといった〕商業化の問題の解決を政府に頼るのは誤りである。もし、異質の大学が満足できる共通の解決策で学長たちが合意に至ることができないのであれば、研究大学の状況や特別な問題をよく知らない政治家が実情に良く合い、また良く機能する規制を制定するのはもっと難しい」〔文献141、一九〇頁〕。

そのアメリカで、近年、大学と政府の関係はどのようになっているだろうか。最後にこの点を見ておこう。

アメリカでは教育は基本的に州の管轄とされている。連邦政府に教育省が設置されるのは、一九八〇年になってからである。しかし、それ以前からも、奨学金を支給したり、民間の大学認証団体(アクレディテーション団体)が行う評価活動を規制したりすることで、連邦政府は間接的に大学教育に影響力を行使してきた。たとえば、一九七二年に、奨学金を大学などの機関ではなく学生個人に支給することにして、大学間の学生獲得競争を促す政策をとった。

日永によると、一九九〇年代以降の連邦政府による大学への介入政策も、アクレディテーション団体への規制強化という間接的な手段によっている。アクレディテーション団体の基準や認定を連邦規則として制定したり、アクレディテーション団体が行うべき大学評価の認定基準項目を増やしたりすることで、大学教育の標準化を目指そうというのである。その評価認定基準項目の筆頭には、「当該大学の使命(ミッション)への学生の到達度」が掲げられているという〔文献131、七〇~七一頁〕。

ところが、そうした「大学ごとの評価」では手ぬるいとして、二〇〇六年の「スペリングス報告書」は、「学習成果を測定するために、高等教育機関には、批判的思考や分析的推論、文章表現などのスキルの測定のために開発されたCollege Learning Assessment(CLA)などのような標準テストの利用を推奨した」〔文献131、七二頁〕。要するに、学生をテストで評価して、その成績で大学を評価しようというのである。

さすがにこれには大学やアクレディテーション団体が反対し、標準テストによる画一的な大学評価は実現しなかった。現在のところ、連邦政府による介入には、一定の歯止めがかけられている。日永は、そうした結末について、「長年の競争的な環境の中で、民間主導のアクレディテーション団体の支援による自己改善活動をつづけ、多様なシステムを構築してきたアメリカの高等教育システムの強靭さがここまでは保持されていたことを示しているのだと考えられる」〔文献131、八〇頁〕と評価している。

他方、そうした強靭なシステムや民間主導の大学改善の歴史を持たない日本では、政府からのトップダウンによる改革に対して、各大学はほとんどなすすべもなく翻弄されているのが現状である。

日本の大学がアメリカの大学から学ぶべきこと――ユニヴァーサル段階の大学の存在意義

この章の冒頭で、トロウがユニヴァーサル段階への意向に直面した大学の問題点の一つ目として、「高等教育機関の基本的な本質と機能に関して、教授団や学生層に合意が成立していないこと」を挙げているのを見た。現在、日本の大学の教授団に問われているのも、ユニヴァーサル段階における高等教育機関の本質と機能に関する合意を形成し、それを自ら実践する力量を持っているかどうかであろう。そうした力量があってこそ、政府の政策や方針への批判も説得力を持つ。そして、その力量こそが、アメリカの大学から日本の大学人が学ぶべきことではないか。

二〇世紀半ばまでのエリート段階の大学を前提にした「学問の自由」や「大学の自治」という理念を振りかざしてみても、「誰がエリート教育を担い、誰が大衆教育を担うのか」「誰が高等教育にかかる巨額の費用を負担するのか」という問題は解決されない。政府主導の「エリート的な研究大学と大衆教育大学への機能分化」や「運営費交付金の削減と自己財源創出努力の強制」を批判し、大学のあるべき未来を描くためには、大学人は、これらの問題を十分に認識したうえで、現代における高等教育機関の本質と機能を提示しなくてはならないだろう。

そのとき強調すべきは、民主主義的な市民社会を支えるという機能であると私は考える。その機能を実現するためにこそ、「学問の自由」や「大学の自治」も必要なのである。以下に、これまでの議論を踏まえて、私の考えを述べる。

まず、大学には、産業界や政府から距離を取って客観的な立場から事態を評価できる中立的な研究者が存在していなくてはならない。製薬会社の息のかかった医学者ばかり、政府の息のかかった原子物理学者ばかりになってしまったら、市民は科学に対する信頼を失い、社会は科学という合理的な判断根拠を失う。そうならないために、研究者は企業や政府の意向から自由でなくてはならず、大学は研究者を権力による攻撃から守ることができなくてはならない。大学は、ユニヴァーサル化しようとするまいと、研究機関であるかぎりは「学問の自由」と研究者を守るための「自治」が保障されなくてはならないのである。

誤解のないように付言すると、「民主主義的な市民社会を支える」ということは、大衆に迎合するとか、大衆の意向に従属するという意味ではない。

第1章で、安倍晋三首相が国会で「国立大学が税金によって賄われているということに鑑みれば、入学式や卒業式で国旗掲揚や国歌斉唱が実施されるべきだ」と述べたことを見た。税金は政府の所有物ではなく、国民から預かったものだから、「国立大学には税金を投入されているから政府の意向に従うべきだ」というのは明らかに理屈が通らないが、「国民の意向に従うべきだ」というのは、一見するともっともらしく思える。

しかし、「学問の自由」についての憲法学的な考察で知られる高柳は、「国民は正当に選挙された代表者を通じて、かれらが財政的に維持する教育機関の方針を決定する権利を持つ」というような思想を、「俗流民主主義」として切って捨てる〔文献89、一二二頁、一六三頁、二〇八頁〕。なぜか。わかりやすい例を挙げれば、一八七〇年代のアメリカで、進化論を唱えた学者が迫害されたことを思い出してもらいたい。多数の国民が進化論を信じず、むしろ宗教上の異端だと信じているからといって、大学は進化論を研究教育してはならないのか。あるいは、戦前の日本のように、大多数の人が日米開戦を支持したからといって、学者はその無謀を指摘してはならないのか。答えは明らかであろう。

要するに、何が正しいのかを判断するためには、専門的な知識が必要な場合があり、そうした知識のない人々の大多数がどう考えていようと、それは「正しい答え」とは関係ないのである。そうした場合に無造作に多数決を取って方針を決めたら、とんでもない結果を招くこともある。「民主主義は多数決だ」と多くの人が素朴に信じているが、それは間違いなのである。[23]

それに、新しい考え方は、最初は少数意見として始まる。正しさを多数決で決めるというなら、新しい考え方はいつまでも普及せず、知識や理念の革新は実現しないことになってしまう。

こうした理由から、大学における研究が国民の意向によって左右されることは、当の国民にとって有害なのである。進化論が信じられていない社会でこそ、学者は進化論を教育しなければならないし、大多数の人が好戦的な社会でこそ、学者は平和の大切さを説かなくてはならない。

だからといって「大学は国民とは無関係に、好きなことを好きなように研究していればよい」などと言うつもりはない。「大学は税金を負担している国民の意向に従うべきだ」という主張を私は支持しない

▼23　民主主義の本質は多数決でなく、合理的な根拠にもとづく主張をする人同士の冷静な話し合いによる合意形成であることについては、前著『人をつなぐ対話の技術』〔文献179〕を参照されたい。

が、「大学における研究教育の利益は国民に還元されるべきだ」という理屈はもっともであると考える。ただし、「利益」とは金銭的なものに限らないということに注意しなくてはならない。この本の冒頭で書いたことを繰り返すと、民主主義とはすべての国民が賢くなければならないという無茶苦茶を要求する制度である。その無茶苦茶を実現するために大学は存在しているのだ。大学が国民に与えるべき「利益」とは、民主主義社会を支える「賢さ」であり、その結果として実現される民主主義社会そのものである。

言うまでもなく、この「賢さ」とは、単に知識があるとか金儲けがうまいといったことではない。さまざまな問題について、その背景を知り、前提を疑い、合理的な解決を考察し、反対する立場の他人と意見のすり合わせや共有を行う能力があるということである。そしてこれは、自然科学であれ人文科学であれ、すべての学問が実践している方法である。科学的精神とは、合理的な根拠にもとづく仮説とその検証、その結果についての科学者共同体の合意を旨とするのである。

民主政治が衆愚政治にならないためには、社会を構成する市民の大多数が、こうした科学的な思考能力を身につけていなければならない。大学がユニヴァーサル化しているということは、大多数の市民が大学で学ぶということである。そこで第一に何を教えるべきかといえば、こうした科学的な判断方法であり、合理的な合意形成の方法だというのが、私の考えである。そして、合理的な合意形成方法を教える教育が、異論を許さぬ押し付けであってはならないのは当然である。権力的な強要という非合理的な方法で、合理的な精神を育てることはできないからである。このように考えると、研究だけでなく、教育に関しても「自由」が重要であることが理解されるだろう。

このように、大学がユニヴァーサル化した現状においてこそ、「学問の自由」や「大学の自治」、さらには「教育の自由」の価値が重要性を増すということである。

もちろん、第2章第2節でみてきたように、「自由」が特権化すると腐敗するという傾向はある。しかし、どのような制度であれ、メリットとデメリットがあるので、その一事をもって大学から自治を取り上げてしまうのでは、「角を矯《た》めて牛を殺す」ということになりかねない。大学人の側は、「特権」を自らの利益のために濫用することを自戒し、「ユニヴァーサル段階における高等教育機関の本質と機能」についての合意形成を図り、それを実践すると同時に、その正当性を社会に発信していくべきであろう。

ところで、これまでの議論では、「誰が大学にかかる費用を負担するべきなのか」という問題については触れなかった。私は、基本的に税金によって賄われるべきだと考える。民主主義社会を支えることは、大学が持つもっとも公共的な機能であり、その機能は公共的に維持されなければならないからである。しかし、そのように主張すれば、「日本政府は財政難だから無理だ」という答えが、打てば響くように返ってくることが目に見えている。なぜ日本政府は財政難なのかという点については、第4章の終わりで検討する。

第4章

選抜システムとしての大学

第1節　大学入試改革の過去と現在

戦後日本の大学入試——変わる方式、変わらぬ序列

近年の日本における大学改革論議の中でも、世界的に見ていささか特異な論点は、「入試改革」である。なぜなら、欧米諸国では大学入学試験はほぼ存在しないからである。フランスやドイツでは、高校卒業資格試験に合格すれば、どこでも好きな大学、好きな学部に入れる（ただし、フランスのグランゼコールには入学試験がある）。

アメリカの場合には、連邦政府が大学入学資格を統一的に管理する制度になっていない。コミュニティ・カレッジのように高校卒業者を無選抜で受け入れるところもあるし、高校での成績やSATやACTといった民間テストの成績が一定基準以上なら入学を認める州立大学、競争的な選抜を行う有力大学がある。いずれにしても、大学が独自の学力試験をすることはなく、有力大学の選抜であってもアドミッションズ・オフィス（入学事務担当部署）の事務職員が受験生の提出した書類を審査して行う。

このように、高等教育機関の入学制度は国により異なるが、日本のように、すべての大学が入学試験を実施して、ほぼその結果のみで選抜するという制度を取っているところは、欧米諸国には存在しない。そのような制度を取れば、入試が過熱するのは当然の結果である。

現在のような、すべての大学が入試の難易度によって「偏差値」という数値をあてがわれ、一つの数直線上に序列づけられる体制になったのは、一九七九年の共通一次試験の導入後だが、それ以前からも日本

の大学は入試の難易度によって序列づけられていた。

戦後の大学改革の一つとして、一九四九年以降、国立大学は、三月上旬に入試を行う「一期校」と、下旬に行う「二期校」に振り分けられていた。この制度では、旧帝大など有力大学が一期校に集中していたことと、一期校の合否が明らかになってから二期校を受験する仕組みだったため、受験生の間では「二期校は滑り止め」というイメージが定着するなど、大学の序列化が定着する一つの契機となった。

そうした状況に対して、多くの国立大学は、入試日程を一本化することで、「一期校・二期校」という大学の序列を解消することを求めた。他方、多くの高校は、大学まかせの入試問題では生徒をふるい落とすために難問奇問が出されることもあることから、高校までの教育を反映した良質な入試問題が出題されることを求めた。「その双方の要望の調和として入試期日の一元化を条件とした共通一次が実現した」のである［文献41、二二〇頁］。

その導入の結果、出題内容については「難問・奇問を排した良質な出題により、高等学校教育の基礎的な到達度を判定することが可能」になったと肯定的に評価されるが［文献166、第5章第7節］、大学の序列化に関しては、緩和されるどころか詳細化・厳密化してしまった。つまり、一期校・二期校といったグループ単位の序列はなくなったが、代わって個々の大学単位の偏差値による厳密な序列化が起こったのである。そしてそれがさらに受験戦争を加熱させることになった。

しかも、共通一次試験の導入は、国立大学だけでなく私立や公立の大学も偏差値序列に組み込む効果を発揮した。それ以前は、一期校と二期校で合計二つの国立大学を受験することができたが、その機会が一回に制限されたため、私立大学を併願する受験生が増えた。そこで、予備校などの受験産業は、どの国立大学の併願にはどの私大が適切かの指針を示すことで、私立大学も偏差値による序列に組み込んでしまったのである［文献114、二二五頁］。

その際、「私大はこれをチャンスとして生かし、自らの序列を上げることに成功した。以前の序列は、一期校→二期校→私大だったが、一期校と二期校の区別が廃止されたために、その地域での私大人気が急上昇した」［文献114、二二六〜二二七頁］。

こうした状況を見て、臨時教育審議会（臨教審）は一九八五年の第一次答申で、「偏差値偏重による受験競争の過熱を是正するとともに、人間を多面的に評価し、個性的な入学者選抜を行い得るよう」、入試改革を提唱した。具体的には、共通一次試験を改革して、「国公私立を通じて各大学が自由に利用できる新しいテスト」を創設するように提言したのである。その結果、共通一次試験は「大学入試センター試験」と改称され、「各大学の判断と創意工夫に基づき、自由に利用できる」ものとなった（一九九〇年）。共通一次は国立大受験生を対象とし、五教科七科目の受験が義務づけられていたが、センター試験では私大をふくむ全大学が利用可能なものとすると同時に、一科目からでも利用できる「アラカルト方式」が導入されたのである［文献166、第5章7節］。

第3章で触れたように、臨教審とは、「教育改革」を旗印にする中曽根康弘首相が主導して設置した審議会である。一九八五年の第一次答申から八七年の第四次まで、四回の答申を出したが、そこでの主要な話題は、従来の日本の教育における「詰め込み・悪平等・受験戦争」といった点であった。その第四次答申では、「みずから学ぶ意欲」や「個性を生かす教育」が謳われ、こうした方針のうえにいわゆる「ゆとり教育」が進められた[▼1]。近代の工業社会では画一化された工場労働が典型的な仕事だったが、工業化が進むと、次には個人の創造性や個性が経済的・産業的に重要な意味をもつ「ポスト工業化社会」ないし「知識社会」が到来する。それに備えるためには、画一的な教育から、意欲重視・個性重視の教育に転換しなくてはならない、という時代認識にもとづくものであった。[2]

センター試験の発足の他に臨教審が大学入試に与えた影響としては、「各大学の創意工夫にもとづく入学者選抜」として、一九九〇年代以降、AO入試（アドミッションズ・オフィス入試）や推薦入試が、私立大学を中心に広く行われるようになったことがある。[3]

先述の通り、「アドミッションズ・オフィス」とはアメリカの大学の入学事務担当部署のことである。アメリカの大学は、独自の入学試験は実施せず、入学者の資格判定や選抜は、アドミッションズ・オフィスの事務職員が担当する。ただし、アメリカの大学は入試をしないから、アメリカには「AO入試」というものは存在しない。また、日本の大学では、入学者選抜（入試問題の作成や採点）は主に教員が担当しているが、アメリカの大学では教員は入学者の資格判定や選抜にはかかわらない。高校の卒業証明書のチェックや、SATなど共通テストの成績が基準以上かどうかのチェックは機械的な作業だから、とくに学問的な専門知識がなくてもできるからである。選抜を行う大学であっても、それに加えて願書に書かれた志望理由や課外活動実績等を評点化して、高校の成績や共通テストの成績と足し合わせればよいので、

▼1　一九八〇年改訂の学習指導要領では、「ゆとりと充実」というキャッチフレーズのもとで学習内容の削減が図られた［文献166、第三章第二節の一］。これが「ゆとり」への最初の転換点だったが、臨教審答申がその後の「ゆとり教育」の流れを決定づけたことは間違いない。戦後の学習指導要領の一覧は、国立教育政策研究所「学習指導要領データベース」［文献58］を参照。

▼2　臨教審とその後の「ゆとり教育」の展開や、そこにおいて理論的背景とされた諸思想については、岩木秀夫『ゆとり教育から個性浪費社会へ』［文献13］を参照。

▼3　最初にAO入試を行ったのは慶應大学湘南藤沢キャンパスで、一九九〇年のことである［文献114、八六頁］。

やはり機械的な作業である。一九九〇年代末にイギリスとアメリカのアドミッションズ・オフィスの視察に行った大学人の話として、「用務員みたいなおじさん、おばさんがいるだけ。何もなかった」という［文献114、一三八頁］。

そうした実態を知ってか知らずか、日本の私大もアメリカのやり方を模倣しようとしたのだが、実態としては、ほとんどの大学が、志望理由書や小論文、面接を組みあわせて選抜するという、従来の推薦入試と変わらないやり方を取っている。推薦入試との違いは、高校からの推薦が不要になり、誰でも応募できるようになった点である。中程度の難易度の大学では、センター試験の成績を併用して選考を行っているところが多いが、低偏差値校ではほぼ学力不問で入学を許可するところもある。

国立大学については、共通一次の導入と同時に「一期校・二期校」制度が廃止され、受験機会が一回に絞られたことに対する批判が強くなっていたことから、センター試験の導入に先立つ一九八七年、「連続選抜方式」が実施され、八九年からは一部の大学が「分離分割方式」を始めた。

「連続選抜方式」は、すべての国立大学を「A日程・B日程」のいずれかに分けることで、二校受験を可能にする制度である。かつての「一期校・二期校」との違いは、A日程、B日程の両方の大学の合否がわかってから、どちらに行くかを選べる点であった。

この方式でA日程に京都大学、B日程に東京大学が割り振られたところ、両方合格した受験生の大部分が東大に行ってしまった。それに危機感を覚えた京都大学が始めたのが「分離・分割方式」である。これは一つの大学（学部）の入学定員を前期日程と後期日程に割り振ってそれぞれで試験をする方式である。前期日程の結果が出て入学手続きが終わった後に、後期試験を行う。また、臨教審の「人間を多面的に評価し、個性的な入学者選抜を行う」という要請に対応するために、後期試験では学力試験を行わず、小論文と面接で選抜を行うことが一般化した。分離分割方式を採用する国立大学が徐々に増加したため、九七年にはA日程・B日程方式は廃止され、こちらの方式に統一されることになった。

さらに、二〇〇〇年代に入ると、後期日程を廃止する国公立大学が出始め、一五年現在で六〇校を数える（入学試験を行う国公立大学は合計一六八校）［文献83］。ただし、全学でなく、医学部など学部単位で廃止しているところが多い。廃止された後期日程の定員は、多くの場合、AO入試や推薦入試に振り替えられた。そうした入試は、通常の学力試験よりも早い時期に実施でき、しかも他大学との併願を認めない「専願制」であることから、優秀な学生を早めに確保できるメリットがある。二〇一七年度の国立大学の募集定員で見ると、前期日程が六万四五二五人、後期日程が一万四九〇六人、AO入試・推薦入試が一万五五〇二人で、後期日程よりもAO・推薦入試の定員の方が上回っている［文献167］。

このように概観してみると、これまでの入試改革で「受験戦争の緩和」が論じられ、その旗印のもとで改革が進められてきたにもかかわらず、偏差値による大学の序列化という現実は基本的に揺らぐことはなく、現在に至っていると言えるだろう。学力による序列化がいささか困難な小論文や面接が中心の後期日程やAO・推薦入試の定員が合計約三万人（全定員の三分の一弱）となってはいるが、その半数以上はセンター試験の受験を義務づけたものである。

入学試験のみによる入学者選抜と入試難易度による大学の序列化を特徴とする日本の大学入試システムは、長年の批判にもかかわらず、本質的にほとんど変わらずに存続しているということである。おそらく、その理由は、それが日本社会の中で他の社会システムと強固に組み合わさっていることと、それが非常によくできたシステムであるということである。

教育システムの二つの機能——教育とスクリーニング

日本の大学入試システムは「非常によくできたシステム」だと言ったが、その「よさ」はどういう観点で測られるものであろうか。一般に、教育システムには大きく分けて二つの社会的機能があるといわれる。教育（経済学的には「人的資本理論」という）とスクリーニング（選抜）である［文献92、第一部］。

教育システムが教育機能を持つのは当たり前だと思われることだろう。初等教育から高等教育まで経験することで、人はさまざまな知識や技能、考え方を身につけていく。経済学で「人的資本理論」というのは、教育を受けることによってその人の経済的価値（高い給料を払ってでも雇う価値）が向上すると考える説である。教育の「よさ」が、人々に効率よく、良質の知識や技能を与えることにあるのは当然である。

しかし他方、小中学校から高校、大学へと進む道のりは、選抜の過程でもある。小中学校は義務教育なので全員通学するが、大学の定員は同年代の若者の人数よりも少ないので、誰でも入学できるわけではないからである。その選抜の機会が全員に開かれており、選抜が公正な方法で行われているならば、大卒の人は、中卒の人よりも優秀なのだろうと推定できる。それゆえ、優秀な人を採用したい企業は、中卒の人よりも大卒の人を採用しようとする。これが教育システムのスクリーニング機能である。この観点からは、優秀な人とそうでない人を効率よく選りわけることができるシステムが、「よい」教育システムだということになる。

そして、教育熱心な大学人にとってはいささかショックなことに、近年の教育社会学では、大学の主要な社会的機能は、教育（人的資本形成）よりはむしろスクリーニングだというのが定説なのである。[▼4] もちろん、大学が教育機能を持たないということではない。社会は、大学が何を教育するかよりも、その卒業生がそれまでに厳しい選抜過程をくぐり抜けてきたという事実の方を重視するということである。「より偏差値の高い大学の方が就職に有利」というのは、日本では常識に属する［文献132］。

一般的に言って、教育段階が上がるほどに選抜度が上がるので、企業が教育のスクリーニング機能を利用しているうちに、人々の学歴水準が平均的に上昇していく。中卒よりも高卒が、高卒よりも大卒が就職に有利なので、多くの人が高学歴を求めるようになる。大学のユニヴァーサル化を推進する動力の一つは、教育システムがスクリーニング機能を担っていることにある。

人々がやみくもに高学歴を求め続ける状況は、「学歴インフレーション」と呼ばれる。もはや経済的に見て合理性がないほどに、人々が教育に投資しようとする状況である。実際のところ、近年、欧米諸国では、有利な就職を求めて大学院に進学する人が増加している。たとえば二〇〇九年のアメリカにおける大学院在学者数は人口一〇〇〇人当たり九・三二人（パートタイム在学者を含む）、イギリスは八・三三人、フランスは八・二五人などとなっている［文献157、二四〜二五頁］。フランスでは、二〇〇六年にマリー・ドュリュ＝ベラが『フランスの学歴インフレと格差社会』［文献106］で高等教育の拡大策の合理性や公正性に疑問を唱えて、大きな社会的論争となった。

ところが日本の場合、大学間の格差が入試偏差値ランキングとして厳密に序列化されているため、大学よりも上の段階（大学院）が「優秀さの証明」となりにくい。大学が東大や京大を頂点とするきれいなピ

▼4　たとえば、渡辺行郎「学校歴による人材選別の経済効果—一つの模索」［文献188］はこのように述べる。「周知のように、学校の重要な役割は人的資本形成能力よりは、むしろ人々を企業のために選別する、ふるい分け（スクリーニング）機能にある、とする仮説が有力である」（四四頁）。

ラミッド型に序列づけられているため、優秀な人を採用したい企業は入試偏差値レベルの高い大学の卒業生を採ればよく、東大卒よりも優秀かどうか分からないうえに年齢層も高くなる大学院卒をわざわざ採用するメリットがない。つまり、日本では、大学院がスクリーニング機能を担う余地がなく、「学歴インフレ」は大学止まりということだ。そしてこれが、日本において大学院がそれほど発展しない根本的な理由である。二〇〇九年の日本の大学院在学者数は人口一〇〇〇人当たり二人程度で、アメリカの四分の一に満たない。

日本をはじめとする「遅れて近代化を始めた国」の教育システムについての古典的研究を著したロナルド・ドーアは、『学歴社会　新しい文明病』〔文献103〕の「日本語版への序文」で、このように述べている。

インドやスリランカのように、主として段階間の格差を重視するような国では「学士ドライバー」〔大卒のタクシー運転手〕の時代がいずれ過ぎ去って、「修士ドライバー」、さらに「博士ドライバー」の時代がくるであろう。しかし日本では、大学入試・大学較差による、同じ大学段階での選別制度があまりにも巧妙にできているので、一応は学士ドライバー止まりであろう。（viii頁）

ドーアのこの予言は、一九九〇年代に悲惨な形で実証されることになった。文部省（当時）は「大学院重点化」を打ち出し、大学院の増設や大学院生の増加を図ったのである。日本の大学院進学率がアメリカなどと比較して非常に低い状況であるのを改善し、研究や教育の質を高めようとしたのだが、それで増えた大学院生たちは卒業しても就職口がなく、多くが「高学歴ワーキングプア」と呼ばれるような状況に追い込まれたのである。文部省は一九九六年から五年間、「ポストドクター等一万人支援計画」を実施して、博士号取得者の雇用のための予算を大学等に配付したが、設けられたのはすべて雇用期限付きの非正規ポストであった。ありていに言って、無職になるのが数年先送りされただけである。大学院重点化政策の失敗は、他の社会システム（この場合は就職や企業のシステム）との関連を考えずに教育システムだけを操作することの危険性を端的に示しているといえよう。

日本の入試システムには高い教育効果がある

ここまで見てきたことは、日本の大学入試システムは、学生の能力別スクリーニング機能という観点から見て、非常によくできたシステムだということである。そこで、ドーアは、いささか皮肉を込めながら、こう述べている。「この制度〔日本の大学入試システム〕はよくできた制度である。少なくとも恐ろしく大掛かりな、すこぶる高価な知能テスト・システムで多少の副次的教育効果もある制度という風に理解すれば、教育効果の方に主眼を置かなければ、それはよくできた制度と言える」〔文献103、七〇頁〕。

ドーアはこう言うが、実際のところは、日本の入試システムは強力な教育効果も持っている。たとえば、二〇一五年のＰＩＳＡ（ＯＥＣＤによる学習到達度調査、一五歳対象）では、「科学的リテラシー」について参加七二か国・地域のうち日本は二位（ＯＥＣＤ加盟国中では一位）、「読解力」では七位（同六位）、「数学的リテラシー」では五位（同一位）である〔文献56〕。また、国際教育到達度評価学会の二〇一五年調査（ＴＩＭＳＳ：国際数学・理科教育動向調査）でも、日本の子どもたちはトップレベルの成績を収めている。調査対象となったのは小四と中二の数学と理科だが、小四算数と中二数学は世界第五位、小四理科が三位で中二理科は二位である〔欧文14〕。

ＰＩＳＡやＴＩＭＳＳといった国際学力調査の結果は毎回大きく報道され、順位が上がった、下がったということがもっぱらの話題になるが、全般的に言って日本はいつも上位グループである。PISAの「読解力」の分野の成績は、「科学的リテラシー」や「数学的リテラシー」と比べるといつもやや低めで、二〇〇三年には一四位、〇六年には一五位となったので「学力低下か」と騒がれたが、それ以外の二分野が一〇位より低くなったことはない。その他の上位国は、シンガポールや香港など、人口数百万人程度の小国（地域）である。人口一億人超の大国で、平均的な学力が世界で上位というのは、驚くべきというほかない。付言すると、こうした国際学力比較で上位となるのはたいていシンガポールや香港、韓国など東アジア諸国（地域）で、いずれも日本型の大学入試システムを取っている。日本の教育改革でいつもモデルになるアメリカは、中程度の水準である（図4－1）。

「日本の大学は国際的な評価が低い」などという言葉がマスコミなどでも繰り返されているので意外に思われるかもしれないが、高等教育についても、国際的な学力調査にもとづく評価は高い。OECDの「図表でみる教育　二〇一四年版　カントリーノート日本」には、「二〇一二年の成人のスキル調査の結果は、日本の高等教育の質が高いことを示している」と書かれている。日本の高等教育を修了した成人の読解力の水準は、調査に参加した二四か国・地域の中で、最高だったのである（アメリカは九位）。[5]

「日本の大学は国際的な評価が低い」という言葉の根拠とされるのは、THE社（Times Higher Education）などが出す「大学ランキング」で日本の大学が低評価だからである。たとえば、二〇一六年版の「THEランキング」では、日本首位の東京大学は世界ランキング三九位、アジアでも四位であった。

しかし、THE社のランキングの評価項目では、研究者等へのアンケートによる「評判」の調査が大きなウエイトを占めているので、評価結果がそれほど客観的なものとは限らない。[6] また、THE社の編集長へのインタビューによると、「東大はアンケートによる評判、教員と学生の比率など、教育力は［アジア

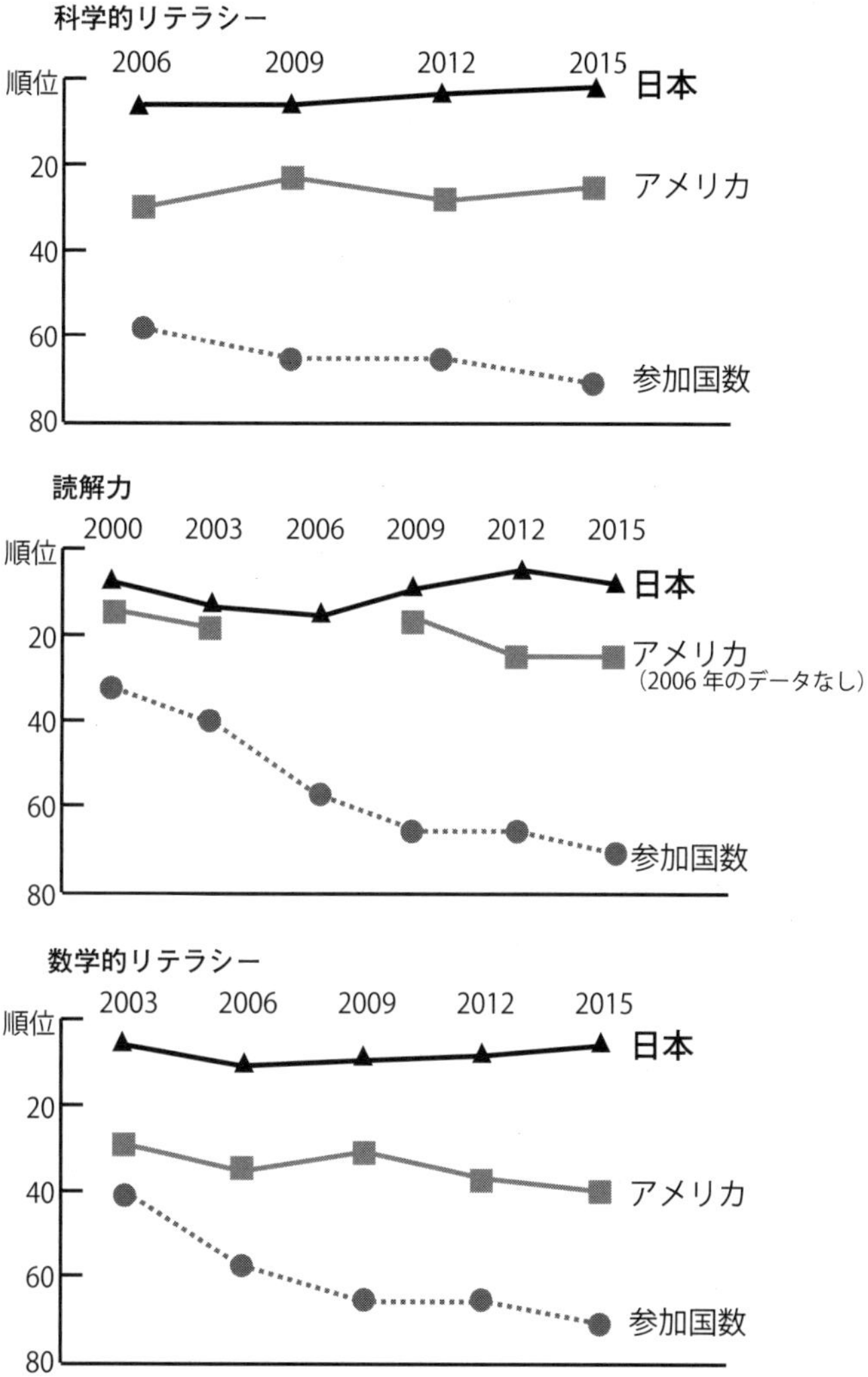

図4−1　PISA成績順位の推移：日米比較

出典：国立教育政策研究所「OECD生徒の学習到達度調査：2015年調査国際結果の要約」［文献57］より作成。

▼5　より正確にいうと、「日本の高等教育を修了した成人の三七％が、読解力調査で最高水準であるレベル四または五の水準にあり、調査に参加した二四か国・地域の中で、最も高い割合となっている」［文献22］。

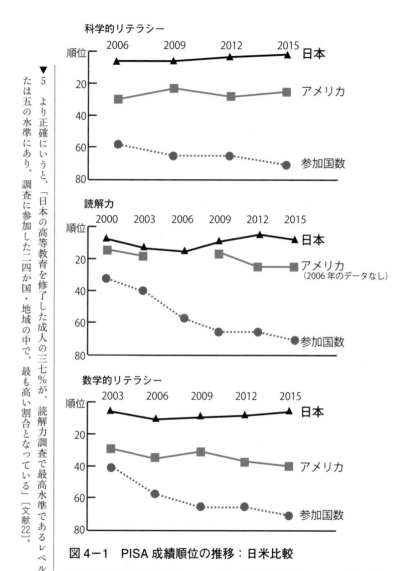

の」他大学よりもはるかに高かったものの国際性のスコアがきわめて低かった」ために、低位に沈んだのだという。他方、「アジアの上位三大学に共通するのは、潤沢な資金力。国が大学への投資を増やしていることだ」［報道5］。逆に言えば、日本の大学のランキングが低い一因は、政府が大学予算を削減していることなのである。

研究についても、二〇〇〇年以降の日本人のノーベル賞受賞者数は、二〇一六年までに一七人（ただし、うち二名は現在アメリカ国籍）で、アメリカに次ぐ世界第二位である。そして、彼らの授賞理由となった業績の大部分は、一九七〇年から九〇年ごろまでの研究成果である。つまり、大学が、まさしく昨今の大学改革によって標的とされているあり方をしていた時代のことである。昨今の大学改革による大学の疲弊ぶりを考えると、これから一〇～二〇年後にはノーベル賞の日本人暗黒時代が来ることはほぼ間違いないだろう。

さて、OECD編『図表でみる教育　OECDインディケータ（二〇一四年版）』［文献24］には、その他の学力調査結果が掲示されているが、その中の「学歴別・年齢層別の読解力平均得点」（五七頁）を見ても、日本の高等教育の質は世界トップレベルだということが明らかである。日本の大卒者（二五～三四歳）の平均得点は三一九点で、フィンランド、オランダに次ぐ第三位である。それに対してアメリカの平均得点は三〇四点で一二位である。参加二四か国・地域の平均点は三〇五点。高等教育の質についても日本は上位グループで、アメリカは中位グループなのである。アメリカの大学は研究力に関しては世界一といわれるが、教育の評価がそれほど高いわけではないのだ。

「それは玉石混交のアメリカの大学の全体としての評価だ。有力大学は違う」と思われるかもしれないが、元ハーヴァード大学長のボックは、このように述べている。「信頼できる識者で、大学教員が教育に注意を払っているとか、教育プログラムは学生の関心を満たそうとしているということを主張する人はいない。概して、講義はしばしば退屈で、そのほとんどが学生にとって受動的で、学生への質問や宿題の返答は不十分でなおかつ遅すぎて有効とはいえない」〔文献141、一七三頁〕。

スローター&ローズはもっと辛辣である。「アカデミック・キャピタリズムは学生を顧みなかった。学生は授業料を支払っているにもかかわらず、彼らの存在は無視され、授業料は使途を特定されていないため、教育以外の領域に移され、一九七〇年代および一九八〇年代、研究への支出が増大したことから確かめられるように、企業的科学に振り向けられた。対照的に、ニュー・エコノミーにおけるアカデミック・キャピタリズムは、授業料はもちろん、それ以外の収入を引き出す対象として学生を捉えるように大学を仕向けた」〔文献81、四〇九〜四一〇頁〕。

アメリカの学生は、高額の授業料を払っているのに質の高い授業を受けられないばかりか、大学と契約した特定の業者（通信業者や飲食、金融その他のサービス業者）を利用するように勧められたり、大学のロゴ入りグッズの買い手として扱われたりしている。アメリカの学生は大学による搾取の対象だというのである。

こうして見てくると、日本の教育システムの教育効果の高さは明らかであろう。教育にかける公的予算はOECD加盟国中最低レベルであるにもかかわらず、である。日本の教育システムは、全般として、異常なまでの効率性を持っているのである。もちろんそれは、低予算で超多忙にもかかわらず健闘する現場の教員や子どもたちの努力のたまものである。そこをあまり評価せず、こうした国際調査の結果が出るた

▼6　大学ランキングの歴史や実態等については文献144（六一〜一〇四頁）を参照。

びに、日本の教育の欠点や短所ばかりが大きく報道されたり議論されたりするのはいささか残念なことである。そうした議論の結果、現場の教員に「改革」が押しつけられ、教員の負担がさらに増える。これでは教員は報われない。

とはいえ、こうした異常なまでの好成績の大前提として、日本の入試システムが、子どもたちを勉強に追い立てる仕組みとなっているからであることは言うまでもない。その直接的な証拠というわけではないが、PISAの調査では、日本の子どもたちの勉強に対する「楽しさ」や「動機付け」の指標が非常に低いレベルになっている。

二〇一五年調査で「科学の楽しさ」に関連するアンケート項目について肯定的に答えた子どもの割合は参加七〇か国（地域）の六七番目。「道具的な動機付け〔＝科学の勉強が将来役に立つと考えるかどうか〕」については六三番目。「理科学習者としての自己効力感〔＝問題を解く自信〕」は六九番目。「広範な科学的トピックへの興味・関心」については有効なデータの得られた五六か国中で四八番目。

二〇一二年調査では同様の調査が数学について行われたが、「数学の楽しさ」「道具的な動機付け」「自己効力感」は六五か国（地域）中、それぞれ六〇番目・六四番目・六三番目。いずれも最下位グループである。

要は、日本の子どもたちは、科学や数学について「楽しい」とも「将来役に立つ」とも思っておらず、実際には成績が良いにもかかわらず「自信がない」のである。こうした結果を見ると、「個性尊重」はともかくとして、「意欲重視」という方向での改革は、ある程度は必要だと思わざるをえない。

とはいうものの、効果だけを見るならば、日本の大学入試システムは、スクリーニング機能についても教育機能についても、非常によくできた仕組みなのである。そして、一般市民の教育レベルが平均して非常に高いことが、日本社会の安定や豊かさに寄与している。電車がほぼ完璧に定時運行している、お店でお釣りを確かめなくても大丈夫（レジ係が計算を間違えたりごまかしたりしない）、たいていの家で新聞を講読している、などなど。日本に住んでいると当たり前のように思うが、海外旅行してみればすぐに分かるとおり、こんな国はちょっと他にはない。どうして教育改革論者たちがアメリカのマネをしたがるのか、率直に言って私には理解できない。勉強の「楽しさ」や「動機付け」の指標について、アメリカは日本よりは上位だが、参加国全体のなかではやはり中位グループであって、模範にするべきほどのものではないのである。

「できん者はできんままで結構」――「保守指導層」が考える入試システム

しかし、この大学入試システムが作動するためには、常に子どもたちが勉強へと追い立てられていなくてはならない。つまり、「受験戦争」状態でなければならない。一九九〇年代までの大学入試改革論議が、口では「受験戦争の緩和」「個性尊重の教育」などと言いながら、改革の結果としてむしろ競争が激化してきたことから考えると、改革を主導した人々は、実は受験戦争を緩和しようなどと考えていなかったのではないかとさえ思われる。ドーアも、このように述べている。

日本の保守的な指導層は、表向きは現在の進学体制を概嘆する人々に同調する姿勢を示しながら、内心では現状に満足しているのではないかと思われる。試験地獄は羊と山羊を選り分ける。心理的緊張に耐えられない者は所詮、役に立たないのだ。（中略）少なくとも、保守指導層がこう考えていなければおかしい、という風に思われるのだ。

［文献103、七二頁］

ドーアの原著の初版年は一九七六年だから、ドーアは共通一次試験導入前夜の状況について言っているのだが、彼の言っていることはその後の状況についても当てはまるのではないかと思われる。つまり、口では「受験戦争の緩和」「個性尊重の教育」などと言いながら、入試システムがもつ選抜機能は手放したくないということである。

近年の「保守指導層」の考えを実際に赤裸々に示す発言として、俗に「ゆとり教育」の完成と言われる二〇〇二年の学習指導要領改訂に教育課程審議会会長として関わった作家の三浦朱門（会長在職は一九九六〜九八年）の発言がある。ジャーナリストの斎藤貴男のインタビューに答えたものである。少々長いが引用しておこう。

〔ゆとり教育による〕学力低下は予測し得る不安と言うか、覚悟しながら教課審をやっとりました。いや、逆に平均学力が下がらないようでは、これからの日本はどうにもならんということです。つまり、できん者はできんままで結構。戦後五十年、落ちこぼれの底辺を上げることにばかり注いできた労力を、できる者を限りなく伸ばすことに振り向ける。百人に一人でいい、やがて彼らが国を引っ張っていきます。限りなくできない非才、無才には、せめて実直な精神だけを養っておいてもらえばいいんです。

平均学力が高いのは、遅れてる国が近代国家に追いつけ追い越せと国民の尻を叩いた結果ですよ。国際比較をすれば、アメリカやヨーロッパの点数は低いけれど、すごいリーダーも出てくる。日本もそういう先進国型になっていかなければなりません。それが「ゆとり教育」の本当の目的。エリート教育とは言いにくい時代だから、回りくどくいっただけの話だ。

いくら会長でも、私だけの考えで審議会は回りませんよ。メンバーの意見はみんな同じでした。

〔文献62、四九～五〇頁〕

昨今の教育改革が、このような考えにもとづいて進められているとはにわかには信じがたいが、あとでみるように、近年の入試改革や教育改革として進められている政策は、意図してなのか意図せざる結果なのかは不明だが、まさしく「できん者はできんままで結構」を実現するものなのである。

近年の大学入試の実情は――競争と全入の住みわけ

こうして、日本の大学入試システムでは、受験戦争を勝ち抜けるエリートの選抜が期待されてきたのだが、近年、肝心の受験戦争は大幅に緩和されている。一九九〇年代以降、少子化が見込まれるにもかかわらず、規制緩和によって私立大学が激増し、その結果として日本は「大学全入時代」に突入したからである。そうなると、日本型の大学入試システムは機能不全を起こす。

フランスやドイツのような高卒資格試験であれば、トップを目指して激しく競争するという現象は起こらないが、一定の基準を満たさないと落第することになる。つまり、この制度では、最低限度の水準が保障される。

それに対して、日本型の大学入試では、入学希望者よりも大学の定員の方が少ない場合には、入学をめぐって競争が起こるため、最高水準が向上するが、入学希望者よりも大学の定員の方が多くなると、最低限度の水準の学力が保証されないことになる。成績ランキングの下位に位置づけられた大学では、「解答用紙に名前さえ書ければ合格」というような笑えない話もまことしやかに語られている。日本で、「大学全入時代」が、高等教育のユニヴァーサル化の達成として肯定的に語られることがなく、ほとんど常に「大学生の学力低下」とセットで語られるのは、このためである。

一般論としてはこういうことになるが、実態を見ると、各大学の対応の結果、全体としては現状でもそこそこうまく機能しているように思われる。つまり、難関大学は従来と変わらず難易度の高い学力試験を行い、低偏差値校は学力をほとんど問わないAO入試や推薦入試を行うという形で、住みわけが起こっているのである。

吉川徹・中村高康『学歴・競争・人生　一〇代のいま知っておくべきこと』〔文献180〕によると、「最難関の国立大学ではほとんど推薦・AOの入学者はいません。しかし、その一方でもっとも入学難易度の低いグループの私立大学では、その比率は著しく高くなっているのです」（一〇二頁）。

同書の出版後の状況を言うと、東京大学では二〇一六年度から後期日程を廃止して推薦入試制度を始めた。これはセンター試験の成績を併用して選考するもので、学力不問というわけではない。その年の募集人員は一〇〇名程度、実際に合格したのは七七名であった。通常の学力試験を行う前期日程の定員は二九六〇名なので、全体の三〇分の一程度の定員を推薦入試に振り分けたのである〔文献100〕。

いずれにせよ、現在の日本の大学では、「競争的な部分と非競争的な部分で選抜制度が分断されている」のであり、「全体としてみると、エリート候補となるべき少数の人材を能力できびしく選抜しようとする近代的メリトクラシー〔能力主義〕の論理を維持しつつ、できるだけ多くの人に多くの教育機会を与える、すなわち教育の大衆化を実現する近代的市民社会の論理も両立させようとしている状況」だと言えるだろう〔文献180、一〇四頁〕。

「生きる力」を評価する?――ホンネはエリート選抜

入試改革論者の「受験戦争の緩和」という主張が本心であったならば、問題が解決されてよかったということになるはずだ。エリート校と大衆校の住みわけは、アメリカにおける有力大学と州立大学とコミュニティ・カレッジの入学判定制度の住みわけと類比的だともいえる。日本の場合も、有力大学は学力試験で、中程度の大学はセンター試験による「成績資格審査」と小論文や面接などを組み合わせた資格審査的な選抜を、下位の大学は高校さえ卒業していれば、事実上無試験に近い状態で受け入れという形になっている。

にもかかわらず、現在も入試改革論議は盛んである。たとえば、第1章で何度も参照した「大学改革実行プラン」でも「大学入試の改革」が掲げられている。そこに書かれているポイントは、「教科の知識偏重の入試から、意欲・能力・適性等の多面的・総合的な評価へ」である。一見して明らかなとおり、日本の教育を「ゆとり」へと向かわせた一九八五年の臨教審答申と同じことを言っているのである。

「ゆとり教育」は学力低下を招いたとして大きな批判を浴びたため、文科省は二〇一一年の学習指導要領改訂に際して、学習量を増加させるように方向転換した。これをマスコミは「脱ゆとり」などと言ったが、「ゆとり教育」の背後にある基本的な学習観については、臨教審以来、現在に至るまでなんら変更されていない。つまり、「個性」を尊重し、「関心・意欲・態度」といった子どもの心のあり方に重点を置く学力観である。それは、「工業化社会からポスト工業化社会・知識社会へ」という基本的な時代認識が維持されているからである。

臨教審の「みずから学ぶ意欲」や「個性を生かす教育」は、九〇年代には中央教育審議会（中教審）において「生きる力」と呼び変えられ［文献98］、その後、経済財政諮問会議は「人間力」という珍妙な概念を打ち出す［文献76］。中教審は、「生きる力」は分かりにくいと思ったのか、二〇〇三年の答申で「確かな学力」、〇八年の答申で「学士力」など、新たなネーミングを繰り出して、「〇〇力」という言葉を増殖させているが、結局のところ、いずれも同じような学力観にもとづくものである。

それぞれの定義を見てみると、「生きる力」とは、「自分で課題を見つけ、自ら学び、自ら考え、主体的に判断し、行動し、よりよく問題を解決する資質や能力」「自らを律しつつ、他人とともに協調し、他人を思いやる心や感動する心」などとされており、「人間力」は「基礎学力や専門的な知識・ノウハウを自ら継続的に高めていく力」「コミュニケーションスキル、リーダーシップ、公共心、規範意識」「意欲」などとされている［文献113］。要は、「自分で学ぶ主体性・意欲」と「他人と協力する能力」の二つがポイントなのである。

「ゆとり教育」についての議論では、学習内容の減少のみがクローズアップされたが、政策意図としては、「知識を覚えること」から「自ら考えること」へと教育を転換させようということだったのである。

「それができない者はできないままで結構」というのはあまりに乱暴だが、こうした学力観自体は、基本的に結構なものだと思う。私自身、大学では、なるべくすべての学生が「自ら考える能力」を身につけられるように教育しているつもりである。しかし、問題は、そうした能力を評価しようとするところに発生する。

先に見たように、大学改革実行プランでは、「意欲・能力・適性等の多面的・総合的な評価」をするように求めていたが、これは要するに「生きる力」「人間力」などを評価しようということである。しかし、主体性や個性と評価には、根本的に矛盾するところがある。評価するためには基準や尺度が必要だが、評価する側がそれらを設定することは、評価される側（生徒や学生）が主体的に自らの個性を設定することを否定することだからである。評価が大学の入学や就職に直結するとなれば、子どもたちは当然、評価されるように準備してくるはずである。評価は主体性を奪うことと表裏一体なのである。

それに、主体性や意欲といった心のあり方を直接見ることはできないので、評価するためには何らかの制作物（文章なり解答なり）を見るしかない。それゆえに、従来型の学力試験からそれほど変わったことはできないということにもなる。だからといって、学校での普段の学習態度などを評価の対象にしようとすれば、学校は評価のために常に監視する場になってしまう。

また、「他人との協力」も、評価と矛盾する。通常、評価とは個人の能力を判定するものだが、「他人と協力する能力」は個人をはみ出すからである。どんなに協調的な人であれ、協力できるかできないかは相手次第という側面がある。人間同士の関係には相性があり、どんな相手とでも協力できるなどという人間はおそらくいない。もしいるとしたら、それこそ主体性のない人間である。面接などで、評価する側と協力できるかできないかを判定するのであれば、これまた受験生はさまざまなタイプの相手と協力してみせるための練習をしてくることであろう。実際のところ、就職活動では、「圧迫面接」など攻略しにくい面接も含めて、面接者のタイプ別に対応がマニュアル化されている。

「生きる力」や「人間力」といった教育目標は大変結構なものだが、そうした教育は評価との相性が非常によくないのである。だからといって、政府にも財界にも、入試そのものをやめようという発想はないようである。彼らの本心が「競争に勝ち抜くエリートの選抜」だとすれば、それは当然のことである。

「人間力」なる概念を提唱した経済財政諮問会議の二〇〇二年答申では、大学改革も「人間力戦略」として位置づけられているが、そこで主張されていることは「国立大学の法人化」「能力主義の徹底」など、「人間力」と矛盾する競争主義的なことばかりである。要するに、近年の教育改革は、初等中等段階での個性重視と高等教育の競争重視という、相矛盾する方向に進められているのだ。その矛盾のしわ寄せは、両者を接続する大学入試に集中することになる。

入試改革、現在進行中──看板を掛け替えても本質は不変

現在のところ、二〇一四年の中教審答申［文献96］を受けて、二〇二〇年からの大学入試改革が予定されている。同答申では、まず「生きる力」などこれまでの学力観が再確認され、小中学校ではそうした学力観にもとづく授業が広がってきたものの、「高等学校においては、小・中学校に比べ知識伝達型の授業に留まる傾向」があるために、大学入試を「生きる力」を評価するものに変更することで、高校教育の変革を促すのだという。

では具体的にどのような入試をすればよいのか。答申はまず、「人が人を選ぶ個別入試の確立」が重要であると宣言する。そして、各大学に、「各大学の強み、特色や社会的役割を踏まえつつ」、アドミッション・ポリシー（選抜方針）を明確化し、それにもとづく選考を行うように求める。なお、「学士力」を提唱した〇八年の答申によると、アドミッション・ポリシーは「各大学の個性・特色を反映するもの」である。▼7 近年の、学生の個性や主体性を謳う教育政策では、大学の個性や主体性も強調されているのである。

そして、具体的な選抜方法としては、「〔現在のセンター試験に代わる〕大学入学希望者学力評価テスト（仮称）の成績に加え、小論文、面接、集団討論、プレゼンテーション、調査書、活動報告書、大学入学

希望理由書や学修計画書、資格・検定試験などの成績、各種大会等での活動や顕彰の記録、その他受検者のこれまでの努力を証明する資料などを活用することが考えられる」という。英語については特筆されており、「「聞くこと」「話すこと」「読むこと」「書くこと」の四技能を総合的に評価すること」とされている。

さらに、大学の入試難易度の水準を三段階に分けて、最難関大学については「「主体性・多様性・協働性」や「思考力・判断力・表現力」を含む「確かな学力」を高い水準で評価する個別選抜」を行うように、中程度の難易度の大学については「大学入学希望者学力評価テスト（仮称）」を積極的に活用しつつ、思考力・判断力・表現力等を含む「確かな学力」を総合的に評価する個別選抜」を行うように、難易度が低い大学については「「高等学校基礎学力テスト（仮称）」の結果を含めた高等学校の学習成果を、調査書の活用等により確実に把握することや、活動報告書の提出や面接の実施等」によって選抜するように求めている。

センター試験を廃止して新設される「大学入学希望者学力評価テスト（仮称）」は、単なる知識ではなく、「思考力・判断力・表現力」を中心に評価するものとされているが、具体的にどうするかというと、現行のセンター試験との大きな違いは、記述式の問題の導入と、一点刻みの成績評価をやめて段階別の大ざっぱな成績（A、B、Cなど）をつけるということ、年間複数回受験可能とすることの三点である。

▼7 ちなみに、アメリカの大学における「アドミッション・ポリシー」とは、①SAT、ACTなどの共通テストの成績、②高校の成績、③高校からの調査書、④志望理由などの個人申請書という四つの資料を、どの割合で足すかを決めるものである［文献114、一一〇頁］。大学の個性や特色とは関係ない、割合を示すただの数値である。

また、新設される「高等学校基礎学力テスト（仮称）」は、高等学校段階の基礎学力を評価するテストであり、「知識・技能の確実な習得を重視する」「段階別表示による成績提供を行う」などとされている。

こうした方針での大学入試改革は既定路線となり、現在までに各国立大学は文科省から「アドミッション・ポリシー」の策定を求められ、それを公表している。たとえば、東京大学と私の勤務校である徳島大学のアドミッション・ポリシーの一節を引用してみよう。どちらがどちらだか、おわかりになるだろうか。

自国の歴史や文化に深い理解を示すとともに、国際的な広い視野を持ち、高度な専門知識を基盤に、問題を発見し、解決する意欲と能力を備え、市民としての公共的な責任を引き受けながら、強靱な開拓者精神を発揮して、自ら考え、行動できる人材

卓越した学術および文化を継承するとともに学びの志と進取の気風をもち、未来へ飛躍する人材を養成するため、課題に対し自ら積極的に取り組む主体性、社会の多様性を理解できる能力、協働性

前者が東大、後者が徳大である［文献101・文献104］。一読して明らかなとおり、同じようなことが書いてある。そして、そのネタ元になったのは、中教審答申の「生きる力」その他の「〇〇力」であることも明らかである。ここでは二つの大学だけを取り上げたが、ウェブなどでさまざまな大学のアドミッション・ポリシーを見ていただければ、みな同じようなことが書いてあるのがお分かりになるだろう。中教審は「アドミッション・ポリシーは各大学の個性や特色を反映する」と言うが、文科省が実際に各大学にやらせていることは、中教審答申のコピペ（切り貼り）だというのが実態なのである。

いや、「やらせている」というのはいささか不適切な表現であった。文科省は直接的にはそんな指示などしていない。各大学が文科省の意向を忖度して、自主的にそのようにしているのである。各大学のポリシーが似ているのは、各大学の「課題に対する主体的な取り組み」や「相手の意を汲んで行動する協働性」が遺憾なく発揮された結果なのである。先ほど、「評価は主体性を奪うことと表裏一体」と述べたが、大学の個性や主体性を強調する改革の、こうしたなりゆきを見ると、「受験生の主体性や個性を評価する選抜」がどんなものになるか、だいたい予想がつく。

いささか皮肉めいたことを書いてしまったが、もう少しきちんと、現在進行中の入試改革の特徴や問題点を検討しておこう。まず、特徴として以下の三点を指摘したい。

第一に、「大学入学希望者学力評価テスト（仮称）」の成績に加えて、小論文や面接、調査書その他で評価するというのは、従来のAO入試や推薦入試と同様のものである。「それよりもっと厳密にやるのだ」というつもりなのかもしれないが、要するに、現行のAO入試や推薦入試（と似た制度）をすべての大学入試に拡張しようということである。

第二に、高等学校段階の基礎学力を評価するという「高等学校基礎学力テスト（仮称）」は、フランスのバカロレアのような高校卒業資格試験とするのではなく、「生徒の学習意欲の喚起」のために高校在学中に受験するものと位置づけられている。参加は強制ではなく、「高校生の個人単位又は学校単位での希望参加型」とし、「進学時や就職時に基礎学力の証明や把握の方法の一つとして、その結果を大学等が用いることも可能とする」という。

第三に、結局のところ、学生や生徒をテストで評価しようという発想から抜け出していない。そして、「生きる力」や「人間力」を評価することはきわめて困難であるにもかかわらず、中教審が示す案は、現在のＡＯ入試や推薦入試と大差ない、あまり新鮮味のない案である。
以下では、こうした特徴のそれぞれにつき、問題点を指摘する。

従来のＡＯ入試や推薦入試とどう違う？――入試改革の問題点①

まず一点目、具体的な選抜方法として例示されている方法が、現行のＡＯ入試や推薦入試と同様である点について。たとえば、私の勤務する徳島大学総合科学部の推薦入試で求めているものは、センター試験の成績のほか、小論文・面接・志望理由書・指定調査書（高校での課外活動や資格・免許等を記載する）・調査書（高校側が書くいわゆる「内申書」）の五つである。これを先程の答申と比較してみると、「集団討論」と「プレゼンテーション」以外は、答申が例示しているものをすべて活用して評価しているのである。

そしてこれは、たいていの国立大学で同様である。たいていの日本の大学には入学者選抜に専従する職員は配置されていないから、教員が回り持ちで入試を担当する。そうした経験から考えると、こうした「多面的な評価方法」では、評価基準があいまいになってしまうという問題点がある。

たとえば、課外活動として、競技人口の多いスポーツで県大会三位程度の受験生と、マイナー競技で全国一位の受験生とでは、どちらを高く評価すべきなのか。集団面接で、他の受験生を押しのけてたくさんしゃべろうとする学生は、「積極的」として高く評価するべきなのか、「協調性がない」として低く評価すべきなのか。押しのけてしゃべった内容が良ければ高評価で、くだらないことに長広舌を振るえば低評価なのか。

評価基準があいまいなことは、アメリカの大学でも同様である。ハーヴァード大学（カレッジ）の入学者選抜に関わるウェブサイトの「よくある質問」コーナーに、「課外活動は合格のためにどれぐらい重要でしょうか?」という質問があるが、その回答は、「場合により異なる」である［欧文9］。

では、評価基準があいまい化しないように、考えられるあらゆる場合について、具体的な評価基準をあらかじめ「アドミッション・ポリシー」として定めておけばよいだろうか。そんなことをすれば、膨大すぎて評価担当者が覚えきれないほどのものになるだろうし、それを公表すれば、受験生がそれに合わせてふるまうようになるのがオチである。

「そんなことを言わずに、その場その場で個人をよく見て丁寧に選考しろ」と思われるかもしれない。もちろん、大学教員は、面接や小論文入試の担当になったときには、誠心誠意、丁寧に選考しているが、それは選考結果が受験生一人一人の人生にとって重大な意味を持つと思うから、コスト度外視でそうしているのである。ただ、はっきり言って、面接であれ小論文であれ、とりわけ優秀な受験生は誰が見ても明らかである。入試担当者の間でほとんど議論することもなく合格を決定することができる。最低レベルの受験生についても同様である。いちばんの悩みどころは、当落線上の受験生たちである。学力テストの得点であれば一点刻みで上位下位がはっきりするから迷う必要はないが、小論文や面接などでは、誰を落とし誰を通すかは相当に悩ましい。

しかし実は、ここで悩んで時間をかけても、大学入学後に活躍する学生が取れるか否かということとは、ほとんど関係ないのである。最優秀グループと最下位グループの間の平均的な受験生のなかの誰を合格させたとしても、おそらく大学入学後も平均程度の成績を収めるだろうからである。中には入学後に大化けして、大発見や大発明をする学生がいるかもしれないが、中間層に潜んでいるそうした学生をうまく選べるかどうかは、一点刻みのテストで選抜しても、面接で丁寧に選考しても、あるいは抽選で選んでさえ、あまり変わらないのではないか。どんな方法を使おうと、人の能力を完全に見極めることや、未来を完全に予測することはできないからである。

要するに、面接や小論文など評価基準があいまいな方法は、受験生の大多数を占める中間層の学生の選抜という観点からすると一点刻みのテストや抽選と同程度の効果を持っているが、大学教員の負担が大きい点で、利益とコストのバランスが悪いということである。中教審の委員など、制度設計をする立場の人間には、丁寧な選考にかけるコストと利益のバランスを考えてもらいたいものである。

もちろん、それだけであれば、大学教員が負担を我慢すればよいだけとも言えるが、評価基準があいまいな選抜方法にはもっと大きな問題点がある。それは、入試が持つ教育効果が低くなる点である（付言すると、もっとも低コストの選抜方法である抽選を導入してはならない理由も、抽選には教育効果がまったく期待できない点にある）。

現状で、各大学がアドミッション・ポリシーとして掲げていることは、「主体性と協調性がある人物」といったきわめて抽象的なことである。これでは、受験生の側からすれば、高く評価されるために具体的にどのような勉強をどれぐらい重ねればよいかわからない。中教審答申は、大学入試を変更することで高校教育の変革を促すのだというが、かれらが提案するようなやり方を導入すれば、高校の教員が右往左往し、高校生の学力が低下するだけで、「生きる力」など育たないのではないか。

ちなみに、ハーヴァード・カレッジの「求める人物像」も、似たようなものである。「選考過程において私たちは、一人一人の応募者について、慎重に個々別々に注意を向けます。私たちは、学生が、お互いや教師にとって最良の教育者となるような人物かどうか、つまり、大学在学中も卒業後も周りの人によい刺激を与える人物かどうかを見分けようとするのです」[欧文10]。

中教審答申の「人が人を選ぶ個別入試」という文言のネタ元はここではないか、というのは私の推定だが、このようなポリシーだからこそ、第3章で見たような「縁故枠」の入る余地もあるのである。アメリカの大学はそのためにあえてあいまいな基準にしているのではないか、というのは私の邪推だが、こうしたあいまいな評価基準の明らかな副作用は、具体的にどのような勉強をどれぐらい重ねれば合格できるのかわからないために、高校生以下に勉強させる効果が小さいという点である。アメリカの中等教育以下の成績が振るわない一因は、こうしたあいまいな評価基準による大学入学者選抜ではないか。

そのうえ、「一人一人の個別性」にもとづいて選抜するということは、不合格になった者は、他の受験生との比較においてではなく、その本質的な個別性において「劣っている」ということになるから、そういう人間は何をどう努力しても「合格者」にはなれない、ということになりかねない。

実際、そうした選抜の評価対象として日本の各大学が掲げる「主体性」や「協調性」、ハーヴァードの「周りによい刺激を与える人物」などの特性は、教育や努力で身につくというよりは、性格的なものであり、おそらくは生得的な側面がかなり関係するだろう。[8] そして、性格的な面を教育によって改変することは困

▼8 行動遺伝学の概説書である安藤寿康『遺伝子の不都合な真実―すべての能力は遺伝である』[文献8]によると、「開拓性」(「主体性」という項目がなかったので代わりに取り上げる)と「協調性」の遺伝率(統計的に見た遺伝の影響)はいずれも五〇%ほどである(七六頁の表より)。「高すぎる」と思われるかもしれないが、「学業成績」の遺伝率も五〇%程度、「一般知能」に至っては八〇%弱が遺伝であるという。ただし、学業成績については、他のほとんどの心理的形質とは異なり、共有環境の影響が見られる。つまり、どのような教育をしたかが学業成績に影響するのである。多数の心理的形質について調査した結果、学業成績以外に共有環境の影響がはっきりとみられるのは、「タバコ・アルコールなどの物質依存」と「言語性知能」の二つだけであるという。

難である。環境にどのように対応するかという点に性格が関係するからである。たとえば、同じように厳しくしつけても、素直に従う子、反発する子、無気力になる子など、各人の性格によってしつけへの対応は異なってくる。環境を操作することで、環境への対応戦略を変えさせるのは困難なのだ。

「主体性を身につけさせる教育」として、最近文部科学省が推進しているのは「アクティブ・ラーニング」である。これは、文科省の定義によると「課題の発見・解決に向けた主体的・協働的な学び」なのだが［文献169］、いざ具体的にそれを実践しようとして、子どもたちの積極的な発言を促すような授業を心がけたところで、頑張って発言する子どもたちの傍らに、委縮してしまう子どもたちが必ずいるものである。そうした子どもたちに主体性をつけさせようとする努力は、かれらをますます委縮させてしまう可能性がある。「アクティブ・ラーニング」は、主体性があまりない子どもにも主体性を身につけさせる教育方法というよりは、単に、はじめから主体性が豊かな子どもに有利な教育方法なのではないかと思われる。主体性や個別性を尊重すると言いながら、一つの教育方法のみを推進することは、「詰め込み教育」が向いた子どもや人前で話すのが苦手な子どもの個性を無視しているし、現場の教員によるよりよい授業へ向けた個性的な創意工夫を信頼していない。

個人の性格的な特性を、高評価が得られるものへと改変することは困難なので、それを評価対象とするような大学入学者選抜システムは、教育効果を持たず、生得的に優れた者をスクリーニングするだけのものになりかねない。「できん者はできんまま」になってしまうのである。それで「結構」ということなのだろうか。

他方、現在の日本の通常の大学入試で問われる学業成績は、反復練習によって向上させることが可能である。同じ分量の練習をしたからといって誰でも同じだけ成績が向上するとは限らないが、生得的な素質が豊かであってもまったく練習しない人間と、それほど素質に恵まれなくてもたくさん練習した人間とでは、後者の方が実際の成績は上位になるのが通常である。あるいは、誰でも練習すれば、少なくとも現在の自分の成績よりは高い成績を収めることができる。こうしたことから、学業成績を問う試験は、生得的な素質だけでなく、努力という面も評価するのであり、評価基準が明確だから、子どもたちを反復練習へと向かわせる教育効果も持っているのである。

現在の日本の大学入試制度に弊害があるのはたしかである。PISAの結果から推定すると、それは、子どもたちの「意欲」や「自信」を奪うものであるらしい。だが、それを改善するためと称して、現在の制度が持っているメリットを壊してしまうのでは、改革は改悪になってしまう。現在の制度が明らかに優れている点は、評価基準が明確で、合格するために具体的に何をすればよいのかがはっきりわかる点である。もし評価基準を学業成績以外の何物かに変更したいのであれば、「主体性や協調性」といったあいまいな評価基準ではなく、もっと具体的に特定し、合格するためにどのような努力を受験生に求めるのかが具体的に分かるようにしなくてはならない。それと「意欲」や「自信」を高めることが両立する方向を模索すべきであろう。

自由参加のテストを誰が受けるのか――入試改革の問題点②

次に、「高等学校基礎学力テスト（仮称）」が自由参加である点について。もしこのテストが本当に自由参加で、大学の入学者選抜には参考程度にしか使われないというなら、高校生にはそれを受ける動機がほとんどないということになる。答申は、生徒の学習意欲の喚起を目的とすると言うが、なぜ、単に自分の学力レベルを確認するためだけの試験に意欲喚起効果が期待できるのか、私には理解できない。

もちろん、各種スポーツには試合があり、それが練習の動機づけになっているということはある。しかしスポーツは、もともと好きでやっているもので、すべての生徒が取り組んでいるわけでもない。勉強も、好きな人だけやればよく、「できん者はできんままで結構」ということなのか。

実際問題として、「高等学校基礎学力テスト（仮称）」が実施されたら、大学入学者選抜に、広く利用されるようになるだろう。現在、大学入試に際して、高校が発行している「調査書」の提出を求められるのが通常である。そこには生徒の在学中の成績が記載されているが、日本では高校にも入試があって学力別に序列化されているため、違う高校が発行した調査書同士を単純に比較することはできない。つまり、学力レベルの低い高校の優等生と、レベルの高い高校の中程度の生徒では、実際の学力は後者の方が高いということがありうる。そのため、調査書は参考程度にしかならない。それに対して、全高校共通のテストの成績であれば、異なった高校の出身者を比較することができるからである。

しかし、大学が入学者選考に際してこのテストの成績の提出を求めるのが一般化すると、高三の後半になってから「やっぱり大学に行きたい」と思い直した生徒の希望は叶えられなくなる可能性がある。このテストは高校在学中の二年次や三年次に受けることが想定されているので、高三の後半まで大学に行く気がなかったら、このテストを受けていないだろうからである。「進路ははじめから決めておけ」と思われるかもしれないが、まだ社会の仕組みも分からない一五歳や一六歳の子どもにそんなことを言うのは酷である。▼9

それから、このテストが主に大学入学者選抜に利用されるのであれば、どんなに成績が低くても受け入れてくれる大学が存在する「大学全入時代」にあっては、学力の最低水準が保障されないことになる。現在のセンター試験や大学入試以上の学習意欲喚起効果を期待できる理由が見当たらないので、新テストでも、一定数の者は非常に低い得点を取ることだろう。

だからといって、もしもフランスやドイツのような高卒資格試験という位置づけにするのであれば、成績の最低水準は保証されるが、その場合には、落第する者をどのように扱うかを十分に考えておかなくてはならない。どれぐらい落第するかは、どれぐらいの難易度にするかによるが、全員が合格するような易しい試験にするなら資格試験の意味がない。参考に、近年のフランスのバカロレアの合格率を見ると、八〇％台後半程度である［欧文18］。つまり、一〇数％の高校生が落第するということである。それに対して、現在の日本の高校で、「原級留置」（いわゆる留年）となるのは、全日制の普通科で〇・二％程度、定時制や通信制などを含めた平均でも〇・五％程度である。高校の中退率も、一・五％である［文献82］。

このように、現状では高校の留年率も中退率も非常に低い。それゆえ、そうした若者の存在は目立たず、大きな社会問題とはなっていない。ところが、もしも新テストを高卒資格試験にして、合格率を八〇％程度に設定するなら、落第した生徒たちの進学や就職をどうするのかを十分に考えておかないと、毎年、同学年の二〇％近い若者が無業者となりかねない。これは社会にとって大きなリスク要因となる。現在のところ、こうした方向での改革は考えられていないが、今後のためにいちおう指摘しておく。

相も変わらぬ「テストで評価」――入試改革の問題点③

最後に、「改革」といいながら、結局のところ学生や生徒をテストで評価するという発想から抜け切れ

▼9　吉川&中村によると、「偏差値四〇台前半ぐらいの高校」を調査したところ、「高校卒業時点で大学進学予定の生徒のおよそ三分の二弱は、高校入学時には大学志望ではありませんでした」という［文献180、九六頁］。

ていない点について。これは、改革論者たちが「個性重視」と「競争重視」の双方を追求しようとするからだが、おそらくより本音に近いところを言えば、教育システムのスクリーニング機能を手放したくないからである。そしてこれは、これまで大学を入試難易度別に序列化してきたのと同じメンタリティである。大学でなく、受験生個人を厳密に序列化したいという欲望にとらわれているということだ。しかもその序列は、学力以外の様々な特性や性格面に及ぶ。

どんな教育制度にしようと選抜制度にしようと、素質に恵まれ意欲も高く、家庭環境にも恵まれた若者は上位の成績を収めるだろうから、現在進行中の改革の結果、「できん者はできんまま」になったとしても、スクリーニング・システムによって、一定数の優秀な若者が収穫できることだろう。しかし、昨今の改革案が、「できる者を限りなく伸ばす」仕組みになっているかどうかというと、はなはだ心もとない。評価基準があいまいだから、あまり優秀でない者が選抜されてしまうこともありそうである。

そもそも「できる者を限りなく伸ばす」ような教育は可能なのかと考えてみると、私は懐疑的である。本当に優秀な若者は、平均的な教師より優秀だろうし、最優秀の者は、最優秀の教師よりも優秀かもしれない。そういう人間だからこそ、これまでにない新しいものを生み出すことができるのである。上から目線で「伸ばす」ことができる程度の人間なら、真のエリートとは言えないだろう。

それに、優秀な人間に手をかける必要はない。かれらは放っておいても自分でどんどん勉強していくからである。それこそが「優秀」と言われるゆえんである。そこにかける不要な労力を省いて、「落ちこぼれの底辺を上げること」に労力を注いできたのが、戦後日本の教育システムの卓越した点であった。このシステムは、人口一億人を超える大国の平均的な学力が世界上位という、信じがたいほど稀有な財産をわれわれに与えてくれたのである。そのおかげでわれわれは、世界でも有数の豊かで安定した社会に生きることができている。

われわれが優秀な子どもたちにしてやれることといえば、なるべく優秀な人と知りあう機会を与えることぐらいではないか。そのためには、なるべく優秀な人が教師になってくれるように、教育予算を増やし、教師がもっと魅力的な職業となるようにしていくほかないだろう。つまり、「できる者を限りなく伸ばす」ために改革すべきは、必ずしも給料が高くないにもかかわらず超多忙で責任も重い教師の労働環境なのである。優秀な教師は、「できん者」もなんとかできるようにする能力も高いことだろう。

しかし、教育予算を増やそうという動きは鈍く、入試改革の方は二〇二〇年に実施される予定となっている。といっても、それ以降、日本の子どもたちの学力水準が劇的に低下し、それほど優秀ではない学生でもあいまいな評価基準のおかげで有力大学に入れるようになってしまうかというと、ここまで批判を書き連ねてきた挙句に恐縮だが、実は私はそれほど心配していない。結局のところ、「大学入学希望者学力評価テスト（仮称）」という学力テストをすることになっているからである。

もし、中程度の難易度以上の大学で、独自の二次学力試験をとりやめ、面接や小論文のみで評価する場合には、その成績がかなり重視されるようになるだろう。その成績は一点刻みではなく段階表示になるとされているが、仮に五段階評価になるとして、「A」の学生が八割になるなどという容易なテストにすることはないだろう。また、答申の脚注では、標準化得点やパーセンタイル値など、全受験生のなかでの個人の位置がかなり詳細にわかる値を大学に提供することも、「今後の検討課題」とされている。[10] そうした

▼10　アメリカのSATでは、個人の得点だけでなく、得点のパーセンタイル値が提供される。つまり、ある受験生の得点を見れば、それが全体の中で上位何パーセントに入っているかが分かるようになっている。

情報を提供するなら、個人の得点一覧とそれほど変わらない精度で受験生の順位を確定できるだろう。

結局、東大など最難関大学では、一部の定員を「推薦入試」から名前を変えた新方式に割り振るだけで、大部分の入学者に対しては、答申の言う「確かな学力を高い水準で評価する個別選抜」という名目で、現状の入試問題とそれほど違わない二次学力試験を引きつづき行うのではないか。

難易度が低い大学は、高校の調査書に加えて「高校基礎学力テスト」の成績の提出を求めるようになるかもしれないが、その結果は、受験生の成績レベルが現状より客観的に把握できるようになるだけで、選抜していては定員を満たすことができないため、「AO入試」や「推薦入試」から名前を変えた新方式で、従来同様の「全入」が続けられることだろう。

中程度の大学は、従来型の二次学力試験をやらないように圧力を受けて（あるいは自主性を発揮して）、何かしら新しいテスト形式を模索するかもしれないが、数年たてば、現状とあまり変わらない二次学力試験を再開するのではないだろうか。

一番影響を受けるのは、評価基準のよくわからない選抜に対応するために右往左往する高校の教員や生徒たちだろう。

そうした混乱の時期のあと、最終的には、現行の制度と大きく変わらないようなものに落ち着いていくのではないかと予想している。その理由は、一つには、日本の入試改革が、トップダウンによる全国一律の変更を求めているからである。そうしたやり方で強引に進めると、現場の教員たちは「押しつけ」と受け取り、誠心誠意改革に尽力するよりは、自分たちに都合がよいようにやり方を変え、報告書だけは形を整えるような対応をしがちになる。改革プランは換骨奪胎され、実態としては元通りのやり方が温存されることになる。

第二に、日本の大学入試システムは、それだけが孤立して機能しているのではなく、スクリーニング機能を企業が利用したり、「東大卒」が社会的に畏敬の対象となったりするなど、他の社会システムと連動して機能しているからである。入試システムだけいじっても、最初は関連する社会システム全般が擾乱《じょうらん》されるだろうが、結局のところ、もとのような位置づけに戻っていく可能性が高い。

なかでも、大学入試システムと密接に連動している強力な、そして日本独自のシステムは、巨大な受験産業である。どんなに制度を変更しても、それが入学試験制度である以上は、受験産業は傾向を分析し、合格するための勉強法をマニュアル化し、模擬試験を実施することであろう。つまり、二〇二〇年以降も、現状と大して変わらない風景が展開されていくことだろう。

一年がかりの論文入試を！——考え、話し合う人間を育てるために

ここまで、昨今の入試改革を批判し、改革しても現状と大して変わらないと悲観的なことを述べてきた。しかし、私としても、現在の入試制度がベストだと思っているわけではない。現在の制度は、異常なまでの教育効果を持つ反面、子どもたちの「意欲」や「自信」を奪うものであるらしいからである。現在の入試の優れている点、すなわち評価基準が明確で、合格するには何をすればよいのかはっきりわかる点を維持したうえで、この重大な欠点を改善できるなら、そのほうが良いに決まっている。

では具体的にどうすればよいのか。各大学が自主的に考え、自分たちの教育理念や求める学生の水準に即した方法を試行し、うまくいくようなら他大学も模倣したらよいと思うが、その際の参考に、私の考えを述べておく。

第3章の終わりで、「ユニヴァーサル段階における高等教育機関の本質と機能」について、私の考えを

述べた。それは、民主主義的な市民社会を支えるという機能であり、具体的には、「さまざまな問題について、その背景を知り、前提を疑い、合理的な解決を考察し、他人と意見のすり合わせや共有を行う」という技能を教育することである。こうした技能は、科学的方法の本質でもあるから、文系理系を問わず必要である。

当然、入学者選抜は、こうした大学の機能との関係で考察されなければならないし、高校以下への波及的な教育効果も考えて設計しなくてはならない。そこで結論を言うと、「小論文と面接」でなく、「論文と口頭試問」を課すのがよいのではないかと考える。これは現在、大学院入試では標準的な方法だが、これを大学入試にも拡張すればよいのではないかということである。

現在、多くの大学では、後期日程やAO入試、推薦入試で「小論文」と称する小文を書かせる試験を行っている。たいていの場合、「課題文を読んで、○○字以内で意見を書け」という出題である。はっきり言って、これはやめた方が良い。実際、私立大学を中心に、やめる大学も増えているようである。「予備校や高校で小論文対策のマニュアル的な指導が進み、どれも同じような答案ばかりになってしまった」からである〔文献114、四七頁〕。

なぜそうなるかというと、試験会場で書かせるからである。「課題文を読んで意見を書け」と言われても、課題文の内容をきちんと評価し、必要なら反論するためには、客観的なデータが必要だ。どんな課題が出るのか、あらかじめわかっていれば調べていくことができるが、その場でいきなり問われても、普通、この世の中にあるさまざまな問題について、客観的なデータを全部記憶している人はいない。試験会場には、スマートフォンやパソコンといった情報機器の持ち込みも禁止されている。いきおい、自分の体験談を書いたうえで、「難しい問題なので、真剣に考えなければならない」とか、「各人が自分なりに考えて結論を出すことが必要だ」といった、なにやら新聞の社説をモデルにしたような結論が、どのような課題に対しても使いまわされることになる。

小論文による選抜では評価基準があいまいになることについてはすでに論じたが、私が小論文入試はやめた方が良いとまで言う理由は、それに解答するのに大した技能が要らない点にある。だからこそ、ちょっとしたマニュアル的指導によって対応されてしまうのである。なお、ここで「ちょっとした」と言うのは、高校でも予備校でも、指導の中心は学科試験への対応で、小論文対策は付け焼刃的なものが多いからである。

それに対して、論文を書くということは、大変なことである。あるテーマについて、先行研究を調べ、それらを比較検討して評価し、自分なりの結論を根拠づけて提示しなくてはならない。「さまざまな問題について、その背景を知り、前提を疑い、合理的な解決を考察し、他人と意見のすり合わせや共有を行う」という作業を文章にしたものが論文なのである。言うまでもなくこれは、その場の思いつきで、一時間や二時間で書けるようなものではない。だから大学は、応募締め切りの一年ぐらい前に「論文のテーマ」を公表し、受験者は一年かけて論文を書いて出すようにすればよい。

もちろん、テーマを公表したら、受験産業が模範解答を作成して配布するかもしれないが、個々人向けに模範解答を作ったとしたら代筆行為で違反とすればよいし、一般向けの参考書などに模範解答を掲載したとして、それを丸写しする受験者がいたら、機械的に落とせばよいのである。そうした場合、複数の解答がほぼ同じになるからすぐにわかる。「代筆はどうするんだ」と思われるかもしれないが、口頭試問をすれば代筆かどうかはすぐにわかる。それでもテーマを事前に公表するのが気になるなら、テーマは自由として、テーマ設定についても評価対象とすればよいだろう。

昨今の入試改革案では、「意欲・能力・適性等の多面的・総合的な評価」などと言いながら、評価方法としては試験形式、つまり、受験者をある特定の日時場所に筆記用具だけ持って集まらせて、何も見ないでその場で何かやらせる、という発想から抜け切れていない。[11]「総合的な評価」を行うためには、受験者に「総合的な能力（「生きる力」とか「人間力」とか）」を存分に発揮してもらわなくてはならない。そのためには、試験会場での一時間や二時間ではまったく不足だろう。受験生には、さまざまな大学の中から、自分の意欲を喚起するようなテーマを出題している大学を選び、あるいは自分が意欲的に取り組みたいテーマを設定し、じっくりと調べ、文献調査法なども学び、客観的な根拠にもとづく結論を出すようにしてもらえれば、最善である。自らの関心をもとに調べ、意見を合理的に主張する経験は自信につながり、大学入学後も卒業後も自分自身で学びを続けていく力につながるだろう。

もちろん、受験産業は「論文の書き方」もマニュアル化してしまうだろうが、論文の書き方や物の考え方にも定型的な作法ないし基本的な型があるので、そうした部分がきっちりマニュアルによって教育されるなら、むしろそれは好ましいことである。どんなにすばらしい思想であっても、基本的な型にのっとって展開しなければ、理解してもらえないものだ。私自身も、大学一年生向けに、『コピペと言われないレポートの書き方教室　3つのステップ』［文献178］という論文の書き方マニュアルを出版している。これを多くの高校生にも参考にしていただけるようになれば、なお好ましいことである。

第2節　そもそも、なぜ日本の大学には入学試験があるのか

日本の大学入試事始め――明治からあった試験の弊害

第1節では、戦後の入試制度の変遷や現在進行中の入試改革に焦点を当てたが、日本における入学試験制度は、日本に近代的な教育システムが導入された明治初年にさかのぼる。そしてその制度を企業が新入社員の採用に利用する体制の成立も、明治末から大正期にさかのぼる。日本における大学入試制度が、他の社会システムとどのように絡みあって構造化されているのかを理解するためには、そうした歴史的経緯をたどっておくことが必要である。入試制度に関わる構造の全体像を視野に入れずに、入試制度だけを取り出していかに改革しようと、構造全体はあまり変化しないことになるだろう。

この章の冒頭で、欧米諸国では大学入学試験はほぼ存在しないと述べた。しかし、韓国、中国、台湾、シンガポール、インドなどアジア一円では、日本に勝るとも劣らない受験競争が存在している［文献180、三四頁］。そのことを指摘し、激しい受験競争を「遅れて近代化を始めた国」の特徴と位置づけたのが、すでに紹介したロナルド・ドーアである。そうした国々の教育システムは、「後発効果」（遅れて近代化を始めたことによる効果）によって、以下のような構造を持つことになる。「一、学校の修了証書が求職者の選別

▼11　二〇一一年二月の京都大学の入試で、携帯電話を持ちこんでインターネットの「質問サイト」に問題を投稿して解答を得た受験生が警察に逮捕されるという事件があり、その後、全国の大学で携帯電話の持ち込み禁止の徹底が図られた。こうした対応も、「入試では自分の頭以外使ってはいけない」という通念にとらわれたものである。私が思うに、携帯電話やスマートフォンなどを常に身につけているなら、それはその人の能力の一部なのだから、むしろ全員に使用を認めたらよいのではないか。もちろんその場合、インターネット上に氾濫するウソにだまされない「情報リテラシー」の能力を問うような問題にすればよいのである。

に利用される範囲が広くなる。一、学歴インフレの進行が早くなる。一、真の教育の犠牲において、学校教育が受験中心主義に傾く」〔文献103、一〇三頁〕。つまり、教育機能よりもスクリーニング機能の方が社会的に重視されるような構造が出来上がるのである。

なぜそうなるのか。「どの社会でも分業は必然的に権力と威信の差異を生む。社会の安定を維持しようとすれば、貴重とされるもの――それが威信であれ富であれ妻であれ――の配分における差異を何らかの形で正当化しなければならない」〔文献103、二五一頁〕。

一般に、前近代の社会では、権力や威信の配分は世襲によって行われてきた。ところが、近代社会では、能力主義（メリトクラシー）による地位の配分が広まった。それと同時に、民主主義的な平等主義の思想も一般化した。そこで、「とくに能力のある人間だけが社会の支配的地位につくことができる」ということと、「誰でも平等に社会の支配的地位につける」という、本来なら矛盾する二つの要求をバランスさせるために、競争に参加する機会の均等化の条件を整備したうえで、学力テストの成績による地位の配分が一般化したのである。

こうした近代社会への移行は、まずは欧米諸国において徐々に、自然発生的に起こったが、それ以外の諸国では、欧米諸国の植民地主義の脅威にさらされながら、大急ぎで、政府主導によって進められた。近代的な官僚制度や会社制度を導入し、そこで働く人間を大急ぎで教育しなければならなかったが、教育しようにも未だ教師が存在していない状況だから、育てるよりも、はじめから優れている人間を選別する方が手っ取り早いということになる。そのために、試験による選抜システムが大いに活用されたのである。

日本における大学入試システムの成立について、天野郁夫『試験の社会史　近代日本の試験・教育・社会』〔文献3〕に即して、もう少し具体的に見ておこう。

明治政府はその発足の初期から教育を重視していた。明治五（一八七二）年には、全国を網羅する「学制」を発布する［法律9］。これは、全国を八つの「大学区」に分け、それぞれの大学区に一校ずつ設置された大学が、三二校の中学を統括する。さらにそれぞれの中学が二一〇校の小学校を統括する、という仕組みである。これによって国民皆学の実現を目指したのだ。[12] しかし、このように数字としてはきれいな計画は現実的ではなく、大学は当初、一つしか作られなかった。明治一〇年に設立された東京大学である。[13] これは明治一九年に、他の官立学校を吸収合併した「帝国大学」として拡大され、同三〇年に京都帝国大学が設立されるまで、日本で唯一の大学であった。

この大学が設置された目的は、欧米列強と同等の最先端の科学技術を日本に導入すること、および近代的な政府機構に官僚を供給することであった。しかし、小学校から大学までを一斉に設置したために、そ

▼12　明治八年の段階で全国に二万四三〇三校もの小学校が開設された。数だけ見れば現在とほぼ同じである。同年の就学率は男児五〇・八％、女児一八・七％だった［文献165］。

公的な義務教育制度は、当時のヨーロッパでもまだ実現されていない、最新の制度であった。義務教育の理念は、フランス革命期に盛んに論じられ、実際に一七九二年には「ブキエ法」によって実施が試みられるが、この法が施行されたのは一年足らずであった［文献5、八二頁］。その後、無償の義務教育制度が実施されるのは、第三共和政下の一八八一年から八二年にかけて制定された一連の「ジュール・フェリー法」によってである。イギリス（イングランド）では、一八七〇年に「初等教育法」が成立するが、これは全国民に就学を義務づけるものではなかった。実際に国民皆学が実現するのはフランスと同時期である。イギリスにおける義務教育制度の成立については柳治男『〈学級〉の歴史学　自明視された空間を疑う』［文献175、第三章］を参照。

▼13　明治政府は、明治初年から、江戸幕府が設置した昌平黌、洋学所、医学所をもとに、「大学本校」などいくつかの学校を設置した。東京大学はこれらを統合して作ったものである。

れらで教える教師が存在しない。明治一五年には小学校の就学率は五〇%を超えるが、「正規の資格をもった教師は、一校に一人、生徒一〇〇人当たり一人いるかいないかであった」〔文献3、九一頁〕。

大学についても当初、いわゆる「お雇い外国人」にそれぞれの母語で教えさせることにしたが、大学教育を受けられるほどの外国語能力を持った若者の育成が間に合わない。そうした状況では、進級や進学の際に厳しい試験を行って、能力のある者をスクリーニングしていくほかない。小学校の段階から、卒業だけでなく次の学年に進級するためにも試験が課され、さらには近隣の小学校との間で競技会のような試験競争も行われていた〔文献3、八七頁〕。

こうした試験は、「帝国大学の要求する高い水準と、（中略）小学校や中学校の現実の教育水準との大きな落差を埋める方法として、なくてはならないものだったのである。二つの学校系統は、予備校や浪人をふくむ長期間の受験準備教育を要求する入学試験の制度によって、辛うじてつながっていたといってよいだろう」〔文献3、二九〇頁〕。

もちろん、こうした無理矢理なやり方は大きな弊害を生み、明治二〇年ごろにはすでに「試験地獄」への批判が高まっていた。その結果として、明治三三年に小学校における進級・卒業試験は廃止された。試験の弊害として当時論じられたことは、「記憶力重視のせいで想像力や自発性がなくなる」「生徒同士が敵対心を持つ」「教師は授業で受験対策ばかりやるので真の人間教育が行われない」といったことであった。天野は、「昔も今も、試験の弊害について、言われるところが変わっていないのに、おどろかされる」〔文献3、九〇頁〕と言うが、まったくそのとおりである。

これが、日本において入学試験制度が始まった経緯である。これはいわば、後発国の近代化初期に特有の現象だが、学校制度が拡大し普及しても、日本ではヨーロッパのような「卒業試験型」の制度に移行することなく、むしろ卒業試験の方が廃止され、入学試験制度は現在に至るまで残存している。その一つの理由は、財政難に苦しむ政府が高等学校や大学を増設せず、進学希望者が増えるにしたがって進学が狭き門になっていったからであるが、もう一つ、より本質的な理由は、企業が社員を採用するときに学歴を重視するようになったことである。

大学の序列化と日本的経営——戦前・戦中・戦後と生き続けるコア・システム

企業が新規採用の際に学歴を重視するのは当たり前のように思われるかもしれないが、「一九世紀後半のヨーロッパ諸国はまだ（いやごく最近まで）、企業の職員層——いわゆるホワイトカラーの採用に、学歴を条件として要求するようになっていなかった。というより、大学をはじめとする高等教育機関の卒業者は、専門的職業人や官僚になるのが普通であり、企業をめざすものはほとんどいなかったのである」〔文献3、二九三頁〕。

天野の別の本『学歴の社会史』〔文献4〕によると、企業が学歴による採用を行うようになるのは、明治三〇年代（西暦で言うと一九世紀末～二〇世紀初）からである。明治二〇年代ごろまでは、「商店や会社に使用人として雇われる際に、重要視されたのはそうした〔簿記やちょっとした英会話などの〕知識や技術であり、学歴ではなかった」〔文献4、二六二頁〕。ところが、明治三〇年ごろには、財閥系の大銀行や会社が「学校出」を積極的に採用するようになる。それは、会社の規模が大きくなり、組織も複雑化していくなかで、組織の管理運営のための仕事への需要が高まったからであるという。そして、「とくに財閥系の企業のなかに学校出を採用して、組織のなかで訓練しながら昇進させる方式が広がりはじめた」のである〔文献4、二六三頁〕。

当初、民間企業は採用時に独自の入社試験などを行わなかったため、学歴がそのまま採用条件となった。一部の企業が独自の入社試験を始めるのは大正期からあとのことだという。そして企業は、候補者が同じように大学を出ていたとしても、それがどこの大学かを問題にした。選抜度の高い難関大学のほうが価値が高いことは言うまでもない。「企業はそうした学歴の価値の違いに応じて、採用のさいの優先順位をつけ、また初任給に格差をつけた」〔文献4、二九五頁〕。

どれぐらいの格差だったかというと、たとえば大正八（一九一九）年に、三菱は東京帝大法科卒の初任給を四〇円、東京高等商業学校（現一橋大学）は三六円などとする一方、県立の商工学校などの卒業生には一八円しか出していない〔文献92、八七頁〕。二倍以上の差である（ただし、この格差は時代とともに縮小し、第二次大戦中の「賃金統制令」によって消滅する）。

天野ははっきりとは書いていないが、こうした入学試験の難易度を重視する採用の普及と並行して、「新卒一括採用」という慣習も形成されていった。それまでは日本の会社では推薦者や紹介者を通じて応募してきた者を随時採用していたのが、明治末から大正初期にかけて、毎年定期的に新卒予定者を一括採用する仕組みへと転換していったのである〔文献116、二二頁〕。

第一次大戦と第二次大戦の間の戦間期には、大学の卒業生が増加していった。大正七年の「大学令」により、これまでは「専門学校」とされていた国立以外の高等教育機関が「大学」に昇格したからである。大正九年に、早稲田大学と慶應義塾大学を皮切りに一〇の学校が「大学」となった。ところが、昭和初期には、『大学は出たけれど』（小津安二郎監督、一九二九年）という映画がヒットするように、不況による大卒者の就職難が社会問題となるなか、私立大学を中心に、各大学は就職のあっせんに力を入れるようになった。それと同時並行的に、企業の側も大卒者の一括採用を拡大していく。こうしてこの時期に、「新卒一括採用・年功序列による定期的な昇給と昇進」を特徴とする日本的経営が形成されていくのである。

この慣行を拡大させ定着させるのに大きな力を発揮したのは、第二次大戦中の政府による一連の経済統制（国家総動員体制）であった。政府は、軍需産業からの労働者の流出を規制し、戦時動員による人手不足からの賃金高騰を抑制しようとした。そうした政策の一環として、賃金統制令によって新卒者の初任給や昇給などの標準モデルが定められ、待遇が一律化されたのである。[14] こうして、大学の入試難易度による賃金格差は解消され、大卒者の賃金は一律となり、現在に至る。

戦後は、経済復興と日本社会全体の工業化の進展により、労働力に占める被雇用者（いわゆる「サラリーマン」）の割合が増加していく。大学が増設され、大卒者も増加していく。戦前には、企業による大卒者の一括採用は、日本の若者の一部にしか関係しないものであったが、高度経済成長期を境にして、日本の若者の典型的な人生行路となっていった。[15]

そして現在の日本では、一方に入学試験の難易度によって序列化された大学、他方に規模や人気などで序列化された企業がある。大学入試システムは、適切な若者を適切な企業へと効率よく振りわけていくシステムとして機能してきたし、現在もしているのである。

▼14 「新卒一括採用」の形成については伊藤彰浩「大卒者の就職・採用のメカニズム―日本的移行過程の形成と変容」〔文献12〕を、日本における雇用慣行の形成全般についてはアンドルー・ゴードン『日本労使関係史　一八五三―二〇一〇』〔文献54〕を参照。

▼15 ここでは大卒者のみに焦点を当てたが、一九六〇年代には、中卒者や高卒者についても新卒一括採用の慣行が定着する。高度経済成長期の人材難から、中卒者や高卒者も正規雇用して高待遇するようになったからである〔文献116、一八九頁〕。

日本特有の大学入試システムに寄生して、日本特有の巨大な受験産業が成長したのと同じように、この新卒一括採用という日本特有のシステムに寄生して、やはり日本特有の巨大な就職産業が成長した。一九六〇年に創業した「大学広告新聞社」（現：株式会社リクルート・ホールディングス）がそのさきがけである。一九七〇年代には、大卒予定者のもとに就職案内冊子である『リクルート・ブック』が配達され、学生はそこに綴じこまれた資料請求ハガキを使って企業とのコンタクトを始めるという就職活動のスタイルが一般化した。

九〇年代末にはインターネットを利用した就職サイトが登場し、現在のような就職活動のスタイルが始まる。すなわち、学生は業界や規模や給料などの条件で企業を検索して、ヒットした多数の企業にとりあえず「エントリー」する。企業側はそうして大量にエントリーしてくる学生を、まずは学校名でソート（リストの並び替え）し、一定の偏差値水準以上の大学の学生のみに返信のメールを出す。いわゆる「学歴フィルター」で学生を選別するのである。[16] こうして現在、大学入試システムと就職システムとが就職産業のコンピュータ・システムにおいて統合され、いっそう効率よく振りわけが行われているのである。

高校時代までは受験産業が運営するシステムに、大学では就職産業が運営するシステムに乗っている限り、子どもたちは自分の将来の道筋を予測できるし、どの段階で自分が何をしなければならないのかもよくわかる。

ところで、新卒者の一括採用というやり方では、新入社員は一律に職業経験を持たないことになる。通常の大学では職業教育は行っていないから、大卒者の職業的な能力も未知数である。それどころか、大学在学中に就職活動を行うから、その学生の最終的な成績も不明である。企業は、「厳しい試験をくぐり抜けてきたからには能力があるだろう」、あるいは「厳しい勉強に耐えてきたからには根性があるだろう」

という見込みのもとに採用するのである。そして、採用後には職場での実地訓練によって職業能力を身につけていかせようとする。先に述べたように、こうした仕組みもまた、明治末から大正初期に、新卒一括採用とセットで始まった。

しかし、こうしたやり方は、離職率が十分に低くないと機能しない。職場で新人を育てるにはコストがかかるが、せっかく育てた新人がすぐ辞めてしまうのでは、そのコストが無駄になるからである。つまり、新卒一括採用という方式は、終身雇用と一体でなければうまく機能しないのである。

このように、日本の大学入試システムは、「新卒一括採用・年功序列・終身雇用」という、いわゆる日本的経営とがっちり組み合って作動しているのである。それゆえ、いくら教育を改革しようと入試制度を改革しようと、企業の側のシステムに変化がなければ、教育システムは結局のところ、元のような位置づけに戻っていく可能性が高い。これは、日本だけの特徴でなく、一般的な現象である。ドーアは、日本だけでなく、キューバやタンザニア、スリランカの教育改革を検討したうえで、このように述べている。

指導原理を変えてみても、できる生徒からできない生徒に重点を移してみても、実生活との「関連性」を求めてみても、表向きのカリキュラムを変えてみても、学校の成績が個人の出世の機会を圧倒的に支配している現実が変わらない限り、その現実が形づくる「陰のカリキュラム」——学校が子供たちの価値観、向上心、学習パターンを形成し、社会のあり方について教える実質効果——が根本的

▼16 リクルート社の創業については文献116（一三五～一三六頁）、一九七〇年代からの動向については同二五九頁、就職サイトの導入と「学歴フィルター」についてはそれぞれ同三一七頁、三二七頁を参照。

に改善される見込みはなさそうだ。

［文献103、一八六頁］

日本では、財界の代表が政府の各種審議会に入って、教育改革をはじめ、各種改革を主導しているが、教育その他のシステムを変えたいのなら、変わらなければならないのは財界の方なのである。

もちろん、近年の状況としては、財界の方も変化を余儀なくされつつある。第1章で日経連の『新時代の「日本的経営」』（一九九五年）に言及したとおり、財界はこれまでの日本的経営からの脱却を図っている。ただし、中核的な労働者については、「長期蓄積能力活用型グループ」として、従来どおりの終身雇用の正社員として処遇するという。つまり、根本的な構造改革ではなく、従来型の日本的経営が及ぶ範囲を縮小しようということである。そして、大学とのかかわりがもっとも深い新卒一括採用については、「いわゆる第二新卒、中途採用などの通年の募集・採用等が試みられるべきである」としながらも、「新規学卒者の一括採用が今後も中心となるであろう」と述べている［文献122、三四頁］。

二〇一六年一〇月に、情報産業大手のヤフー株式会社が新卒一括採用を廃止し、通年で合計三〇〇人程度を順次採用する方針を発表して大きな話題になったが［報道6］、これが大きな話題になるということは、まだまだ日本企業の多くが新卒一括採用の慣行を維持しているということの裏返しである。

とはいえ、近年の「構造改革」を旗印とする議論の中で、「新卒一括採用・年功序列・終身雇用」を特徴とする日本的経営は、日本経済の沈滞の原因のように言われ、その改革ないし解体が叫ばれている。たとえば、二〇〇七年に第一次安倍晋三内閣で閣議決定された経済財政諮問会議のとりまとめ「日本経済の進路と戦略～新たな「創造と成長」への道筋～」［文献42］では、「新卒一括採用の見直し」に取り組むとされ、最近でも二〇一六年八月に世耕弘成経済産業大臣がＮＨＫのインタビューに答えて「新卒一括採用の慣行の見直しを促したい」と発言した。日本経済新聞は、社説などで「新卒一括採用の見直し」をたびたび提言している［報道7・報道8］。

しかし、政府や新聞が何を言おうと、新卒一括採用は、新人を企業内で実地訓練して育成するという企業のあり方と一体的なので、それだけを変更させたところで、元のようなやり方に戻っていくのがオチである。新卒以外の者に門戸を開いたとしても、応募者の大多数が新卒ということになったり、たとえ新卒以外の者が多数応募したとしても、結局のところ採用される者の大多数が新卒者になったりするということもありそうである。それに、日本特有の巨大な就職産業が就職システムに大きな影響力を持っているので、現状を維持する強い力が働くと予想される。

日本的経営が福祉機能を見限るとき

しかも、日本的経営は、これまで日本における社会保障機能を担ってきたので、いきなりそれを変化させようとすると、日本社会全体が大きな打撃を受ける。新卒一括採用について言うと、これには若年者の失業率を引き下げる大きな効果がある。なぜならこれは、学校から企業へのスムーズな移行を実現するシステムだからである。たとえば、この一〇年間、新卒の就職希望者の就職内定率は九五％前後で推移している。いわゆる「リーマン・ショック」による不況の影響が一番大きかった二〇一一年三月には九一％まで落ち込むが、その後は徐々に回復して、二〇一六年三月では九七・三％となっている[17]［文献51］。同期間中、日本の若年層（一五〜二四歳）の完全失業率は、二〇一〇年に最悪の九・四％を記録したが、一五年には五・五％まで回復した［文献85］。欧米諸国と比較して半分程度の失業率である。[18]

もちろん、このシステムには、大学在学時に就職活動に失敗するなど、この道筋から外れてしまった者が社会の本流に戻りにくいという大きな弊害がある。だからといって、新卒一括採用の定員を減らして、中途採用に振り向けたとしても、中途採用されるのは「即戦力」が期待される人材なので、就職活動に失敗して無職や非正規雇用となった者が再起できる体制になるとは考えにくい。

それに、就職内定率が九五％ということは、就職活動に失敗する者の割合は五％程度ということである。そうした者たちの再起を促すことは結構だが、そのために残りの九五％が割を食い、さらには失敗者たちも再起できないとなれば、改革は著しく有害である。一部の者に善意を向けることが、全体に大きな弊害をもたらすことがしばしばある。政策の立案にあたっては、そのことを常に意識しておかなければならない。

大学人としての立場から言うと、大学在学中に就職活動が行われることで、卒業研究の制作など大学教育の総仕上げともいうべき活動が大いに阻害されるので、この点は改善してもらいたいが、比較して考えれば、企業に新卒一括採用をやめさせることのデメリットの方が大きいように思われる。そこで、現実的な対応として、学生には、卒業に必要な単位の大部分を三年次までに取得しておいて、四年次には卒業研究と就職活動に専念するように指導している。少なくとも人文社会系の学部では、たいていそうしているのではないか。

本書は大学について考えることを主目的としているから、日本的経営の他の側面の社会福祉的性格については簡潔に触れるのみにする。

まず年功序列型の賃金について。これが普及するのは、高度経済成長による人材難に際して、企業が労働者の待遇改善に努めた一九五〇年代以降のことだが、背景には、戦前から戦中にかけての労働運動家や改革派官僚による「生活給（生活賃金）」という考え方がある［文献54］。つまり、賃金は単なる労働の対価ではなく、労働者の生活保障のためのお金だということである。一般的な人生行路では、結婚して子どもができるなど、年齢を重ねるとともに支出も増える。生活給の考えに従えば、労働者が人生において支出が増える段階に入ったら、それに合わせて給料も増やすべきだということになる。

これでは頑張って働いた人も怠け者も同じ賃金になってかえって不平等だと思われるかもしれないが、日本企業では、昇進の速度に差をつけるなどの工夫によって、頑張った人に報い、昇進の遅れた人をさらに頑張らせるような仕組みを作ってきた［文献92、第2部第5章］。

そして、企業が年功序列型の、つまり生活給型の給与制度を取ることで、政府は社会保障費を抑制することができた。妻の生活費も夫の給料がまかなうことで、女性が家事や育児や介護を無償で分担するので、政府は保育所や老人保健施設などの公共サービスに対する支出を抑制することができたのである。さらに、大企業は社宅その他の生活関連のサービスも提供したため、政府は公営住宅の供給も抑制できた。政府は、高度経済成長による税収増を減税に回して納税者に還元し、本来であれば行政が提供するべき公共サービスを市民が自分たちで購入する体制が形づくられた［文献11、五九～六四頁］。政府による社会保障が手薄であることに慣れた国民は、大学が高額の授業料を徴収するようになっても、とくに不平を漏らすこ

▼17 ただし、これは大学院進学者などを含まない、就職希望者中の割合である。二〇一六年三月卒業生全体のなかで就職したのは七四・七%で、「進学も就職もしていない者」は八・七%である。大学卒業者の進路全般については、文部科学省「学校基本調査」［文献158］を参照。

▼18 厚生労働省「平成二四年版 厚生労働白書」［文献52］一〇二頁の表は一九八五年～二〇〇九年のものだが、リーマン・ショックの影響を受けて各国で失業率が急上昇した〇九年を見ると、日本で九%のところアメリカで一八%程度、EU諸国では二〇%程度となっている。

となく、それを負担した。

要するに、戦後の日本の社会福祉政策の特徴は、雇用を維持することで企業に（それと女性に）社会福祉的な機能を分担させる点にあったのである。そのために政府は、地方において公共事業を積極的に行うことで、地元の建設業界をはじめとする産業に仕事を提供した。いわゆる「土建国家」体制である。同時に、流通業や製造業などの中小企業への支援を行い、倒産を防いだ。[19] たとえば、中小の小売業者を保護するために大規模店の出店を規制する「大規模小売店舗法（大規模小売店舗における小売業の事業活動の調整に関する法律）」（一九七三年制定）や、商工会議所等の指導を受けている小規模事業者に無担保で融資する「マル経融資（小規模事業者経営改善資金）」（一九七三年導入）、自営業者に対する優遇税制である「みなし法人制度」（これも一九七三年）などである。

このように、日本的経営は、経済成長と労働運動と企業の努力と政府の施策の総体として形成され、日本における社会保障を代替するシステムとして機能してきたのである。このおかげで政府は社会福祉関連の支出を抑制し、その財源を減税に回すことができた。第1章で触れたとおり、日本が世界でも有数の租税負担の軽い国であるのには、こうした経緯がある。また、社会保障を企業が代替してきたため、公的な保障は会社を退職した後の部分、「すなわち年金、高齢者医療、遺族関連の支出に傾斜した」［文献145、三二頁］。

昨今、若年層を中心に、「年金制度が不公平で、老人ばかりが優遇されている」といった不満が聞かれ、国民年金の保険料納付率が低迷する[20]といった年金不信の背景には、これまでの公的な社会保障が年金など高齢者向けに偏ってきたこと、近年の財政難のために、そのなけなしの部分さえも削減されていることがある。さらに、中小企業を倒産から守ることで雇用を維持する政策は、生産性や競争力の低い企業を存続させる結果にもなっていった。これは、近年の日本経済の不調の背景ともなっている。

近年、日本企業は日本的経営からの脱却をはかっており、政府もそれを後押しする姿勢を見せているが、日本的経営は、単に大学入試システムとかみ合っているだけでなく、日本の社会福祉システムともがっちり一体化しているのである。事柄の一面だけを捉えた安易な改革論議によってことを進めれば、大学だけでなく日本社会全体が大きな打撃を受けることになるだろう。日本企業が日本的経営をやめた後には、日本には社会保障制度がほとんど残らないということになりかねないのである。

▼19　日本における雇用政策が社会保障政策という色彩をもっている点については宮本太郎『福祉政治　日本の生活保障とデモクラシー』〔文献145〕、「土建国家」の形成と中小企業保護政策については七四〜七九頁を、税制については一一四〜一一八頁を参照。ただし、同書も指摘するように、こうした政策は、意図的な戦略にもとづくというよりは、自民党の支持層に対する利益誘導として場当たり的に行われてきたものである。土建国家の成立については、文献11も参照。

▼20　厚生労働省年金局「平成二六年度の国民年金の加入・保険料納付状況」〔文献53〕によると、ここ一〇年ほどの納付率は六〇％程度だが、これは納付免除者を分母から除いた率である。納付免除者を加えて計算すると、全対象者中で納付している人の率は四〇％程度である。

第3節　大学で職業教育は可能か

勉強ができれば仕事もできる？——入試幻想①「選抜」

近年の大学改革論議では、「大学のグローバル化」が叫ばれ、留学生の増加なども目指されているが、明治時代以来、日本における大学は、何よりもまず、日本における人材の育成ないし選抜という機能を担ってきた。日本の大学の学生の大多数が日本人であるのも、日本の大学院が手薄なのも、その結果である。

そして、企業が大学に期待してきたのは、教育機能ではなく選抜機能であった。だからこそ、就職活動が卒業研究の制作を阻害しても、採用にあたって学生の卒業時の成績を確認しなくても、とくに問題だとは考えてこなかった。それどころか、「大学で学んだことは仕事には直接役に立たない」ということが、財界やマスコミでは通念のようにくり返されてきた。▼21 そうした「大学教育無効論」に対する以下の金子元久の指摘は、的確であると思われる。すなわち、

大学における理論的あるいは職業的知識が直接に企業で役に立たないというのは、もともと企業がそれを求めていないからではないだろうか。しかも大学教育が役に立たないと言い立てることによって、労働市場における企業の側の立場は強化される。それが、若年層の賃金を低く抑え、また特に理系の大卒賃金を抑制することにもつながった。大学教育無効論は、実はこうした体制を支えるもので

もあったのである。［文献33、一三七〜一三八頁］

このように、企業は大学の教育に期待せず、その選抜機能のみを利用してきた。その背景にあるのは、「厳しい試験をくぐり抜けてきた学生には能力があるだろう」、あるいは「厳しい勉強に耐えてきた学生には根性があるだろう」という見込みである。しかし、実際問題として、この見込みは妥当なものだろうか。つまり、難易度の高い入学試験に合格した学生は、勉強同様に仕事を覚えるのも上手なのだろうか。「東大生は、「お勉強」はできるが実践的な能力がない」などというのも、同様に通念のように語られているではないか。

いささか古い研究だが、渡辺行郎「学校歴による人材選別の経済効果―一つの模索」（一九八七年）［文献188］は、高偏差値大学を好んで採用する企業が、そうでない企業と比べて営業成績が勝るかどうかを調べた。古いといっても、一九八〇年代は「大学全入時代」に突入する二〇年以上も前で、受験戦争がもっとも激しかった時代、つまり、大学の選抜機能がもっとも強力に機能していたはずの時代である。にもかかわらず、調査の結果は、意外というべきか、予想どおりというべきか、「難易度の高い大学からの採用割合が高い企業ほど生産性上昇率が高いという事実は見出されない。むしろ建設業では逆の事実の存在すら

▼21　にもかかわらず、平沢によると、「成績やクラブ参加度が、学校歴をはじめ他の変数を統制しても就職機会に有意な影響を与えている」という［文献133、八一頁］。つまり、成績が良い学生ほど就職の成功率が高いのである。平沢は、「学校成績が具体的にどのような能力を表しているのかは明らかではないが、就職活動という混沌とした、それゆえとてつもなくエネルギーのいる活動を貫徹する力は、自らの大学で要領よく成績を上げる能力と意外と通底しているのかもしれない」と言う。

は人的資本形成）の効率は疑わしい」というのである〔文献188、五九頁〕。つまり、学校システムによる人材選別（あるい
感じさせる。繊維商社でも、この「感じ」がなくはない。

要するに、企業が成功するかどうかと、従業員の出身大学の入試偏差値とは、ほとんど関係がないのだ。このことは、前節で大学入試について言ったことと類比的である。すなわち、明らかに劣った者以外については、一点刻みのテストで選抜しても、面接で丁寧に選考しても、あるいは抽選で選んでも、結果として大学で活躍する学生が取れるかどうかという観点からはほとんど変わりがない。ある程度以上の能力があれば、成功するかどうかということと、個々人の能力（ないしテストの得点）との間には、直接的な関係はあまりないのである。

考えてみれば、これは当たり前である。どんなに能力に恵まれた学生でも、教師や友人がそれを認め、伸ばしてやらなくては、能力を発揮することはできない。また、ふつう仕事は組織でやるものだから、お互いの能力を認めあい伸ばしあうような人間関係ができるかどうかが業績に大きな影響を及ぼす。それに、どんなにいい論文を書き、どんなにいい商品を開発したとしても、それが社会的に認められ、大きな売り上げを出すかどうかは、高名な学者の目に留まるかとか、社会のニーズとマーケティング戦略が合致するかといった、偶然的な要因に左右される。個々人の能力と成功との間には、その人を取り巻く環境のほか、多数の不確定的な要素が関与する。ひとことで言って、「運」次第なのである。

企業はこのことを本能的に感じ取っているのだろう。渡辺は、一つの「奇妙な事実」を指摘する。すなわち、「ある企業が優れた業績を挙げた場合に、その原因として新商品のヒットとか社長の手腕とかが云々されることはあっても、従業員の学（校）歴構成が取りざたされることはない」という事実である。そしてそれは、企業が、「結局はトップや組織の在り方などの経営資源、そして時には運が決定的な鍵を

握る」ということを認識しているからだろうと言う［文献188、六〇頁］。

そして渡辺は、学歴社会を改めるためには、㈠人材選別の手段に学校銘柄を用いるのがあまり有効でないこと、㈡それ以外に有効な選別手段があることを示す」ことが必要だと結論する。

しかし、私としては、これまでの議論を踏まえて、より有効な選別手段などありはしないと考える。どんな方法を使おうと、人の能力を完全に見極めることや、多数の不確定的な要素が絡んでくる未来を完全に予測することなどできないからである。それに、「学歴以外の有効な選別手段」がもしあったとして、それを企業が採用すれば、日本は学歴社会ではなくなるかもしれないが、今度はその選別手段をめぐる競争が激化するだけであろう。

そもそも、社会的あるいは経済的効果を考えるなら、学力試験であろうとそれ以外のどんな選抜方法であろうと、個人を厳密に序列化したうえで、優秀な者から順に選抜するなどということの意味はほとんどない。大学入試では、明らかに大学の授業についてこられないであろう受験生をふるい落とすことができればよいのであって、それより上位の学生を序列化しても、その序列は入学後の達成とはあまり関係がないからである。[22] 新入社員の採用でも同様で、明らかに一緒に仕事ができない志望者をふるい落としさえすれば、それより上位の志望者を序列化しても、企業の業績とはあまり関係がない。そしておそらく学歴による採用は、この程度のふるい分け機能は果たしているのだろう。ポジティヴな効果の有無はともかくとして、大きな不都合がないからこそ、学歴による採用は明治末以来、使われつづけてきたのである。

▼22 東京理科大学の調査によると、大学生の卒業時の成績は、入学試験の成績と相関せず、むしろ一年次終了時の成績と相関するという［報道9］。

もちろん、学力試験にせよ、その他の方法にせよ、不適切な候補者を合格にしてしまうことはあるし、適切な人を不合格にしてしまうことはある。しかし、どんな方法であれ、不適切な候補者を完全に排除することはできない。あるいは、試験の時点では優秀な人だったのに、大学に合わない、会社に合わないといった合格後のなりゆきで「不適切な人」になってしまう場合もあるだろう。しかし、そうした事例がいくつかあったとしても、全体としてみれば、大学の研究教育の質や企業の業績に影響を及ぼすほどではない。どんな組織であれ、「優秀な人」と「ふつうの人」「お荷物の人」を抱えているものだ。[23] 優秀な人が辞めていったあとで、これまで「お荷物」だった人が活躍しはじめるといったこともあるだろう。[24]

結局のところ、入試であれ企業の採用であれ、「厳密な選抜」や「有効な選別」というのは幻想なのである。選抜は、明らかに不適切な人を排除できれば、あるいは少なくともその大部分を排除できれば十分である。その最低ラインをクリアした人たちの中から誰を選ぶかということについては、たいていの選抜方法の有効性は、抽選と同じか少しマシといった程度であろう。

受験を勝ち抜くのは実力か？——入試幻想②「公正」

にもかかわらず、日本において、大学入試に厳密性や公正性を求める社会的圧力は強力である。毎年、センター試験の翌日には、「どこそこの試験会場で試験監督者が問題文の修正の板書を書きまちがえた」とか、「一分早く試験時間終了を告げた」といった、些細なミスやトラブルが新聞紙面をにぎわせる。受験生には気の毒だが、それで左右される得点は多くても数点程度だろうから、合否に与える影響はほとんどないだろう。その程度のことが新聞に載るのだから、試験問題の漏洩や不正入学などがあれば、大事件の扱いである。

このように、日本における入試に対する厳密性の要求は、いささか常軌を逸している。アメリカの私立大学であれば、縁故枠でお金を積めば入学できる道もあるのと対照的である。それはおそらく、学力試験は、ちょうどスポーツなどと同様に、努力を要求するものであり、公正な条件で競争が行われ、結果は客観的に判定されると信じられているからである。

実際のところは、スポーツ同様に勉強にも生得的な資質が関係するし、子どもを塾や進学校に入れるだけの経済力のある家庭に生まれるかどうかの影響も大きい。さらには、当日の体調によって実力が発揮できないこともあるから、入試における「努力・公正・客観性」という条件がそれほど満たされているわけではない。つまり、「努力・公正・客観性」もまた、幻想なのである。

しかし、この幻想のおかげで、高偏差値大学への合格は「栄誉」となり、入学試験の難易度を企業の採用に利用することは妥当だとみなされるのである。そうした採用は、ひょっとすると抽選と同じ程度の有効性しかないにもかかわらず。

学歴が日本社会において個人の栄誉を供給していることについては、前掲の竹内洋『日本のメリトクラシー』〔文献92〕が指摘している。「有名大学を卒業していることは、人々の「まなざし」のなかで、「人間としての基本的価値が高い」ことや「社会的毛なみの良いこと」、「貴種」であることを意味する」〔文献

▼23 経済学では「パレートの法則」あるいは「八割対二割の法則」といわれる。大ざっぱに言うと、たいていの組織で、八割の業績は二割の人員が生み出しているということである。

▼24 長谷川英祐『働かないアリに意義がある』〔文献128〕によると、アリの群れには必ず「働かないアリ」がいるが、働くアリばかり集めると一部のアリが働かなくなり、逆に働くアリを排除するとこれまで働いていなかったアリが働きはじめるという（七〇頁）。組織の存続には「働かないアリ」のような冗長性が不可欠なのである。

92、八九頁〕。多くの日本人は、日常生活の中で、「上流階級」や「下流階級」といった社会階級を意識していないかわりに、他人の学歴を意識している。つまり、学歴が「階級」のような機能を担っているというのである。

また竹内は、「日本は学歴社会である」という常識に反して、日本における学歴の社会経済的地位規定力が英米などと比較して小さいことを示している。要するに、高卒者と大卒者の生涯賃金を比較すると、その差が諸外国と比べて小さいのである（ただし、近年の調査によると、その格差は拡大している〔文献176、一七六～一七七頁〕）。

竹内は、出身大学の偏差値別の生涯賃金の差については論じていないが、前節で論じたとおり、現在の多くの日本企業では大卒初任給は出身大学に関わらず同一額であること、就職後の昇進に出身大学はそれほど関係ないことから、[25]出身大学の偏差値によって生涯賃金はそれほど変わらないと推定できる。難関大卒の方が大企業への就職に有利なのは事実だが、全従業員が東大卒などという企業は存在しないことから明らかなとおり、難関大卒でなければ大企業に就職できないわけではない。難関大の卒業生は希少なので、大企業への就職率で見ると有利なようだが、就職者の実数で見ると、中堅程度の大学卒が最多なのである。つまり、受験勉強に多大なエネルギーをつぎ込んで難関大学に合格しても、経済的な見返りはそれに見合うほど大きくないということである。

ではなぜ日本の子どもたちは、あれほど受験勉強に追い立てられるのか。竹内は、日本における受験システムが、他の社会システムから相対的に自律化してしまっているからだと言う。「意味や報酬をシステム内部で立ち上がらせ、社会的地位や生涯賃金などの外部に帰属される必要が少なくなるときにその領域はシステムとして自律化する。学校ランクや偏差値ランクがそれ自体として競争の報酬になり意味の根拠となってしまうのが受験システムの自律化／自己準拠化である」〔文献92、九〇頁〕。

わかりやすく言うと、「より高い偏差値」が、経済的にはそれほど価値がないにもかかわらず、受験システムのなかでそれ自体として価値を持ってしまい、その獲得が目指されるようになるということだ。たとえて言うなら、スポーツ競技における得点のようなものである。野球やサッカーの試合での得点は、いくら獲得してもそれで何かが買えるわけではないが、試合の中でそれ自体として価値を持っているので、その獲得が目指され、プレイヤーたちは得点の多い少ないに一喜一憂する。受験システムにおける偏差値もそれと同様だということである。

日本では、大学だけでなく高校も入試偏差値によってひとつの数直線上に序列化されている。そして、受験生は、模擬テストなどで現在の自分の偏差値を知り、それよりも少し上位にある学校を目指すように親や教師に焚きつけられる。自分の現在の位置は、より高い偏差値から見ると常に不十分なものとみなされるから、トップレベル以外の受験生は全員、自分の能力や努力を不十分なものとして突きつけられる。トップレベルの受験生であっても、少しでも努力を怠れば追い落とされるかもしれない。どこまで努力しても自信は得られず、常に不安に追い立てられるようにして勉強することになる。かくして、このシステムに取り込まれた者は、コストを度外視して、より高い偏差値の獲得へ向けて常に努力するように仕向けられるのである。

第1節でみたように、日本の大学入試システムは異常なまでの教育効果を持っているが、子どもたちの

▼25 竹内によると、ある会社における昇進と学歴の関係をパス解析した結果、「学歴は初期の選抜にのみ効果がある」という〔文献92、一七八頁〕。

「意欲」や「自信」を奪うものである。ここで紹介した竹内の理論は、そのメカニズムを巧みに説明したものであると思われる。

職業教育への賛否両論

こうして見てくると、大学入試ランキングをもとにした採用は、経済的に有効だから行われてきたのではなく、入試についての「努力・公正・客観性」という幻想に寄りかかって行われてきたといえるだろう。経済的な有効性だけ考えれば、抽選で行ってもよいかもしれないが、それでは応募者や社会が納得しない。その納得を調達するために、幻想が重要な役割を果たすのである。そして、企業自身もそのことを本能的に理解しているのだと思われる。それゆえに、「大学教育は役に立たない」といった言説が流布してきたのである。

従来は、「大学教育は役に立たない」と言いたてることで、企業は大卒の賃金を抑制し、企業自身が職業教育を担ってきたのだが、一九九〇年代末以降、財界は社内での教育負担を大学など他の機関に転嫁しようという姿勢を見せている。それゆえに、大学教育を「役に立つもの」にしたいというのが、昨今の大学改革のモチーフの一つである。

政府もまた、そうした財界の主張に追従している。たとえば安倍晋三首相は二〇一四年五月六日のOECD閣僚理事会で行った基調演説の中で、「学術研究を深めるのではなく、もっと社会のニーズを見据えた、もっと実践的な、職業教育を行う。そうした新たな枠組みを、高等教育に取り込みたいと考えています」と述べている［文献77］。

しかし、役に立つことといっても、具体的にどのようなことを教えればよいのかは定かではない。前出の金子の指摘は、この点についても的確である。

そもそも大学教育が「役に立つ」とはどういうことなのか。会社に就職したときにすぐに使える知識を教え込むのが大学だとすれば、企業は入社する新人が何を知っているべきなのかを具体的なリストにして示せばよいはずだが、そんなことをやっている企業はほとんどない。あるいは雑誌のアンケートに答えている人事部長が、自分の会社でどの大学の卒業生がどの程度仕事のうえで貢献しているのかを体系的に分析しているかといえば、そういったこともまずない。社会の大学に対する関心も、現実にはきわめて危うい形で踊らされているにすぎないのである。〔文献33、一一頁〕

それゆえにこそ、政府の審議会で「L型大学〔ローカル型大学〕では観光英語、会計ソフトの使い方、TOYOTAの最新鋭の工作機械の使い方を教えるべきだ」などといった暴論が出てきたりもする。TOYOTAの工場で最新鋭の工作機械を使っているのは、大卒の労働者ではなく、一八歳以上であれば経験不問の期間工〔有期雇用の工場労働者〕である。募集要項を見ると、「未経験でも丁寧に指導しますので、安心してご応募ください」と書いてある〔文献37〕。最新鋭の機械は、大学で教えなくてもすぐに使えるようになるのである。

経団連の調査によると、企業が新規採用の際に重視することは、今も昔も変わらずに、「コミュニケーション能力・主体性・協調性・チャレンジ精神・誠実性」である。▼26 とくに「コミュニケーション能力」は、この一〇年以上のあいだ、圧倒的なトップとなっている（図4-2）。

こうして見ると、中教審や経済財政諮問会議が言う「生きる力」や「人間力」などは、何のことはな

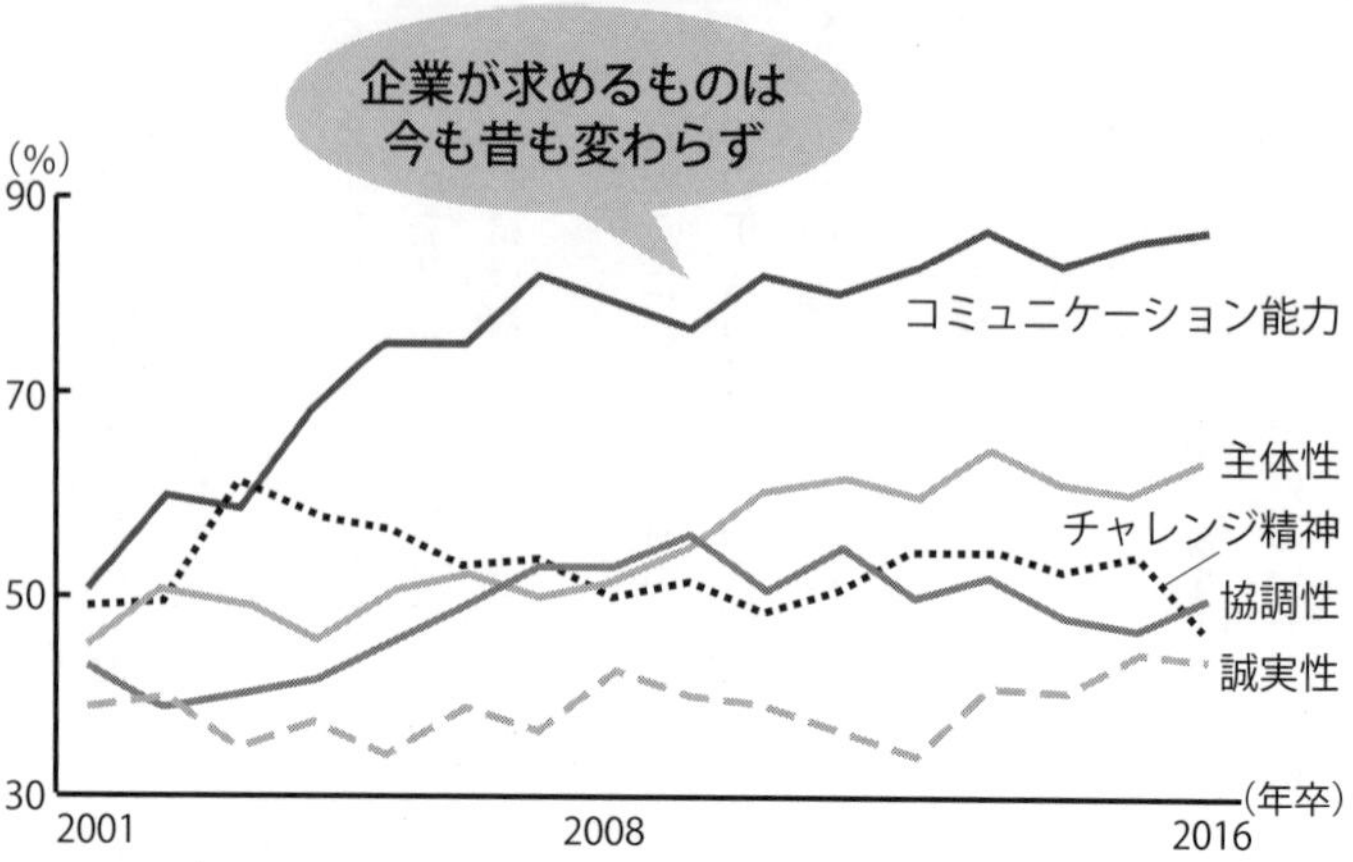

図 4—2 「選考時に重視する要素」上位 5 項目の推移

＊ 20 項目の選択肢から五つを選択した結果。
出典：経済団体連合会「2016 年度　新卒採用に関するアンケート調査結果の概要」(2016 年 11 月 15 日)［文献 45］

い、財界が新入社員に求める資質だったのである。財界が求める「コミュニケーション能力」が具体的にどういうものかは不明だが、教育改革論議では「英語能力」にすり替えられているように思われる。

それはともかく、これまで論じてきたとおり、主体性や協調性などといった資質は、教育で身につくというよりは性格的なものである。またそれは、評価することとも矛盾するし、具体的にどのようなことができるようになったらそうした資質が身についたことになるのかもあいまいなので、「大学で身につけさせろ」と言われても困ってしまう。

昨今の大学改革に批判的な大学人の間でも、大学が何らかの職業教育を行うべきか否かについては意見が分かれている。古典的な大学観では、一九世紀末にJ・S・ミルが『大学教育について』［文献 146］で断言しているように、「大学は職業教育の場ではありません」。「大学の目的は、（中略）有能で教養ある人間を育成することにあります」と考えられてきた［文献 146、一二頁］。

こうした見方は、実は財界人の間でも根強い。経団連は、これまでの提言の中でたびたび「グローバル化社会では、直接的に役に立つ知識だけでなく、人文系を含む幅広い教養が必要だ」と主張している［文献46・文献47・文献50］。

また、大学で職業教育を行うことはそもそも不可能だという意見もある。学歴による採用は経済的にあまり意味がないことを示した渡辺は、以下のようにも述べている。

現代の学校は企業への人材供給という観点からみた場合に、特定の仕事に直接役立つ教育を行わない。行えないというべきであろう。冗言を避けて、ECAFE『アジア経済概観』（一九七三）のことばを引用するなら、「学校でできることは、せいぜい、特定の技術を仕事を通じて取得しうる、広い技術的基礎を与えることである」からである。そして、この傾向は、企業内部に蓄積される技術体系が高度化し、複雑化するほど、強くなっていく。企業内部での人的資本育成が決定的に重要となり、使い捨てのコストは高まる。学校はますます、素材提供者としての性格を強め、企業は学校の選別機能に多く依存せざるをえなくなる。［文献188、四六〜四七頁］

考えてみれば、一口に「職業」と言っても、製造業、流通業、サービス業、農林水産業などさまざまで

▼26　経団連が発足するよりずっと以前から、あまり変わっていないようである。「戦前の総合雑誌（中略）の就職関連記事を眺めていても、企業側の求める人材像や、面接重視・人物本位の選考方法など、今日とそれほどの相違は感じられない」［文献116、一四頁］。

あり、そこで必要とされる技能も異なっている。「大学で職業教育を」と言われても、具体的にどの職種に対応した教育をすればよいのか不明である。医師や法律家などの専門職なら、中世以来、伝統的に大学で教育してきたが、その他の職業について教育しようにも、具体的な職種において必要とされる技能を人に教えられるほどしっかり身につけている大学教員など普通はいない。もしいたら、大学教員でなく、その職業に就いているはずである。だからといって、「すべての職業に共通の基礎的な技能」ということになれば、「教養」など一般的・抽象的なことにならざるをえない。それなら従来の大学で行ってきた教育と同じではないかということになる。

それに対して、「大学も何らかの職業教育を行うべきではないか」という意見ももちろんある。たとえば、これまで何度か引用した金子は、「大学全入時代」には「大学に入学したことが一定の学力を証明する機能をもたなくなった」のだから、「大学がなんらかの付加価値をつけることが要求される」とし〔文献33、一二四頁〕、「学術的な知識を押しつけることによって、暗黙のうちに職業能力が形成されるという説明は社会的に説得性をもたなくなっている。積極的に大学教育が知識能力を形成すること、またそれを明示的に示すことが求められる」と論じる〔文献33、一二九頁〕。

また、本田由紀は、現状の就職活動が学生や大学にとって大きな負担となっている現状を批判しつつ、これまでの新卒一括採用システムが崩れはじめている現状では、「大学教育が根本から変化することを避けては通れない」とし、「大学教育の職業的意義を現状よりも向上させる必要がある」と結論する〔文献142、引用は五六〜五七頁〕。

このように、賛否いずれの立場ももっともらしいのだが、私が思うに、いずれの立場の主張も同じように、やや具体性に欠ける。「教養ある人間の育成」にせよ、「知識能力の形成」にせよ、具体的にどのような方法によって、どのような技能を身につけさせるのかを特定しなければ、具体的な教育プログラムの設計には結びつかず、議論のための議論になってしまいかねない。

私の考えを繰り返すと、ユニヴァーサル段階の大学において求められる機能とは、「さまざまな問題について、その背景を知り、前提を疑い、合理的な解決を考察し、他人と意見のすり合わせや共有を行う」という技能を教育することである。この技能は、要するに「正しく考え、議論し、他人と意見を共有する技能」であるから、学問的探求だけでなく、職業の場においても役に立つはずである。学術的な知識を押しつけるだけで職業能力が形成されることはありえないが、学術的な探求方法を、一般的な場面に応用することも念頭に置きながら教育することこそが、「知識能力の形成」の教育であると考える。しかも、こうした教育は、「TOYOTA工場の最新鋭機械の使い方」などと違って、多くの大学人がそれほど無理なく実施することができるはずである。

大学教員に「職業教育」をやらせるとどうなるか

大学で「職業教育」を行うべきか否か、そもそも行うことが可能か否かについて議論があるにもかかわらず、二〇一〇年より、大学設置基準の改正によって「キャリアガイダンス（社会的・職業的自立に関する指導等）」がすべての大学・短期大学に対して義務づけられた［文献170］。「ポスト工業化社会・知識社会」で生き残っていける主体性と協調性のある人材育成という長期的な目標だけでなく、近年の就職状況の悪化や離職率の増加に対応するという、いささか切迫した目標が掲げられている。就職状況の悪化や離職率の増加の主要な原因は、不況による求人の減少や労働環境の悪化など、学生の責任でも教育の責任でもないことだから、学生に「キャリア教育」を施しても学生と教員の負担になるだけで事態は改善しないはずだが、ともかくすべての大学・短期大学で、「キャリアプラン」とか「キャリアデザイン」など、「キャリア〇〇」という名称の、全学生必修の授業が開講されることとなった。

全国の大学の中には、名講義を開いているところもあるのだろうが、私が知人などから聞いている話では、たいていのところでは以下のような授業が行われているようである（以下の話はあくまで一般論であって、具体的などこかの大学の講義が念頭にあるわけではない。念のため）。

まず、全学生必修の科目だから、数百人が入れる大教室で実施する。たいていの大学教員には民間企業で働いた経験どころか、就職活動をした経験すらないから、企業での仕事の実態など知る由もないので、一般的・抽象的な「心構え」の説教をする。その後の何回かは、卒業生や地元企業の人事課長、県の就労支援担当者や労働局職員など、頼めば安い謝金で来てくれる方にそれぞれ一回限りの講義を依頼する（大学は財政難なので、特別の予算でも当たらない限り、高額の講演料が必要な著名人は呼べない）。たいていの外部講師は大人数の前でしゃべった経験がないから、話がうまいわけではなく、学生は退屈する。大教室だから一人ぐらい寝ていても目立たない、と多くの学生は思うらしい。話の内容も、「大学生活の中で卒業後の仕事に役立ったことは、勉強でなく人脈づくりでした」といったもので、講師が変わっても内容が似ている場合が多い。最後に、授業に対する感想を書かせて、それで成績をつける。感想の得点を客観的に厳密につけるのは難しいから、いきおい「楽勝科目」になる（全員必修だから、落第させると来年度に再受講させなくてはならず面倒という事情もある）。

もちろん、こうした大人数の授業だけでなく、少人数制の「キャリア〇〇ゼミナール」などの授業も用意されている。そうした授業では、「自己分析」を行ったり、模擬面接を行ったりなど、より就職活動を意識した活動を行うことも多い。

前出の難波功士『「就活」の社会史』によると、「「自己分析」が就活のキーワードとなったのは、九〇年代半ばから」という〔文献116、三五八頁〕。現在では、徹底した自己分析によって「自分のやりたいこと」を明確にし、それにもとづいて就職活動を行うことが常識となっている。▼27「やりたいこと」を明確にし、それができる就職先を選べば、就職後に離職することもなくなるだろうという発想から、キャリア教育といえば自己分析を行うのが当たり前のような状況になっている。

しかし、私が思うに、この「自己分析」というのは逆効果である。学生からは企業の労働実態はほとんど見えないので、本当に「やりたいことを叶えられる企業」かどうかは入ってみるまで分からない。企業の広報資料だけから勝手にイメージを膨らませ、入社後にイメージと現実のギャップからやる気を失うといったことが起こりうる。就業への意識の高い、まじめな学生ほどそうした落とし穴にはまる。自己分析は離職率を低下させるどころか、上昇させる方向に作用しかねないのである。

私は、大学で職業教育を行うなら、労働三法（労働基準法・労働組合法・労働関係調整法）と労働契約法をきっちり教えておくのがよいと考えている。▼28近年、労働条件が極めて劣悪で残業代も払わなかったりする「ブラック企業」や「ブラックバイト」が社会問題となっているが、労働基準法がきちんと適用されればそうした企業はなくなるはずである。しかし、現場の労働者の多くが労働法を知らないために、状況が

▼27　近年の就職活動における「自己分析」のあり方やその問題点については、香川めい「「自己分析」を分析する　就職情報誌に見るその変容過程」〔文献31〕を参照。

▼28　本当は、労働法教育は、高校までの段階でやっておくほうがよい。大学進学率が五〇％程度ということは、半分の若者は大学に来ないということだからである。また、一部の大学のみで労働法を教えた場合、その大学の卒業生は、企業から「あそこの卒業生はうるさい」などと敬遠される恐れもあるからである。

違法であることに気づかず、違法状態が蔓延することになっている。学生に労働法をきちんと教えておけば、多くの企業における労働環境改善につながり、ひいては離職率の低下につながると思われる（ただし、その過程でいくつかの企業はつぶれるだろうから、政府による失業対策や再就職支援などの施策が必要である）。

しかし、残念ながら、労働法をきちんと教えられる教員が各大学に配属されているわけではないこともあって、キャリア教育といえば「心構えの説教」と「卒業生や地元の偉い人の経験談」と「自己分析」が蔓延しているのが現状ではないかと思う。

「職業専門学校」はうまくいかない——政財界の言いなりでは専門職大学院の二の舞

さすがに政府も大学で「職業教育」を行うことの限界に気づいたのか、二〇一五年五月から、中教審の下に「実践的な職業教育を行う新たな高等教育機関の制度化に関する特別部会」を設置して検討を進めてきた。同部会は一六年五月に答申を出している［文献171］。それによると、大学に代わって職業教育を行う新たな高等教育機関（仮称「専門職業大学」もしくは「専門職大学」）は、「変化の激しい時代を主体的に生きる実践的な職業人の養成」を目的とし、「特定の職業分野における専門性の陶冶と、専門性の枠に止まらないより広い基礎・教養の涵養」を行う。そうした教育によって、「生産・サービスの工程の改善やこれを通じた生産性の向上」や「新規事業の創出、強みのある製品・サービスを活かした新規市場の開拓」を先導する人材を養成するというのである。

第1章で見たとおり、現状でも日本には「専門学校」という職業教育を主におこなう教育機関があるが、高校生の人気を集めているわけではなく、企業から高く評価されているわけでもないのであった。そうした「下級の」技術職養成の学校ではなく、企業の幹部候補生（『新時代の「日本的経営」』が言うところの「長期蓄積能力活用型グループ」）を養成したいということのようだが、大学との違いがよく分からない。答申を一読して明らかなように、これまでの大学改革論議において大学や大学生に求められてきたあり方がくり返されている。そして、これまでの論議と同様に、どのような職種について、どのような技能を教育するのかという具体的な内容が乏しい。従来の大学で、教養教育を経て経営学を学び、夏休みなどに企業のインターンに行くのとどこが違うのか、はっきりしない。

先に、ドーアの予言に従って日本における大学院重点化が失敗したことを述べた。職業教育機関についても、ドーアの以下の分析と予言は妥当だと思われる。

> 産業界のために技術者を養成する職業中等教育というものは、あらゆる国でいろいろな問題をはらんでいる。中でも、必ずしも需要がないかも知れない特定の技能を教えるか、特定の職業に役立つほど深くはない一般的技能を教えるか、そのバランスをどうするかという問題が大きい。さらに実用学校は優秀な教員をなかなか揃えることはできない。実際に優れた技能を身に付けた人なら、企業が高給を払って迎える——技能者が払底している発展途上国なら特にそうである。〔文献103、一四四頁〕

実業学校計画の最も甘い所、その挫折の原因となった誤算は、選別機能が前面に押し出されている、そして専ら小学校・中等学校・大学という進学コースを枢軸として動いている学校制度の中で、実業学校がどのように評価されているかという点を無視したことにある。少なくとも、小学校から大学まで、あらゆる段階の教育費の大半を国庫が賄っている国では、最高学府まで昇り詰め、大学卒業者として中級技術者の数倍の給料を稼ぐチャンスがあるとしたら、誰もすき好んで中等学校段階で「行止まり」の、中級技術者コースに入ろうとする筈はない、と断定してもまず間違いない。

〔文献103、一四四〜一四五頁〕

ドーアが言っているのは「中等実業学校」についてだが、「専門職大学（仮称）」であっても同じことである。すなわち、東京大学を頂点とする高卒後教育機関の序列が明確に存在している現状で、新規の職業学校を設置しても、トップレベルの学生を集められるとは考えにくい。受験生を集められなければ選抜度が低くなり、その結果、企業への就職に有利というわけでもなくなり、さらに受験生が集まらない、という悪循環に陥る。

もしトップレベルの学生を集めることを狙うなら、新設する数を絞ったうえで、そこに進学すれば給料が支給されるとか、大企業への就職が保障されるなど、明確なメリットを設けなくてはならない。潤沢な資金を投入して優秀な教員を集め、高度な授業を行うことも重要である。財界は、自分たちが求める教育機関ならば、きちんと費用を負担するべきだろう。しかし、答申のどこを読んでも、新たな学校が社会システムのなかでどのように位置づけられるかという問題意識は見られないし、財界に費用を負担させようという発想もない。

いまから十数年前、「専門職大学院」として法科大学院が鳴り物入りで設置された（二〇〇四年）。従来、弁護士や裁判官、検察官になるためには司法試験に合格することが必要だったが、これは合格率二％程度という超難関であったうえに、医師国家試験などと違って教育制度から切り離された「一発試験」であった。そうした点の改善を目的として、アメリカのロースクールをモデルにした法科大学院が制度設計されたのである。ブームに乗り遅れまいとして、これまでは法律家教育にそれほど力を入れていなかった大学までもが設置した結果、国公私立あわせて七〇もの法科大学院が設置された（国立二三、公立二、私立四五）［文献124］。

これらの新設校は、「弁護士という威信の高い職業の資格が得られる」という期待から、最初の数年は学生を集めることができたが、実際に新司法試験が始まってみると、結局、旧帝大や、旧制度の時から司法試験合格者数で上位を誇っていた中央大・慶應大・早稲田大など有力私大以外では、合格率は低迷した。新設からわずか一〇年で、多くの法科大学院が募集停止に追い込まれている。二〇一七年一月現在で、募集停止（来年度からの予定を含む）となっているのは国立七、私立二一の合計二八校に上る。

他方、新司法試験が実施された結果、試験合格者の数は激増した。二〇〇七年には、前年より五〇〇人以上合格者が増えて二〇九九人となり、それ以降、例年二〇〇〇人以上が合格してきた［文献125・文献140］。他方、裁判官や検察官の定員はあまり増えなかったため、▼29 合格者の大半は民間の弁護士になった。かくして弁護士は供給過剰となり、新人弁護士の多くは「ワーキングプア」と呼ばれるような状況に追い込まれた。自宅で開業する「タク弁」、大手弁護士事務所の「軒先」だけ借りて自力で営業する「ノキ弁」などの隠語が生まれている。

抽象的な理念としては立派でも、教育内容についての詰めの甘さ、他の社会システムとの連関に対する無自覚から考えて、現在構想されている「専門職大学（仮称）」が、こうした「専門職大学院」の二の舞

▼29 裁判官の定員は「裁判所職員定員法」で決められている。新司法試験が導入された二〇〇六年の裁判官の定員は三三四一人、それから一〇年後の二〇一六年には三八一四人で、四七三人しか増えていない。

になる可能性は十分にあるというのが私の予測である。にもかかわらず、二〇一七年三月に政府は専門職大学の設置のための学校教育法改正を閣議決定した。同改正法は五月に国会を通過、一九年度には実際に開設することとなっている。

第4節　どんな職業に就いても（あるいは就けなくても）生きていける社会を

すべての人の生活が保障されている社会なら

この章では、日本の大学入試の現状や改革を皮切りに、大学と企業の関係、職業教育の是非、さらには社会福祉システムについて考えてきた。現在の日本社会は、高度成長期に形成された様々な社会システムが制度疲労を起こしている。そうした状況の中で大学改革も叫ばれているのだが、大学は社会システム全体のなかで考えればそれほど影響力の大きな要素ではなく、むしろ他のシステムに従属して機能している側面が強い。そこで大学だけいじっても、他の社会システムが変化しなければ、結局のところ大学の社会的位置づけは元のように戻っていくのではないかと思われる。

強力な社会システムとして、人々の生活や生命さえも左右するほど大きな影響力を持っているのは、諸企業と政府である。ドーアが言うように、学校制度をどのように変えても、企業との関係が変わらなければ、教育の実質は変わらないのである。

そこで、ドーアの提案する学歴社会を改善するための対策は、企業や公官庁の採用行動に変更を迫るものとなっている。「例えば官庁は大学卒業者の採用をやめ、あらゆる職階の志望者を一律に一六歳で採用し、全員をまず平事務員として勤務させる」〔文献103、二〇三頁〕。そして、職業教育は職場において行い、職業上の能力によって昇進させていけばよい、という。

これは、一六歳で採用する点以外は、従来の日本的経営が行ってきた方法とほとんど同じである。こうした方法が機能するためには、終身雇用など、日本的経営の他の特徴も実現されていなければならないが、昨今の日本社会の問題は、肝心の日本的経営が維持できなくなりつつある点にある。

ドーアは、自分の提案する方法のメリット、デメリットを列挙して検討しているが、具体的にどのような手段によってそれを実現するのかについては考えていない。掛け声だけでこうした変革が実現するわけはない。ドーアの理念に賛同する一部の企業、あるいは公官庁のみが「一六歳以上は無条件に採用」などという方針を打ち出したら、そこに応募者が殺到するだろうから、結局、選抜が必要になるに決まっている[30]。もしもすべての企業に横並びでそのような方針に従わせようとすれば、強権的な手段を取らざるをえないが、一部の改革者の理想や理念を実現するために、国家権力が濫用されることがあってはならない。このことを、教育改革論者は肝に銘じてほしいものである。

では、学歴社会を緩和したり、大学入試システムの弊害を低減したりするためには、どのような対策を取ればよいのか。一つは、すでに述べたように、入試として論文審査と口頭試問を行うことだが、その後

▼30 ドーアは、そのときには適性検査や知能検査など生得的な資質を測る検査を行うか、いっそ抽選にすればよいと言う。そうすれば初等中等教育に選抜試験が悪影響を及ぼさないからである。しかし、私としては、選抜システムを教育から断固として切り離そうとするよりも、むしろ教育への影響をうまく利用することで教育効果を上げるのがよいと考える。

の議論を踏まえて、もう一つの、より根本的な対策を挙げておこう。それは、うまく就職できなかった人や、あまり高い賃金が期待できる仕事に就職できなかった人が、そのことによって困窮したり、さらには餓死したりしないように、社会保障制度を充実させることである。

第1章で述べたように、企業がどのような雇用制度を取るか、どういう方法や方針で採用するかは、基本的に企業の都合で決めればよい。新卒一括採用で終身雇用維持が良いと考える企業はそのようにすればよいし、中途採用を中心にして、他社から即戦力となる労働者を引き抜きたい企業はそうすればよい。

新卒一括採用と終身雇用が良いと考える企業が多いままであれば、大学在学時に就職が決まらなかった人は、定職に就くのが難しい状況が続くだろう。そういう人は、低賃金の非正規雇用から抜け出せずに齢をとっていくことになる。他方、中途採用がよいと考える企業が増えれば、倒産した企業の労働者の再雇用の道が広がるだろうが、若者の失業率は上がるだろう。

このように、いずれの場合にも弊害が出るが、いずれにせよ、職にあぶれても生きていける保障があれば問題はない。つまり、政府が、就職できなかった者、給料が低すぎてそれだけではまともな生活ができない者について、さまざまなサービスや手当を提供して、生活できるようにすればよいのである。たとえば、保育・教育・医療・介護が無償化され、低家賃の公営住宅が多数供給されれば、生活上の不安はかなり軽減される。もちろん、就職できなかったり失業した場合や、子どもができた場合には、手当をつける。

これらのサービスや手当を、所得制限などをつけずに、すべての人に普遍的に給付することが重要である[31]。現状では、日本における社会保障制度には、ほぼすべて、所得制限がつけられている。所得が低い人を支援するというのは、一見すると正論のように思える。そうした制度では、低所得者はあまり税を負担せずに手当やサービスを受けられる。しかし他方、高所得者は税を負担するだけで、自分たちは手当をもらえず、サービスも有償でなければ受けられない。つまり、高所得者は負担ばかりで得るものがなく、一方的に低所得者を援助する形になるので、高所得者の側に不満がたまるのである。これでは、高所得者と低所得者が分断されてしまう。昨今の「生活保護受給者バッシング」などは、その分断が噴出しているのである。給付が普遍的であれば、こうした分断を避けることができる。[32]

日本における学歴（学校歴）は、社会階級の代わりとして、「社会的毛なみの良いこと」、「貴種」であることを示す機能を果たしているし、大学入試システムは、偏差値序列がそれ自体の価値を持つという自律システム化しているから、社会保障を充実させていったとしても、当面は多くの子どもたちは受験競争に巻き込まれつづけるだろう。しかし、その競争に参加しなくても、将来の生活が困窮することはないと保障されているなら、しばらくのうちに、競争に参加するのは、勉強が好きな者や学歴を武器に社会的に成功したい者だけになるだろう。つまり、受験競争は、現在のスポーツ競技のような位置づけになっていくのではないかと思われる。

▼31　最近、「格差社会論」が流行する中で、「ベーシック・インカム」の実施を主張する論者が増えている。つまり、生活に必要な最低限の現金を政府が全国民に支給するということである。私としては、現金給付よりも、保育・教育その他の現物給付を基本とするのが良いと考えている。現金給付だと、ギャンブルなどで浪費する人も出てくるだろうが、現物給付ならそうした流用ができない上に、サービスに従事する労働者の雇用も生まれるからである。

▼32　日本財政や税制の問題とその改善策、普遍的な給付の重要性については、前掲の井手英策『日本財政　転換の指針』［文献11］のほか、佐藤滋・古市将人『租税抵抗の財政学　信頼と合意に基づく社会へ』［文献71］を参照。この二冊は、日本社会の現状を何かおかしいと思い、改革を考えたい人にとって、必読文献である。

競争は、やりたい者だけがやればよいのである。誰しもが死ぬ気で競争しないと本当に死んでしまうような社会は望ましくない。競争したくない者も、それなりに一生懸命働いて、それなりの収入を得て、保育や教育負担などを心配せずに子育てができ、安心して老いていけるように支援することが、民主主義的な社会における政府の役割である。[33]

ところが、昨今の大学改革や経済改革では、競争したくない者にも競争を強いるような政策がとられている。これは、「競争すれば改善する」という、ほとんど根拠のない思い込みにもとづくものである。また、社会保障の充実を主張すると、「財源はどうするんだ」という批判が突きつけられることは目に見えている。そこで次に、日本政府がなぜ財政難なのか、財政難から脱却するためにはどうしなければならないかについて考察する。競争主義の是非については第5章で検討する。

社会保障の削減が不況の原因

「日本政府は財政難である」ということは、ほとんど通念のようになっている。二〇一六年末に財務省は、「国債や借入金、政府短期証券をあわせた「国の借金」の残高が九月末時点で一〇六二兆五七四五億円になった」と発表した［報道11］。日本のGDP（国内総生産）の約二倍、国民一人当たり八四〇万円近い金額である。日本政府の財政がこうした状況であることは周知のことだが、自民党にせよ、二〇〇九年から一二年まで政権を担当した民主党（現民進党）にせよ、これまでのところ、それへの対応は主として支出抑制である。その結果、社会保障や大学にかける経費など、国民の生活にとって必要不可欠な支出さえも強力な削減圧力を受け続けている。

財政収入の増加については、民主党政権末期に消費税の段階的な増税が決定されたが、その後、政権に復帰した自民党は一四年に消費税を八％に上げたものの、景気への悪影響を理由に一〇％への増税は見送った。消費税率のアップにより、消費税からの税収は一三年度の一〇・八兆円から一四年度には一六兆円へと増加したが、借金の大きさと比べれば、焼け石に水である（図4-3）。

しかし、いつからどうして日本政府はこのように巨額の借金を抱えることになったのか。一言で言うと、それは、バブル景気崩壊後の一九九〇年代以降、景気刺激策として減税と財政出動が同時に行われ続けているからである。

先述のとおり、高度成長期以来、経済成長による税収増を減税によって還元するのが日本政府の基本方針であった。一九七四年の所得税の最高税率は七五％で、住民税（一八％）を合わせると九三％に上ったが、その後、八四年に七〇％（住民税と合わせると八八％）、八七年には六〇％（同七八％）、三％の消費税が導入された八九年には、それとの引きかえで五〇％（同六五％）まで下げられた［文献67］。にもかかわらず、バブル景気のおかげで九〇年の税収は史上最高の六〇・一兆円、九一年もそれに次ぐ五九・八兆円に達する。

しかし、その直後にバブルが崩壊し、九二年度の税収は前年比で五兆円も減少した。それ以降は、景気刺激策としてさらなる減税が重ねられることになった。九七年には消費税率が五％にアップしたが、それに先立つ九五年に所得税の累進が緩和され、たとえばそれまで二〇〇〇万円以上で課されていた最高税率の適用対象が三〇〇〇万円以上になるなど、減税措置がとられていた。消費税率のアップは、増税でな

▼33 これは私の個人的な意見ではなく、民主主義の本質である。その点についての詳細は、拙著『人をつなぐ対話の技術』［文献179］第二章を参照。

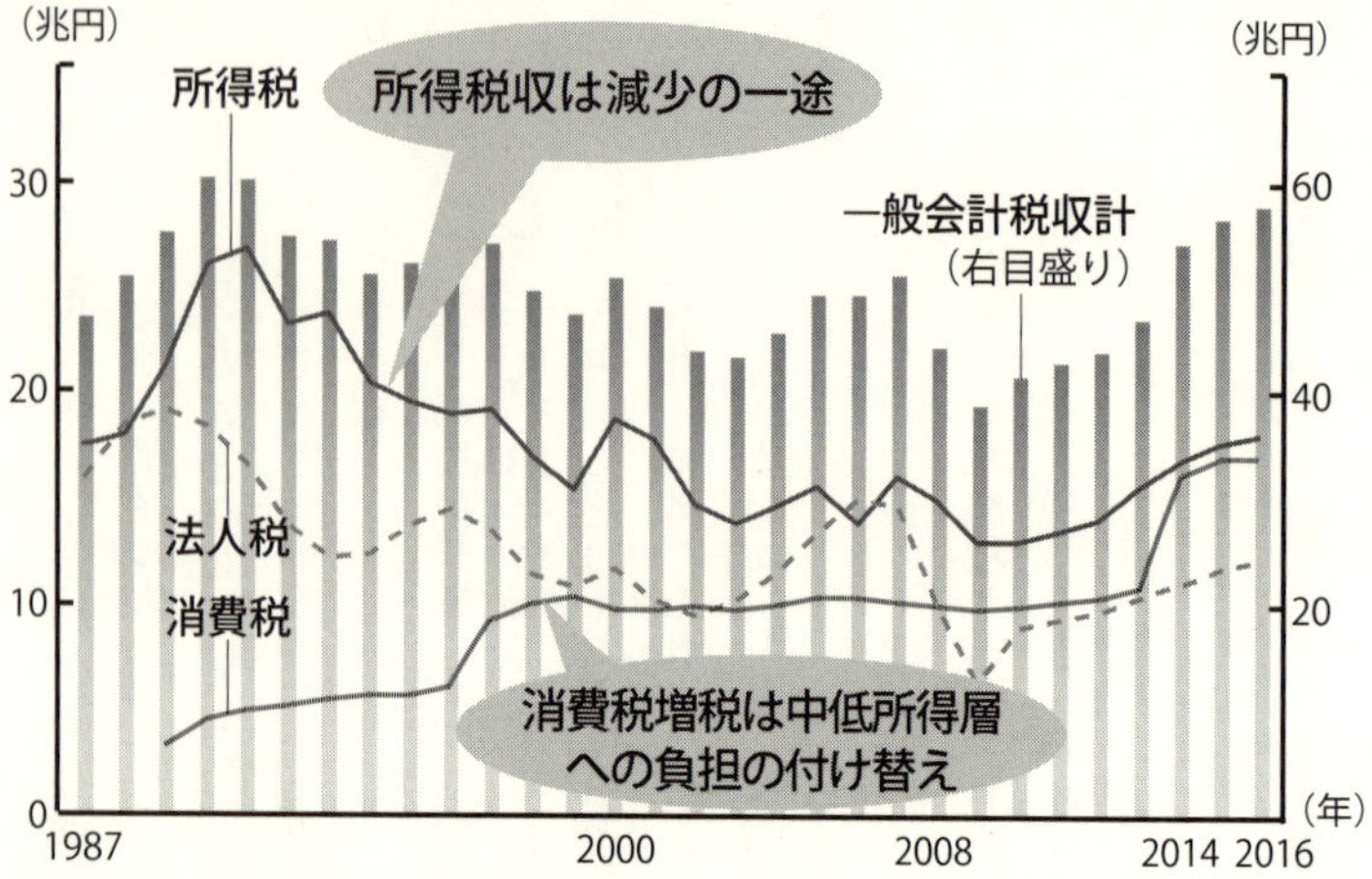

図 4−3　一般会計税収の推移

出典：財務省「一般会計税収の推移」より作成
http://www.mof.go.jp/tax_policy/summary/condition/010.htm

く、高所得層から中低所得層への負担の付け替えとして行われたのである。

さらに、アジア通貨危機を経た九九年には所得税の最高税率は三七％にまで引き下げられた。こうして九〇年代には所得税からの税収は低下の一途をたどった。二〇〇七年、中高所得層に対して所得税は多少増税されたが、その直後の「リーマン・ショック」による景気低迷で〇九年の税収は戦後最低の三八・七兆円を記録する。なお、現在の所得税の最高税率は、一五年に改正された四五％（住民税と合わせて五五％）である。

所得税、消費税と並ぶもう一つの基幹的な税である法人税について言うと、基本税率は一九八四年の四三・三％（中小企業は三一％）を最高として、その後は一貫して下げられてきた。二〇一六年現在の税率は二三・四％（同一九％）である［文献69］。

こうして、九〇年代を通じて減税が行われた。その一方で、九〇年代以降、景気刺激策として財政の支出額は増大した。二〇〇九年には、リーマン・

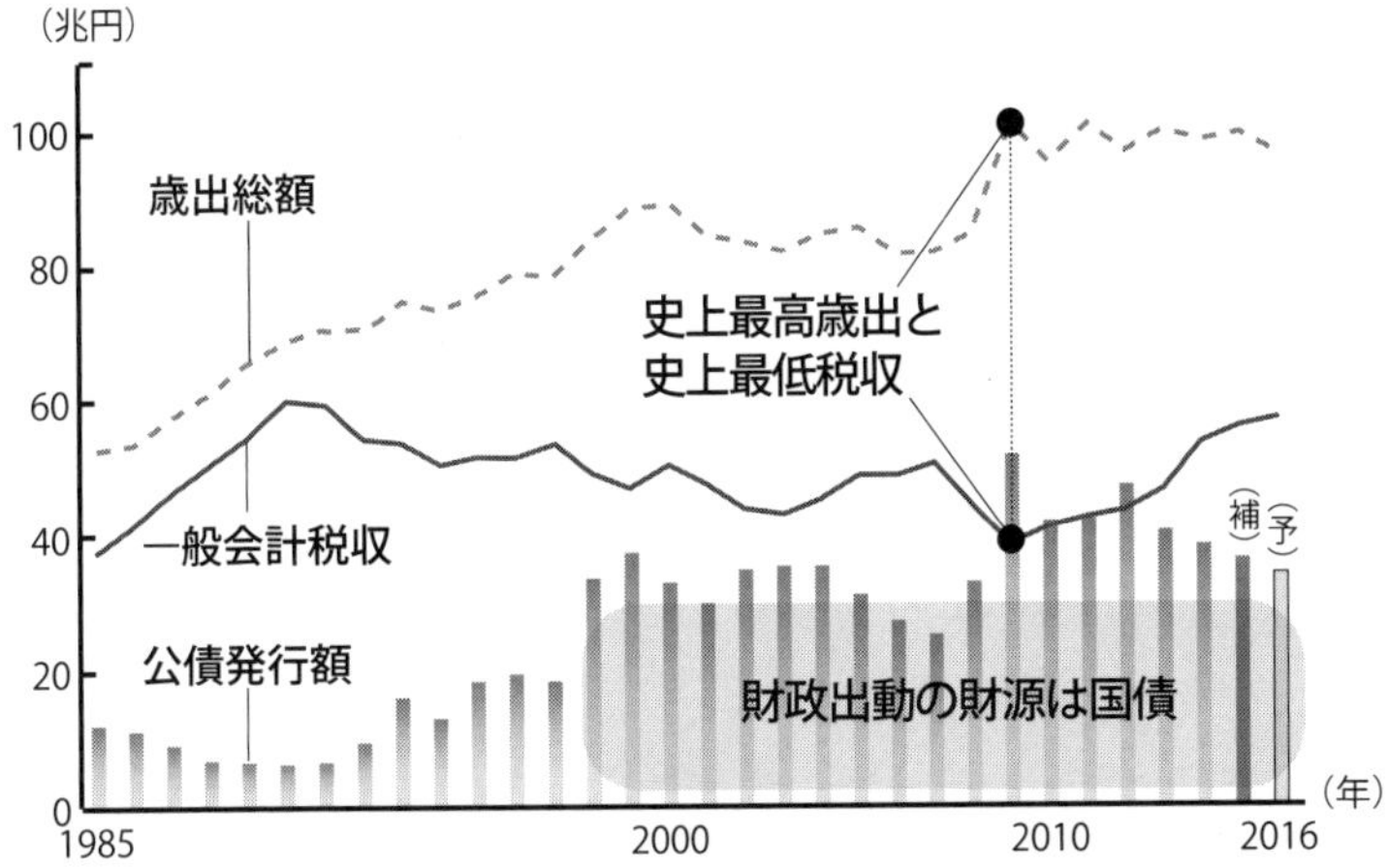

図 4−4　一般会計税収、歳出総額及び公債発行額の推移

出典：財務省「一般会計税収の推移」より作成
http://www.mof.go.jp/tax_policy/summary/condition/010.htm

ショックの影響で、税収が史上最低となったにもかかわらず、歳出は史上最高を記録した。減税と財政出動の矛盾を埋めるために、巨額の国債発行が続けられている（**図4－4**）。

しかし、これまで二〇年以上にわたる減税と財政出動政策にもかかわらず、日本経済の不調は解消されず、一九九七年以降、世界の主要国のなかで日本のGDPだけが伸び悩んでいる（二一八頁**図3－5**参照）。経済の低成長、少子化による労働力不足・需要不足、高齢化による社会保障費の支出増などにより、国民の間で将来の生活に対する不安が高まり、それがさらに消費収縮と経済成長抑制につながる悪循環に陥っているのが現状である。

第二次安倍晋三政権の二〇一三年以来、日本銀行は「インフレ期待によって消費を増やす」と称して大規模な金融緩和を行っている。しかし現在、消費が低迷しているのは、老後の公的な社会保障が信頼できないため、個人が倹約して貯蓄を増やしているのが主要な原因だと思われるから、個々人が「インフレになる」と予想すれば、消費を増やすのでなく、将来の支出増に備えて貯蓄額を増やそうとするはずである。

これまでの日本における社会保障と税負担のあり方は、経済の高度成長があってはじめて機能するものだったため、低成長時代に入ってその矛盾が噴出しているのである。そうした状況にあって、取るべき対応が単なる支出抑制や金融緩和でよいはずがない。支出抑制と並行して、減税と財政出動という、これまでにあまりうまくいっていない対策も継続されている。消費税を八％や一〇％にしたところで、ほとんど焼け石に水である。

これからの日本が進むべき道

こうした状況に対して、世論は改革を求めているが、自民党にせよ野党にせよ、日本の将来像を明確に示した施策を打ち出せないでいる。与野党とも、「改革」の旗印だけ掲げているが、実際に行われていることは支出の抑制や規制緩和など小手先のことばかりで、結果的に悪循環は加速してしまう。現状に対する宮本太郎『福祉政治』のまとめは、的確だと思われる。

福祉政治は近年、急速に政治の中心にせりあがってきている。にもかかわらず政党は、日本の生活保障をどうしていくのか、大きなビジョンを示すことができずにいる。二大政党制化が進んでいるが、その本来のメリットであるはずの政策対抗が機能していない。人々にとっては、投票の選択肢は限られつつあるのに、生活に関わる争点が見えないという、悪いところ取りのような状況が生まれている。世論はこうした状況に苛立っている。（中略）生活保障とセーフティネットの強化を望むが、納めた税金がそのためにきちっと使われるかとなると、もはや行政を信用できない。そこでとりあえず行政支出の削減や節約を求める。だが、そのことによって人々の福祉ニーズが解消されるわけではなく、逆に公共サービスや所得補償の切り詰めとなりかねない。そうなるとまた、なおのこと国や自治体による生活保障を見限らざるをえない。そのような悪循環である。〔文献145、二頁〕

では、どうすればよいのか。現在、政府に対する国民の信頼は大きく損なわれている。実際の租税負担が小さいにもかかわらず、「税金が高い」と感じる人の割合が高いのがその証拠である。増税しようとすれば、大部分の人は「どうせ公共事業に使うんでしょ」などと思い、反対することだろう。それでは選挙に負けるから、政党は増税を口にしにくい。

そうした状況にあってこそ、政党は、日本の将来についての大きなビジョンと、その実現へ向けた道筋を明確に示し、政治や政府に対する国民の信頼を取り戻す必要がある。これまで述べてきたことを前提にすれば、進むべき道は、現在、世界最低水準の租税負担を引き上げ、そのかわりに社会保障を充実する以外にはありえない。「増税」というと、リベラル系とみなされている新聞でも「負担増」などという見出しが躍るが、社会保障を充実させるための税金は、給付として納税者に返ってくるから、単なる「負担増」ではないのである。

まずは保育・教育・医療・介護・失業補償・子どもへの手当など、生きていくために必要なサービスを提供するために必要な費用を計算し、そこから逆算して税負担を決める。「増税」というと、消費税の税率のみが話題になるが、見てきたように日本ではこれまで所得税や法人税の大規模な減税が進められてきた。それを見直し、これら三つの基幹的な税の比率を適正化する。加えて、金融取引税や環境税など、新た政策的な税も考慮して、公正な負担のあり方を打ち出す。政党は、その政策を綿密に設計し、国民にきちんと説明しなくてはならない。よくできた制度であれば、国民は理解し、支持することであろう。

政治家の仕事とは、大衆の意向に迎合することではない。教育や社会保障などについて妥当な判断を下すためには、関連する多数の多面的な知識が必要である。しかし、普通の人はそうした知識を持ち合わせていない。知識のない人々の意見を、多数決を取って調べたとしても意味はない。代議制民主主義における「代表」の役割は、一般国民に代わって勉強し、対話し、妥当な政策を立案し、それを国民に対して説明し、納得を得ることにある。この本で繰り返してきた、対話による意見構築と合意形成の技法に習熟した人物こそが、政治家になるべきなのである［文献179］。

大衆は、事実と根拠にもとづく合理的説明よりは、感情に訴えた扇動によって動きやすいということは、残念ながら歴史の教訓である。しかし、その安易な方法が数々の巨大な悲劇を生んできたことを考えれば、いささかドン・キホーテ的であれ、国民は合理的な説明を理解し、そこからの合理的な帰結を支持してくれると信じるほかない。大学は、政治家をはじめ、多くの（理想としてはすべての）国民がそうした理解力と思考力を持てるように、尽力しなければならない。

もちろん、「増税と社会保障の充実」がいかに合理的な結論であれ、いきなりすべてを実現しようとすれば、突然の巨額の増税となるうえ、サービスに従事する人材の育成も間に合わないため、おそらく弊害が大きすぎる。少し増税して、普遍的な（所得制限を付けない）社会保障サービスを少し導入し、ということをくり返していくほかないだろう。政治家は、導入すべきサービスの優先順序とその理由を国民に示し、それについても合意を得る必要がある。

こうして、生活上の不安が解消されていけば、人々は安心して消費することができるし、安心して子どもを産むこともできるようになる。これまで二〇年間、経済不振を解消するために、日本政府は、経済学的に考えられるほとんどあらゆる手を使ってきたが、どれもあまりうまくいっていない。むしろ、格差の拡大など、弊害の方が目立つようになっている。これまでに使っていない唯一の手は、社会保障の充実である。この手を使えば、消費は向上し、少子化も解消するはずである。

戦後の「公共事業・雇用維持・減税」による社会保障体制を築いてきたのは、戦後七〇年間のほとんどの期間、政権を担ってきた自民党である。本来なら、それを大転換する対抗政策は、野党が十分に勉強し、専門家を結集して知恵を借りつつ作り上げなくてはならない。そうして、与野党の政策を選択するのが、本来の二大政党制のはずである。残された時間はあまり多くない。このままずるずると経済的な退潮が続けば、すべての国民に豊かな生活を保障するだけの経済力が失われてしまう。IMFのデータベースによると、二〇一五年の日本の一人当たりGDPは約三万四五〇〇ドルで世界26位、アジアではマカオ（約七万二〇〇ドル）やシンガポール（約五万三六〇〇ドル）、香港（約四万二三〇〇ドル）などに大きく引き離されているのである［欧文12］。

第5章

競争すればよくなるのか

第1節　教育は競争で改善するか

学生獲得競争の結果はレジャーランド

二〇〇四年の国立大学の独立行政法人化に代表されるように、近年の大学改革の基本的な発想は「競争すれば改善する」ということである。各大学がそれぞれ自主的・自律的に研究教育の発展に取り組むことで大学間の競争が行われ、国立大学が改善されるというのである。それ以来、教育、研究、大学運営のそれぞれについて、競争主義的な政策が実施されている。

初等中等教育については、個性や主体性を重視する教育が基本方針となっているが、そこについても競争主義的な主張をする人たちが一定の影響力を持っている。たとえば橋下徹大阪府知事（その後、大阪市長）は、文科省が小中学生を対象に行った全国学力調査の結果、大阪府が下位だったことから、学校別の成績の公表を求めたり、小学校選択制を公約として市長選に出馬したりした。[1] 各小学校が、学力テストで高い得点を出すように競争することで、教育が改善するという考えからである。

規制緩和と自由競争を旨とする新自由主義的な改革思想が一般市民にも広くいきわたった結果、「競争は万能薬」といった発想を持つ人が増えているようだが、実際には必ずしもそうではない。競争によって改善される物事が存在するのは事実だが、競争には向かない物事も多数存在する。教育は、競争に向かないものの一つである。

前章で、明治時代の試験地獄とその弊害について見たが、全国学力調査の学校別成績公表が広まった現在、同様の弊害がさっそく全国で散見されるようである。しかし、私が「競争に向かない」と言うのは、弊害が多いという意味ではない。弊害なら、スポーツ競技など、明らかに競争が記録向上につながることにおいても多数発生する。オリンピックがドーピングとの戦いであるのは周知の事実である。「競争に向かない」というのは、本質的に競争できないということ、にもかかわらず無理矢理競争しようとすると、改善どころか事態が妙な方向に進むということである。

まず、教育が本質的に競争できないという点について説明しよう。競争するためには、明確に序列づけられるような形で結果が示されなくてはならない。そうでなければ、勝敗がはっきりしないから、競争できないのである。スポーツ競技は、結果が得点や記録の形で明確に数値として示されるから競争が可能で、競争によって成績の向上が期待できる。この点は、学力テストの場合も同様である。それゆえ、もしも各小中学校がテストの得点で競争をすれば、おそらく最高得点や平均得点は向上するだろう。「良い教育」とは子どもがテストで高い得点を取れるようにする教育だと考え、従来どおりの大学入試システムを温存していくというなら、弊害にきちんと対策をしたうえで、小中学校に競争させるというのは一つの選択肢ではある。[2]

ただし、弊害やその対策にかかるコストと、競争が生む利益を比較すれば、元は取れないと思われる。

▼1　実際に橋下は府知事時代の二〇〇八年に府内の市町村別の学力テスト平均点を公表した。また、彼が大阪市長時代の二〇一三年一〇月八日に、大阪市教育委員会は学力テストの学校別成績公表を市内の全校長に指示した。二〇一四年四月からは小中学校の選択制が実施され、中学については学校ごとの進学先とその人数が公表された（一部の区を除く）。事実関係の確認のために、朝日新聞記事データベースを利用した。

この競争によって得られるものは、たかだかテストの得点だからである。前章で見たとおり、難関大学を卒業しても生涯賃金が劇的に増えるわけではなく、難関大学の卒業生を採用しても企業の業績が向上するわけでもない。それゆえ、私は小中学校をテストの得点で競争させることには反対だが、それは別にして、テストの得点が競争によって向上するであろうことは間違いない。

しかし問題は、良い教育とは子どもがテストで高い点が取れるようにする教育とは限らない点にある。言うまでもなく、良い教育かどうかはさまざまな観点から評価することができるので、良い教育と悪い教育を明確に一つの数値で示すことなどできない。

もちろん、明らかに良い授業と誰が見てもダメな授業というのはある。学術的に高度な内容を、平均的な大学生ならきちんと理解できるように説明し、学生が実際に使えるまで反復練習をさせて、しかも飽きさせないといった授業と、自分がやったこともない就職活動について、とくに学問的根拠もない説教をして、学生の大半が寝ているような授業とでは、学生が見ても教員が見ても、どちらが優れているかは一目瞭然である。

しかし、大部分の授業は、明確に優れているわけでも明確にダメなわけでもなく、その中間に位置する。学術的には大して高いレベルではないが話術が巧みで学生を引きつける授業と、最先端の知識を大量に詰め込もうとする授業、学生はよく発言しているが発言内容が通俗的なことばかりで盛り上がっている授業などに、いったい誰がどうやって序列をつけられるのか。序列がつけられなければ勝敗を判定できないから、競争ができない。

では、教育内容についての競争をあきらめ、単に学生に選択されるかどうかで競争すれば、どうなるだろうか。通常の商品は、競合する他社の商品よりも市場で消費者に選んでもらえるように改善が進められる。教育も商品の一つと考えるなら、消費者獲得競争によって改善されるのではないか。しかし、残念ながら学生にはまだ学術的な見識がないから、授業の内容よりは教員の人柄や話術、さらには単位のとりやすさで授業を選択しがちである。教員が、そういう学生の要望に応えるための競争をすれば、大学の授業は学生の歓心を買うものばかりになってしまうだろう。通常の商品ならそれでよいかもしれないが、教育の場合、学生の喜ぶ授業イコール良い授業というわけにはいかない。

個々の授業でなく、大学が受験生に選ばれるときにも、同様のことが問題となる。ボックは、受験生の大学選択が賢明ではないので、受験生獲得競争が大学教育を改善することはないと論じる。

学生がどこの大学で最も良い教育を受けられるか決定するのに使える信頼できる尺度はない。大学志願者は一般に、彼らが見たことがない大学からどれくらい学ぶことができると予想することはもちろん、実際にいまどのくらい学べているかを知るのも大変難しいので、彼らは賢明な判断をしていない。彼らは彼らに与えられているはずのすべての選択肢を検討する情報と時間がなく、通常、彼らが考えつくいくつかの限られた選択肢を比較するだけである。これらの状況のもとでは、競争を通してよい教育の大学が悪い教育の大学を駆逐するということは必ずしも起こらない。

［文献141、一五九頁］

▼2　ただし、学校選択制を導入して、各小中学校に子どもの獲得競争をさせることは無意味である。公立小中学校の教員は定期的に異動するから、前年の学力テストの平均点を見てある学校を選択したからといって、その結果を出した教員の授業を受けられるとは限らないからである。

日本の場合には、受験生がどこの大学を受験するかは、大学の教育内容よりも何よりも、まずは偏差値ランキングから判断する。そのランキングは、国立大学の場合、それぞれの大学が研究教育の内容を競争することで決まってきたというよりは、旧帝大・旧官立大・新制大学などという設立経緯に由来している。威信の高い大学は優秀な学生や研究費を集めるのに有利だから、結果として研究教育のレベルが高まり、それがまた威信を高めるという循環関係にある。要するに、設立経緯が偏差値ランキングを規定し、それが研究教育の内容やレベルを規定しているのであって、その逆ではないのである。それゆえ、設立経緯によってはじめから大きなハンディキャップを負わされた中位や下位の大学が、研究教育を改善してランキングを上げ、優秀な受験生を集めるのは容易ではない。競争は中位同士、下位同士の争いにしかならず、新制大学の一つがいくら教育を頑張っても旧帝大を超えるような偏差値ランキングを獲得することはほぼ不可能であろう。

近年は、多くの大学が受験生への情報提供のために、高校生を大学に招いて体験授業を受けてもらったり、在学生と交流してもらったりする「オープンキャンパス」という行事を行っている。しかし、オープンキャンパスにやってきたかれらがどこに注目するかというと、体験授業などの教育的な出し物であるよりは、キャンパスのきれいさやアメニティ施設である。スローター&ローズも、そのことを指摘している。その結果、どうなるか。

高等教育機関は学生を集めるために、学生に対する教育よりも志願者を引きつけるサービスや施設に特色を出そうとして、ますます投資する。カレッジや大学は、学習し教育を受ける挑戦的な場というよりも、生活し、サービスを消費し、遊ぶのに魅力的な場所としてマーケティングされつつある。

大学が、学生が望むものを供給する競争にはまりこむと、大学はレジャーランドになってしまうのである。ふたたびボックの本に戻ると、彼は、市場やインセンティヴ（誘因）が教育を改善するという幻想を、一刀両断する。

誘因がもたらすことができるのは、消費者が望むものを供給するということである。消費者が望むものと最高の質のものが同じであるとは限らない。利潤動機が最高の教育を生み出すには、三つの条件が満たされなければならない。学生は彼らが本当に必要とするものを知っていなければならない。彼らは存在する選択肢を評価して確かな選択ができなければならない。最後に、彼らの選好は社会のニーズとも対応しなければならない。なぜならば、教育の重要な目的の一つは、人々が公共の福祉に有効に貢献できるように準備させることだからである。

［文献141、一五九頁］

いま自分が欲しいものでなく、たとえ苦痛であっても嫌であっても自分の成長のために必要なものを選択すること。社会に貢献するために自分が身につけなければならないものは何かを知ること。そして、どの教員もしくは大学がそれを与えてくれるかを見極めること。残念ながら学生にそうした能力を期待することはできない。むしろ、そうした能力を身につけさせるためにこそ、大学は存在するのである。一般に人間は苦痛を嫌い、楽を好む。放っておくと、人間はそういう感情的傾向に従って行動してしまう。欲しいものでなく必要なものを、やりたいことでなくやるべきことを選択できるようになるためには、相当高度な教育が必要なのである。

ところで、新たなことを学ぶときには苦痛や苦労が伴うのが通常である。いまの自分には理解できないことを何とか理解しようとし、いまの自分にできないことを無理矢理にやろうとするからである。とくに、これまでの自分の理解の前提となる枠組みや価値観を解体するような、本当にイノベイティヴな授業は、非常に理解困難で、これまでの自分を否定されるかのような苦しいものになる（この本が、大学について そういう経験を与えることができたなら幸いである）。

他方、苦痛も苦労もない授業は、学生が現状で理解できることしか教えておらず、現状でできることしかさせていないということである。学生がすでに身につけている常識的な価値観に従って、通俗的な知識を上塗りしていくような授業は、学生にとっては新たな知識が増えたように思えて楽しいかもしれないが、これまでの自分の枠組みを壊し、これまでの自分ではないものになっていくという、本当の意味での成長には結びつかない。

そういう状況で、教員や大学が学生獲得競争をするなら、本当に学生のためになる授業は、通俗的な楽しい授業に駆逐されていくことだろう。本当にためになる授業は苦痛や苦労を伴うので、学生は敬遠しがちなのである。

要するに、教育は、消費者が欲するものを提供するサービスではなく、何を欲するべきかを考える力を与えるための営みである。消費者がその力を持っていることが、競争によってものごとが改善するための前提となる。それゆえにこそ、教育が「消費者獲得競争」に走ってはならないのである。

競えば組織が破壊される――〝競争による改善〟は幻想だ

幸いなことに、現在のところ、初等中等教育はもちろん、大学についても、少なくとも具体的な教育の内容に関しては、それほど競争的な政策がとられているわけではない。もちろん、大学では学生による授業評価がかなり一般化してきている。その結果にもとづいて「優秀教員」の表彰を行う大学も多いようである。しかし、授業評価によって全教員の給料を大幅に上下させたり、個人に配分される教育研究費を増減したりといったことまで行っている大学は、私の知る限りでは存在しない。せいぜい、教育研究費を多少上積みしたり、少額の賞金を支給したりする程度である。基本的には、与えられるものは栄誉だけである。この程度の競争であれば、教育熱心な教員がいっそう教育に力を入れるような効果があり、弊害はそれほどないと思われる。

ただし、こうした表彰を何年もやっていると、表彰される顔ぶれがだいたい決まってくる。学生の評価には、授業内容よりも教員の人柄や話術などが大きな影響を及ぼすが、そうしたものは努力などでそうそう変わらないからである。大部分の教員は表彰と縁がなく、学生評価などはそれほど気にせずに、淡々と自分なりの授業を続けていくだけである。

それが気に入らないといって、もしも授業評価によってすべての教員の給料を増減し、さらには評価が低い教員は契約更新しないなどといった制度を導入すれば、教員は学生迎合に邁進し、本当に学生のためになる授業は早晩駆逐されてしまうだろう。それだけではない。これまでは学生にウケなくても自分なりに一生懸命授業に取り組んできた教員が、やる気を失ってしまう。さらには、大学に対する不満を募らせ、授業の手を抜いたり、ことあるごとに大学の悪口を言って回ったりということにもなりかねない。

本来、教育は初歩的なことから専門的、応用的なことへと体系的に行われなければならない。個々の授業は、全体的な体系の中に位置づけられ、他の授業と連携し、次の段階の授業への準備となるような形で実施される必要がある。にもかかわらず、各教員が授業単位で競争を行うなら、他の授業を担当している教員は競争上の「敵」となるから、連携するよりはむしろ足を引っ張ったほうがトクということにさえなる。

このように、行きすぎた競争は、教育を改善させるどころか、悪化させるのである。

そうした全面的な競争になっても、すでに高い評価を受けている教員は、さらにやる気を出すかもしれないが、現状で高評価だということは、もはや伸びしろがそれほどないということだから、それ以上向上することはあまり期待できない。たとえそうした教員がさらに授業の改善を進めたとしても、高評価教員の数は全体から見れば少ないから、他の大多数を占める普通の教員や、低評価の教員の授業を肩代わりすることはできない。競争主義的な政策は、大人数で分担して取り組まねばならない事業の改善には役に立たないどころか、全般的な悪化をもたらすのである。

競争は、栄誉と小遣い程度の賞金をめぐって、参加したい者だけが参加しているうちには、物事を多少改善させるが、「全員が死ぬ気で競争しないと本当に死ぬ」ような状況になると、弊害の方がずっと大きくなってしまう。とくに、競争で下位の者の給料や教育研究費を減額するなど、罰を与える制度は最悪である。自分なりに一生懸命頑張っているのに罰せられた者が反感を抱くのは確実である。そして、組織に対して報復的な行動を取りはじめる。

ここで述べてきたことは、民間企業でも同様である。城繁幸『内側から見た富士通「成果主義」の崩壊』[文献78]には、ボーナスの査定や昇給や昇進に成果主義を持ちこんで社員を競争させようとした結果、ほんの数年で会社が大きく傾いた富士通の事例が生々しく描かれている。

同書によると、バブル崩壊後の不況に際して、富士通はアメリカの成果主義を模倣した。具体的には、事業部門ごとの目標をトップダウンで決定し、それを現場に下ろして個々の従業員が各期の目標を決定する。期末にはその目標を達成したかどうかで従業員は評価され、評価結果が昇給や昇進などに反映される。こうした制度によって従業員のやる気がアップするはずだと考えられた。

ところが、全社員に成果主義を導入したわずか四年後の二〇〇二年には、富士通は三八二五億円もの大赤字を出してしまう。それればかりでなく、従業員のパフォーマンスは以前より低下し、他方、人件費は二割以上アップ、「数年前までは愛社精神に溢れていた社員たちが、各種雑誌やインターネット上で、激しく自社を批判中傷するようになった」という〔文献78、四六頁〕。そして、優秀な社員から順に退職し、離職率が上昇した。

なぜそんなことになってしまったのか。一つには、各人が目標を達成して直属の上司が高い評価をつけても、会社の人件費には限りがあるので、高評価の社員全員に報酬を出すわけにいかず、多くの人は人事部によって評価が引き下げられたからである。頑張って目標を達成したにもかかわらず、一方的に評価を引き下げられた社員が怒るのは当たり前である。

これは競争の本質とは関係ない、富士通の特殊事情だと思われるかもしれないが、一般的に言って、どんな会社であれ持っているお金には限度があるから、頑張った人全員に報酬を出していたら会社がつぶれてしまう。「頑張っていない人の報酬をカットして、頑張った人に回せばよい」と思われるかもしれないが、自分で「自分は頑張っていない」と思っている人は普通はいないから、どうしても引き下げは「自分は頑張っていると思っている人」を対象にせざるをえない。それゆえ、引き下げられた社員が怒ったりやる気をなくしたりするのは必然である。

また、短期間の数値目標を出しやすい営業部などと違って、長期的な視点で仕事に取り組む開発部などはこうした評価制度になじみにくい。古い製品のサポート部門などは、顧客の満足を得るために不可欠だが、売り上げにはあまり貢献しないので、どんなに頑張っても最終的には高い評価が得られない。つまり、個人の能力とは関係なしに、配属部署によって個人の評価が決まってしまう。これでは、部署同士が反目しあうようになる。しかも、製品開発や顧客の満足といった、会社存続の生命線ともいうべき仕事を担う部署が、やる気を失ってしまう。

デメリットはさらに続く。業績評価が個人単位となったために、「それまでチームで一つの成果を上げていた社員が、自分だけの目標に固執するようになった」〔文献78、六二頁〕。部署ごとだけでなく、個人単位の分断が進んだのである。本来なら協力して仕事に取り組むべき同僚が、競争上の敵となってしまえば、仕事がうまく進むはずがない。

「実際の現場では、「目標シート」に書けない隙間業務の方がむしろ多い。でも、誰も自分からはそういう仕事をやろうとしなくなった」〔文献78、六三頁〕。「誰もが失敗の可能性の少ない、あるいはすぐにでも達成できる目標を選ぶ。やりがいがあるが達成が難しい目標などは選ばない」〔文献78、八一頁〕。目標の達成で評価されるのであれば、誰でも当然そのようにするだろう。しかも、不良在庫の処理や損失の計上など、健全な会社の運営には不可欠だがネガティブな仕事は、誰も「目標」として設定しないので、誰もやらないということになる〔文献78、一〇六頁〕。

こうした状況では、社員のモラルが崩壊する。「「仕事をやりとげる」という目的意識が、いつの間にか、「単に目標を達成する」というドライなものになった」〔文献78、六五頁〕。高評価をあきらめた人が、「毎月の残業時間を半ばヤケクソになって延ばすことに専念し始めた」〔文献78、七二頁〕。これが、人件費が二割もアップした原因だという。そして営業部は、自分たちの売り上げ目標を達成するために、なんと顧客に他社製品を勧めるようになった。しかし、自らの施策がこれらの惨状の原因だと反省しない社長は、「従業員が働かないのがいけない」と言ってのけた［文献75、九頁］。成果主義は、経営者と従業員の間にも決定的な亀裂を作ってしまったのである。

城によるまとめは悲惨なものだが、なにやら日本の国立大学の近未来を暗示しているかのようである。すなわち、成果主義の導入によって、富士通は「「チームワーク」「愛社精神」など、これまで年功制で培ってきた大事なものまで失ってしまった。さらに、企業文化である「チャレンジングな精神」も、「高い技術力」も失ってしまった。信じられないことに、わずか数年のうちに、である」［文献78、八二頁］。

こうした結果を招いたのには、経営陣や人事部の対応がまずかったという富士通固有の事情もあるようだが、決して同社は特殊事例ではない。アルフィ・コーン『報酬主義をこえて』［文献55］は、報酬によって競争をあおる方法が、会社においても学校においても、富士通同様の結果を招くことを論じている。つまり、報酬は、期待したのにもらえなかった者のやる気を奪う。それから、人間関係を破壊する。富士通の場合には、個人が業績評価の単位となったためにチームワークが破壊されたが、チームを評価単位にしても同様の結果になる。チームの成績が悪かった時に、成績を落とした犯人探しが行われるからである。さらに、チャレンジ精神も破壊される。「報酬目当てに働くときは、報酬を得るのにちょうど必要な仕事だけをやり、それ以上はやらない」からである［文献55、九三頁］。さらに、「報酬は内的動機づけを減退させる」［文献55、一〇四頁］。仕事そのものでなく、報酬を得ることが目的になってしまうと、仕事を面白いと思って自発的にやろうとする気持ちが削がれていくのである。

まるで富士通の事例を見てきたかのような話だが、コーンの原著がアメリカで出版されたのは、ちょうど富士通が成果主義の導入を検討していた一九九三年である。城が指摘しているが、「アメリカの企業が

「成果主義」を導入するようになったのは、一九八〇年代のはじめに深刻な不況に陥り、そのために日本企業や欧州企業との競争に次々と負け」た頃からである[3]［文献78、二一四頁］。アメリカ企業による成果主義の導入は、アメリカ政府のプロパテント・産学連携政策などと同様に、「日本脅威論」への対応策だったのである。その後、「一九九〇年代に経済状況が好転すると、企業は「成果主義」よりも「雇用保障」を大事にするようになった」［文献78、同所］。

なぜそうするようになったのかについて城は書いていないが、成果主義が広がった結果、弊害が次々に露呈したことが大きいだろう。一九九〇年代初めには、コーンをはじめとする成果主義批判が行われるようになった。そして、アメリカ企業が成果主義に見切りをつけたちょうどその時、日本企業は成果主義を競って導入し、わずか数年でその弊害に直面させられた。日本でも、その弊害を説く高橋伸夫『虚妄の成果主義』［文献89］が話題になった。しかし、まさにその時、今度は大学に成果主義が導入されたのである。現在の国立大学では、政府がトップダウンで目標を設定し、それを各大学に下ろして各期の計画を立てさせる。期末にはその目標を達成したかどうかで大学は評価され、評価結果が次期の運営費の査定に利用される。つまり、大失敗した富士通とほとんど同様の仕組みが導入されているのである。

財界も政府もどうして学習しないのかと思うが、他方で、大学もまた自らのあり方を反省せねばなるまいとも思う。おそらく財界や政府の要人の大部分は、大学を卒業しているのだろう。だとすると大学は、きちんと学習し考える力を身につけさせないままに学生を卒業させてきた長年のツケを払っているのである。

それでも蔓延する競争主義——「上から目線」と「トップダウン」は逆効果

なぜ、競争主義や成果主義による「改善」の試みはうまくいかないのか。にもかかわらず、性懲りもなくあちこちで競争主義的な改革が進められるのか。その答えは、実は同じである。すなわち、政策決定者が、トップダウンで何かを強制的にやらせようという発想を取っているからである。

まず、二つ目の問いに関連して、コーンは興味深い調査を紹介している。「一九四六年と一九八六年の工場労働者へのアンケートで、仕事に何を求めるかを尋ねたところ、「よい給料」という答えは選択肢一〇のうちの五位に来たにすぎなかった。もっと最近の調査では、「仕事のおもしろさ」が一位だった。ところが経営者たちは労働者の最大の関心事は金であると思い込んでいた」［文献55、一九四頁］。また別の調査では、「一〇項目のうち給料は六位」、「しかし他の人たちは何を重視していると思うか聞かれると、大抵の人が給料と答えた」［文献55、同所］。

つまり、多くの人は、自分が仕事をするのは仕事が面白いからだが、他人は給料のために働いていると考えているのである。政策決定者も経営者も同様である。かれらに、他人の立場に立って考える想像力が欠如していることが、お金をインセンティヴに使う政策が廃れない理由である。自分は違うけど他人はお金のために働いているのだから、お金で釣るのが一番効果的なはずだという、他人の人間性を自分より低く見た「上から目線」の発想が、競争主義の背後にある。

さらに、お金をインセンティヴに使うことは、他人の行動を、その人が何を考えているかにかかわらず

▼3 コーンも、「アメリカ企業のうち、なんらかの報奨金制度や歩合制を持っているところは七五パーセントから九四パーセントに及び、しかもそうした制度の多くはここ数年のうちに取り入れられたもののようである」と述べる［文献55、一九頁］。つまり、アメリカにおける成果主義の広がりは一九八〇年代の現象だということである。

変更させる有効な手段であることも、競争主義が廃れない理由である。コーンの言葉を借りれば、親や教員や経営者は「子供が泣きわめいている原因、生徒が宿題をやってこない原因、従業員が気の乗らない仕事ぶりをする原因を考える必要はなく、ただ該当者を買収するか脅すかして活を入れればいいのだ」と考えているということだ［文献55、八七頁］。

「教育を改善すれば報酬を上げる」とか、さらには「改善しなければクビ」などと言われれば、内心では反発しながらでも、表面的な行動だけは変えざるをえない。面従腹背である。現在の大学教育が気に入らない政治家や財界や官僚は、大学予算の配分に競争主義を導入することで、具体的にどこに問題があるのかを特定することなしに、教員たちが自分たちの考える仕方で（少なくとも表面的に）ふるまうように強制することができるのである。

もしも本当に大学を改善したいのであれば、政策決定者は、大学人側の説明を粘り強く聞き、自分たちの側に問題があるのであればそれを改善し、それでも足りない部分については粘り強く自分たちの問題意識を説明し、協力を求めなければならない。こうして政府と大学人との間で問題点についての合意が形成されれば、多くの大学人は札束で強制されなくても、自発的に改善に取り組むことであろう。

政策決定者が、そうした手間のかかる対話のプロセスを避け、「上から目線」で一方的に自分たちの言うことをきかせようという態度を取り続けていることが、性懲りもなくあちこちで競争主義的な改革が進められている最大の原因である。そしてこれが、競争主義的な改革がうまくいかない最大の原因でもある。人間は誰しも、意に沿わないことを問答無用で強制されれば反発するからである。そして、隙あれば報復しようと考える。アリバイ作りの体裁だけ整える。これまで熱心に取り組んできたことを続ける意欲も失う。それで改革がうまくいくわけがない。

相手の立場に立って考える想像力が少しでもあれば、そして相手も自分と同じ人間なのだということを忘れさえしなければ、何かを強制された人間がこうした反応をすることは明らかなはずだが、「上から目線」の人間には分からないのだろう。

こうして、競争主義的政策が蔓延し、その弊害が噴出することになる。企業であれば、弊害は業績の悪化や株価の下落など、企業の存続にかかわるような仕方で跳ね返ってくる。しかし、大学の場合、弊害は論文数の低下や若手研究者の困窮など、目立たない形でしか現れてこない。論文数が低下しても、若手研究者を雇い止めしても、大学の経営不振に直結するわけではない。大学の現場にいない政策決定者に何らかの痛みが生じるわけもないし、弊害が露呈したところでかれらの責任が問われたという話も聞いたことがない。むしろかれらは、大学が改善しないのは大学人のせいだと考え、さらなる改革策を強要することになる。弊害は見直されることなく、むしろ増幅され、蓄積されていく。

教えるべきことを、まず教員が実践――異論と合意の社会観を

競争主義に弊害があるのは分かった、では大学教育を改善するにはどうすればよいのか、と問われるかもしれない。しかし、それに答える前に、まず、日本の大学教育に問題があるという前提を問い直してみる必要がある。第4章で見たように、日本の大学教育は、ＯＥＣＤの国際的な学力調査において非常に高い評価を受けているのである。日本の大卒者の読解力の水準は、アメリカなどを凌いで世界トップレベルである。研究にしても、二〇〇〇年以降のノーベル賞受賞者数はアメリカに次いで世界第二位である。こうした客観的な指標で見れば、日本の大学の水準は非常に高いと言うべきである。ＴＨＥ社の「大学ランキング」で日本の大学の順位が低いからといって、それほどうろたえる必要はない。

とはいえ、日本の大学は現状で何の問題もないと開き直るつもりはない。やはり、現状の日本の大学教育には問題があると考える。先ほど、いささか皮肉めいた口調で「大学は、きちんと学習し考える力を身につけさせないままに学生を卒業させてきた」と述べたが、実は私は本気でそう考えている。

本書の冒頭で、大学の存在意義は民主主義社会を実現することであり、そのために学生は対話による意見構築の技法を学ぶべきであると書いた。そしてその機能は、大学がユニヴァーサル化した現状でこそ強調されるべきであるとも述べた。大学で最低限度教育すべきことは、さまざまな問題について、その背景を知り、前提を疑い、合理的な解決を考察し、反対する立場の他人と意見のすり合わせや共有を行う能力だというのが、本書における私の中心的な主張である。これは、文系理系にかかわらず、すべての学問における基本的な能力であるばかりか、日常生活や職業や政治においても不可欠な能力である。それぞれの学問分野における専門的な研究教育は、この不可欠な能力を教育したうえで行わなくてはならない。

しかし、残念ながら、これまで大学はそこに焦点を当てた教育を必ずしも行ってこなかった。日本や世界を見渡すと、批判にまともに答えずに怒り出すような政治家、ものごとを単純化して捉え、人々を敵か味方かに分類し、敵は叩き潰せと叫ぶような政治家が大衆的な人気を博している。政治家や財界は、必ずしも客観的根拠があるわけでもないのに日本の大学は低レベルだと信じ込んで、自分たちの考える大学像を強制するために、お金の力を利用した改革を実施している。大学がマス段階を経てユニヴァーサル化している現在、こうした政治家も財界人も、さらには大衆も、大部分が大学を卒業しているはずである。にもかかわらず、そうした現状があるということは、大学は正しく考える技術をきちんと教育してこなかったと考えるほかかない。

では、大学がそうした教育を行うようになるためには、どうすればよいだろうか。もちろん、そうした教育の実践に金銭的インセンティヴをつけるなどというのは論外である。反対する立場の人間と合意形成するための教育を、問答無用で押しつけるのは自己矛盾以外の何物でもない。教員自身がこうした能力を実践的に使用することで、こうした能力の教育を広げていかなければならない。つまり、教員の間で大学や社会の現状について対話を進め、問題意識を共有し、それへの対応として取るべき方法について合意を形成するならば、各教員は、何らの強制を受けなくても、自発的にその実現に取り組んでいくはずである。そうしたとき、各人は自分なりの創意工夫で教育を行うだろうし、そこに良い面があれば周りの教員も学んでいくことだろう。他人の人間性を信頼し、対等な立場で対話を進め、協働することでのみ、大学教育は改善するのだと思われる。私は、大学がそうした場に変わっていくための第一歩として、こうした本を書いて世に問うているのである。

正しく考える技術

先ほど、「これまで大学は正しく考える技術に焦点を当てた教育を行ってこなかった」と述べた。それが文系理系にかかわらずすべての学問における基本的な能力であるというなら、それを教育せずにどうやって諸学問の教育が行われてきたのかと、疑問に思われるかもしれない。通常は、まずそれぞれの学問の基本的内容が講義によって知識として伝達され、それに加えて、理系であれば実験や理論計算、文系であれば文献講読や社会調査など、それぞれの分野における研究の実践が大学教育の主眼になっているのである。

こうした教育方法では、大学院に進学して研究者になるわけではない大多数の大卒生は、方法論的な面についてしっかり身につけたという自覚を持つことがなく、日常生活や職業の場面で学問的な方法を応用することができない。このことは、研究者自身についてもある程度当てはまるのではないかと思われる。私自身は人文社会系の学部に所属する哲学研究者で、率直に言って理系の研究者についてはよく分からないので、私自身の経験にもとづくが、たとえば論文や本を書くとき、自分がどのような方法を取っているのか、必ずしも自覚的ではなかった。

哲学の分野において論文や本を書くためには、まずは関連する文献を調べなければならない。最初に、その分野における古典的な文献を読み、次にそれに対する著名な批判を行った文献を読み、さらに近年の論文を調べる。近年の論文については、どれぐらい信用できるものなのか、どれぐらいメジャーな学説になっているのか、といったことも判断する。賛否両論ある主題については、どちらかの立場に偏らないように注意して文献を収集する。そのうえで、自分の論文で主張すべき、学問的意義がある新たなアイデアを検討する。

しかし、自分がどうやって基本的文献を特定したり、論文を評価したりしているかといった点については、自覚的ではなかった。ただ、実践していただけである。たとえるなら、自転車に乗れるからといって、その乗り方を聞かれても答えられないようなものだ。

なぜそうなったのかというと、私が学生のとき、方法論的な部分に焦点を当てて、それを段階的に反復練習するような授業は行われていなかったからである。レポートや論文を書いてきては、先生や先輩に足りない部分を指摘され、批判され、書き直してきてはまた批判される、といった実践的なくり返しのなかで学んだ。おそらく、多くの大学では、現在もそのような指導が行われているのではないかと思う。

私の場合には、結果として何とか論文らしいものが書けるようになったから、そうした方法でもよかったといえばよかったのだが、調べた文献のコピペ（切り貼り）でなく、きちんとした形式にのっとった

「引用」ができるようになるまで、ずいぶん苦労した。結局、何とか書けるようになったのは、大学に入ってから一〇年以上経った博士課程の後半ごろであった。

これでは、学部でしか学ばない多くの学生は、正しい論文の書き方、つまりは正しく考える技術を身につけることができない。学部の卒業に間に合わせるためには、やはり、方法論的な部分に焦点を当てた授業を行う必要がある。私も、大学で学生を指導するようになった最初のうちは、自分が指導されたように指導していたのだが、しばらくしてそのことに気づいた。そこで、自分が半ば無意識的に実践していた方法を自覚化し、学生が具体的な作業を反復練習できるように、できる限り具体的に提示するよう心がけた。

その詳細は前掲の拙著『コピペと言われないレポートの書き方教室　3つのステップ』を参照していただければ幸いだが、ここでは概要を紹介する。それは、①関連する情報を収集する、②それらを比較検討する、③自分の意見を根拠づけて主張する、という3つのステップから成っている。[4] 簡単なことのようだが、私のこれまでの経験から言うと、多くの学生はそれぞれの段階を身につけるのに大変に苦労する。

まず、「情報を収集」について言うと、単なる思いつきでなく客観的根拠を提示しながら主張を展開するためには資料を参照することが不可欠なのだが、学生には、調べてきた資料を「コピペすること」と「引用すること」の違いが、なかなかわからない。私自身がこの点でずいぶん苦労した。

昨今、コピペで作られたレポートの蔓延が大学人の間で問題になっている。二〇一四年の「STAP細胞」をめぐる研究不正事件では、実験データを捏造した主任研究者が、博士論文をコピペで作っていたこ

▼4　実際の本の章立てでは、「ステップ1：「コピペ」と言われない書き方・基礎編、ステップ2：「コピペ」をしようと思わなくなるための方法、ステップ3：「引用」を活用した文章の構成」となっている。

とが暴露され、コピペ問題は広く一般にも知られることとなった。こうしたことから、「最近の学生はモラルが低下している」といった声が広く聞かれるが、私が思うに、コピペ・レポートやコピペ論文の蔓延は、モラルの問題ではなく、単にコピペと引用の違いが適切に教育されていないことからの帰結である。コピペをする学生への適切な対応は、「倫理教育」などと称して説教をすることではなく、適切な引用の仕方を訓練することである。

適切な引用の仕方の基本は、「出所表示(出典を示す)・明瞭区分性(引用箇所をカギカッコで括るなどして明示する)・主従関係(引用は論文全体の従属的部分でなければならない)」という三つに要約できるが、実際に引用を活用した文体で書けるようになるまでには、かなりの反復練習が必要である。小人数の授業で、何度も添削してやらないと改善しない。

それから、情報収集のためには、ネット上の情報の真贋鑑定能力も重要である。制作者の氏名が明記されていないページは、見てもよいが引用しない。ウェブページに興味深い記述を見つけたら、その情報の一次文献(たいていは学術論文)にまでさかのぼって読んでみる必要がある。そうしたことも、一緒に論文検索をして指導しないと、なかなか学生だけではできない。

さらに、人間には自分に都合の良い情報ばかりを好んで集めるという傾向がある。心理学で言う「確証バイアス」である。たとえば、日本の大学には問題があると信じている人は、その信念に一致する情報ばかりを集めてしまう。THE社の大学ランキングで日本の大学は低位だということはよく知っているが、OECDの国際学力調査で日本の大卒者の読解力レベルが世界最高水準だといったデータは知らない。朝日新聞の世論調査で「大学は世界に通用する人材を育てることができていないと思う人が六三%」という数字を見ると、調査結果のほかの部分は無視してそこだけに注目してしまう。

一方の立場に有利な情報だけを集めても、適切な評価ができないことは言うまでもない。事態を適切に判断するためには、自分の立場と正反対の立場は何かを意識的に考え、反対の立場に立った論考やデータを探し出して、自分の立場と比較検討しなければならないのである。

そして最終的に、自分の意見を根拠づけて主張するために、説得力のある文章を構成しなくてはならない。話の流れの中で論理が飛躍しないようにするためには、一つ一つの文を短く切って適切な接続詞でつなぐことが必要であり、抽象的で内容空疎な言葉の羅列にならないためには、常に具体的な場面を念頭に置いて考えることが必要である。

こうしたステップを踏んで、「反対する立場を踏まえつつ、客観的根拠にもとづいて考える技術」を習得させることができれば、対立する立場の人間と出会ったときに、自分の立場を主張し、相手の主張も理解し、そのうえで双方が折り合えるように合意形成をすることもできるようになる（はずである）。

この、異なる立場の人間と合意形成していく能力は、批判に「逆ギレ」し、物事を単純に敵か味方かで考えるような政治家が跋扈《ばっこ》する昨今の世界情勢にあって、民主主義的な社会を維持していくために不可欠の能力である。大学は、そうした社会を維持するための役割を果たさなくてはならない。本当に、切実にそう思う。

しかし、私一人が何をしても、社会全体のなかではほとんど無力である。多くの大学人が、問題意識を共有して、研究教育において連携していかなければならない。授業に関して具体的に言えば、一つの授業を複数の教員が担当することは、その一つのきっかけになるだろう。それも、担当者が毎回入れ替わりで講義する単なる「オムニバス形式」でなく、授業によって学生に獲得させるスキルと、それを実現するための手段について担当者間で合意を形成したうえで、毎回の授業に担当教員全員が参加し、体系的に展開する必要がある。そうすることで、教員自身も学ぶことができる。教育の現場からの、そうした地道な取り組みを一歩一歩進めていくほかあるまい。

もちろん私も、そうした授業が容易に実現すると思うほど楽観的ではない。実際のところ、連携を呼び掛けても、応えてくれる教員はわずかで大多数は無視、一部の教員からは「大学改革推進派の回し者」的な扱いを受ける。また一部には「協力するよりも、それぞれが学生獲得競争をした方が授業の改善につながる」という新自由主義的な考えの教員もいるようである（あくまで私の主観的な解釈である）。私自身が、異なる立場の人間との合意形成の難しさに直面する毎日である。とはいえ、少しずつでも連帯の輪を広げていくほかないと考えている。権力を振りかざして強制するような対応を取れば、どんなに素晴らしいアイデアも毛嫌いされることは目に見えている。

ボックも、トップダウン型の大学運営には弊害が大きく、むしろ教員同士の自主的な取り組みを支援する方が有効であると述べている。

> 企業家的な学長や学部長はしだいに新しい企業家的な企画を立ち上げるときに教員による審議を無視しようという誘惑にかられている。（中略）教育や研究の画期的な革新はトップダウンの経営管理から生まれることは稀である。それらは創造力豊かな教員による実験や、統制的でない事務局の支援を受けて教員同士が協力したりすることによって生まれてくる。
> 〔文献141、一八六〜一八七頁〕

分権的統治や教員参加は、もし競争についていきたいのならば企業家的大学がもはや持つことが許されない無駄な存在であると言われる。そのような意見はもっともに聞こえるかもしれないが、それを支持する証拠は実際にはほとんどない。高等教育の商業化の歴史の中で、教員による長い議論の中で失われたものは、本当に価値のある商業的なチャンスでなく、拙速で誤った方向の営利追求の企画の場合の方が多かったということは容易に指摘できるであろう。〔文献141、一八七頁〕

ハーヴァード大学で二〇年間学長を務めた者の言葉である。

第2節　研究は競争で改善するか

〝競争〟とのかしこい付き合い方――知的好奇心と利他的関心で切磋琢磨

ここまで、教育は競争に向かないこと、あるいは一般に、成果主義による競争は組織を破壊することを見てきた。競争によって改善される物事もあるが、そうした場合でも競争が健全に機能するのは、栄誉と小遣い程度の賞金をめぐって、参加したい者だけが参加しているときのみである。そうしたときには、競争はフェアプレイ精神にのっとって行われる。町内の運動会でドーピングしてまで勝とうとする人はいないだろう。

もちろん、どこの世界にも勝ち負けにこだわる人や名誉欲の強い人、規範意識の薄い人は一定程度存在するから、どんなに牧歌的な競争でも不正はゼロにはならないかもしれないが、競争の結果得られるものが栄誉と小遣い程度であれば、不正による社会的損失は大きくない。不正が発覚した段階で、栄誉を剥奪すれば事足りる。

しかし、競争が過酷化すれば、どのような物事についてであれ、教育や企業について見てきたのと同様の弊害が噴出する。競争の勝者に与えられるものが巨額になれば、不正による社会的損失も大きくなる。それゆえ、競争の過酷化は不正防止策の肥大化と表裏一体である。オリンピックがドーピングとの戦いになるのは必然である。

教育と並んで大学のもう一つの重大な任務である研究についても、教育について述べてきたことは同様に当てはまる。ただし、一般的に言えば、科学研究は教育と違って競争による改善が期待できる物事の一つである。科学のそれぞれの分野において、何を研究するべきか、どういう発見が期待されるかといった基本的な枠組み（トマス・クーンの言う「パラダイム」）が研究者の間で共有されているからである。

実際、近代科学の成立以来、科学は新発見を目指す競争によって発展してきた。その成立初期においてすでに、誰が最初の発見者かをめぐる論争も行われている。ロバート・フック（一六三五～一七〇三年）がアイザック・ニュートン（一六四二～一七二七年）に対して「万有引力の法則の発見者は自分だ」と主張したことや、同じくニュートンとゴットフリート・ライプニッツ（一六四六～一七一六年）の間で、どちらが先に微積分法を発明したかについて論争があったことなどは有名だろう。

しかし、科学における競争は、その成立から二〇世紀半ばごろまでは、単に栄誉をめぐる競争であった。あるいは少なくともそのように考えられていた。二〇世紀半ばに、大学教員は専門職としての地位を確立し、その倫理規範も定式化されたが、そこでは、科学研究は金銭的な利益ではなく、「知識への情熱、純粋な好奇心、人類全体の利益への利他的関心によって動機づけられる」とされたのである。

この二〇世紀半ばは、業績による大学教員の採用や昇進が一般化した時代でもある。一九世紀後半のドイツを皮切りに、研究における競争の結果は、研究職への就任や教授への昇進といった実際的利益と結びつけられていった。それゆえにこそ、この時期に科学者の倫理が定式化されたのであろう。研究業績は利益に結びつくようになったが、もしも科学者がその利益を目的として競争するようになれば、科学者共同体が破壊されてしまう。そのことを、当時の科学者たちは本能的に感じ取っていたのではないか。

しかも同時期、科学研究にはミリタリーへの応用を期待した政府や産業界から巨額の資金が提供された。それ以前には、大学はエリート段階にとどまっており、科学研究に従事する人数も、そこに投入される資金もそれほど大きなものではなかった。科学研究や科学者のふるまいに対する社会的関心もそれほど大きなものではなかった。ところが、二〇世紀半ば以降、大学はユニヴァーサル段階へと急速に拡大した。研究者の数や投入される資金も増大し、科学研究は大きな社会的関心事となった。そうした状況で、科学者が身を正す必要性を自覚したことが、科学者倫理が定式化されたもう一つの背景であろう。

しかし、それ以降の科学研究をめぐる状況は、競争という側面の強調とそのやみくもな強化であった。研究不正についての古典的文献であるウィリアム・ブロード&ニコラス・ウエイド『背信の科学者たち』［文献138］の第3章は、「立身出世主義者の出現」というタイトルである。その大部分は、一九七〇年代に、大量の論文を盗作して「業績」を作り、学位や研究職の地位を得たアルサブティという男に当てられている。

イラク出身のこの男は、「学位をでっち上げ、ヨルダン政府を欺いて数万ドルを出資させ、王室との関係を築き、さらにアメリカの大学に入り込み、Ph・Dを受けた。権威あるアメリカのいくつかの研究室で働く間に、発表した六〇篇の論文のうち、おそらくはそのすべてを剽窃《ひょうせつ》した」という［文献138、五八頁］。さすがにこれはいささか特異な例だろうが、この頃にはすでに、研究をめぐる競争環境は、かなり悪質な不正を誘発する程度まで激化していたのではないかと思われる。

しかし、忘れてはならないが、科学は競争一辺倒で発展してきたわけではない。競争と同時に、協調や協力も科学研究を発展させてきた重要な要因である。研究上のライバルに実験のコツを教えたり、さらには実験用の試料を提供したりさえするのが常であった。科学研究は、パラダイムを共有する科学者共同体による共同作業という側面がある。研究が個人単位の利益獲得競争になってしまえば、科学のそうした側面が破壊されてしまう。二〇世紀半ばの科学者たちの本能的な危惧が、現実になってしまうのである。

研究における過当競争の生々しい現実

一九八〇年代以降のアメリカのプロパテント・産学連携政策と、九〇年代後半からの日本の追随、さらに二〇〇〇年代に入ってからの競争主義的な大学改革によって、研究をめぐる現在の競争は、「死ぬ気で競争しないと本当に死ぬ」というレベルにまで過酷化している。イノベイティヴな研究の中心を担うはずの若手研究者の多くは、期限付きの不安定な身分で雇用されており、三年や五年といった雇用期限のうちに目立った業績を上げなければ契約が更新されないという立場にある。競争の結果次第で生活の糧を奪われるという崖っぷちで追い立てられているのである。

すでに終身雇用の職を手に入れている研究者にせよ、大学に配分される基本的な研究教育費は削減されつづけ、先端的な研究を続けようとすれば競争的資金を獲得しなければならない。しかし、最大の資金源である日本学術振興会所轄の科学研究費（科研費）の新規採択率は、この二〇年間おおむね二五％ほどで推移している［文献120］。研究費が得られなかったら、研究者としては死んだも同然である。

前節で見てきたように、競争が過酷化すると、㈠大多数の人間がやる気を失い、㈡人間関係が破壊され、㈢チャレンジ精神が失われ、㈣モラルが低下する。科学研究においても同様の結果が生じる。くり返しを避けるために、以下では研究の現場の惨状を簡単に見ておくことにする。

㈠多くの若手研究者は、現在の雇用期限より先の生活設計の目途が立たない状況に疲れ果て、研究者の道をあきらめる。先輩のそうした姿を見て、優秀な若者が研究者を目指そうとしなくなる。他方、すでに終身雇用の地位を得ている研究者は、科研費の採択から外れつづければ研究を続けることができないから、研究をあきらめて無為に過ごす。

㈡研究成果で特許を取得して大きな利益を上げようとする研究者は、研究結果をぎりぎりまで秘匿し、論文では結果が再現できないように核心的な部分をぼかして書いたりする。あるいは、特許権侵害を口実に他人の研究の足を引っ張ろうとする。研究室を主宰する教授が、立場の弱い大学院生やポストドクター研究者を自分の研究のために使役する。他方、それほど大きな個人的利益を期待できない大多数の研究者の間では、過酷な競争主義的政策を取り続ける政府に対する反感や憎悪が渦巻く。

㈢時間がかかる研究、革新的だが失敗のリスクの大きい研究は敬遠され、短期間で確実に結果が出る小粒の研究ばかりが行われるようになる。失敗すれば生活の糧が奪われるのであれば、チャレンジなどできるわけがない。コンクリートの床の上でE難度の離れ業を練習する体操選手がいないのと同様である。

㈣そして最後に、研究不正が増える。競争に敗れると職を失って生活が脅かされるような状況にまで競争が過酷化すると、不正が発覚して職を失うリスクと、競争に敗れて職を失うリスクが、同じぐらいの重みになってしまう。免職されるほど悪質でない不正なら、やった方がトクということにさえなりかねない。

研究不正に関しては、二〇一四年に「ＳＴＡＰ細胞」をめぐる研究不正が発覚し、科学界だけでなく一般の週刊誌を巻き込んだ報道合戦となったことから、一般的な関心も高まっている。そして同事件についての報道が過熱するなかで、昨今の過酷な競争的環境が研究不正を誘発しているという見方がメディアなどでくり返し語られた。たとえば、二〇一五年一月五日付の週刊誌『アエラ』は、この事件によって、「ポストや研究費をめぐる過度の競争、短期間で求められる成果、若手の育成」など、「日本の科学界が抱える問題」があぶりだされたとする［報道11、八五頁］。

しかし、幸いなことに、研究不正についてのデータを見る限り、やってもいない実験のデータをゼロから捏造したり、別の写真を実験の証拠写真として提示したり、試料をすり替えて「実験」を行ってみせたりといった悪質な不正はそれほど多くないし、近年激増したというわけでもない。[5] 科学者の誠実さは、まだまだ捨てたものではないようである。ただし、「論文において方法や結果の詳細をあえて書かなかった」とか、「観察やデータの一部を不適切だと直感して排除した」「研究に関わる記録をきちんと保存していない」といった「疑わしい行為」については蔓延しているというデータもある［欧文16］。「この程度の不正ならやった方がトク」という認識が広がっているのだとすれば、深刻な事態である（ただし、単に「観察やデータや記録の適切な扱い方」がきちんと教育されていないだけという可能性もある。その場合、対策は「倫理教育」ではなく、適切な実験のやり方の教育である）。

「科学技術立国」のために今すぐ改めるべきこと――歪んだ予算配分が歪んだ運営を生む

このように、大学における研究の現場は、相当に荒廃が進んでいる。中でも深刻なのは、若手研究者の境遇である。これまで述べたことのくり返しだが、重大な問題なのであえてもう一度書く。

一九九〇年代後半の「大学院重点化」政策によって、大量の博士号取得者が生み出された。それに対応した就職口が十分なかったため、文部省は「ポストドクター等一万人支援計画」を実施し、博士号取得者の雇用のための予算を大学等に配付したが、設けられたのはすべて雇用期限付きの非正規ポストであった。その後、二〇〇四年に国立大学は独立行政法人化され、人件費などに充当される「一般運営費交付金」は一貫して減額されてきた。そのために、若手研究者が安定した職について活躍できる場がどんどん失われている。これから一〇年後、二〇年後に、日本の研究教育力は、本当に壊滅的な状況になることだろう。

日本における科学研究の現状はこのようであるのに、実は、政府の科学技術関係予算[6]そのものは、一九九五年に科学技術基本法が制定されて以来、全体としてはやや増加している。この法律は、「科学技術創造立国」を推進するバックボーンとなるもので〔文献172〕、「科学技術の振興に関する施策を総合的かつ計画的に推進する」ことを目的としており（第一条）、この法律にもとづいて政府は五か年ごとに科学技術基

▼5　たとえば、松澤孝明が「わが国における研究不正―公開情報に基づくマクロ分析（一）」〔文献143〕で取り上げている事例の総数は、一九七七年から二〇一二年までの三五年間でわずかに一一四件である。また、Daniele Fanelli は、「撤回論文の増加が（おおむね）良い兆候である理由」という論文で、二〇〇〇年以降に学術雑誌から撤回された論文の割合が急増したというデータを示しているが、その割合は、二〇一二年で〇・〇二%程度である。それも、「実際に不正が増えているというわけではなく、〔研究不正への意識が高まった結果〕瑕疵のある論文について撤回するという対応が一般化したことが主要な原因である」という〔欧文4〕。

▼6　科学技術関係予算とは、科学技術振興費に加え、国立大学の運営費交付金・私学助成等のうち科学技術関係、科学技術を用いた新たな事業化の取組、新技術の実社会での実証試験、既存技術の実社会での普及促進の取組等に必要な経費である。科学技術振興費とは、一般会計予算のうち、主として歳出の目的が科学技術の振興にある経費のこと（内閣府「平成28年度科学技術関係予算案の概要について（平成二八年一月）」）〔文献110〕。

本計画を立てることになっている。その第一期基本計画（一九九六～二〇〇〇年）に計上された予算は一七兆七〇〇〇億円、第二期以降も二一～二二兆円規模と、おおむね右肩上がりの予算が投下されてきた［文献111］。現在、第五期（二〇一六～二〇年）の計画では二六兆円の投資が計画されている［文献112］（ただし、伸び率は主要先進国中、最低水準で、金額の対GDP比も低水準である［文献173］）。

しかし、増額されたのは科学研究費補助金をはじめとする競争的資金や、少数の研究者に高額の研究費を支給する「FIRST（最先端研究開発支援プログラム）」[7]や「ImPACT（革新的研究開発推進プログラム）」といった国策的な資金ばかりで、大学の運営にかかわる基本的な運営費は一貫して減額されてきた。

そうした競争的資金や国策資金には三年や五年の期限がついているから、終身雇用の研究者の人件費には使えない。そこで、大学の終身雇用のポストは削減され、有期雇用の非正規ポストばかりが増えることになる。こうした歪んだ予算の配分は、たとえるなら、基本的な食事をどんどん減らしてサプリメントだけ与え、特定の筋肉だけ筋トレさせるようなものである。それでは体力がつくどころか、体を壊すのが当然だ。即刻改めて、大学に基本的な運営費を保障するべきである。もちろん、研究費の一部については獲得競争をさせたほうがよいだろうが、生活の糧まで奪うような条件で競争を強要するのは弊害が大きすぎる。こんな予算配分で科学技術が振興できると考えるのは、あまりにも人間の本性についての洞察を欠いている。

名ばかりの「自由競争」——政府が進める擬似的な大学間競争

昨今の大学改革では、教員個人を教育や研究の場で競争させようとするだけでなく、大学そのものも過酷な競争的環境に置かれている。競争によって日本の大学のあり方を、アメリカの大学をモデルとしたあり方へと変化させ、それによって研究を活性化させようというのである。ところが、日本における大学間の「競争」の実態は、アメリカのような自由市場における学生獲得や研究成果をめぐる競争ではなく、競争の目標を政府が与え、その達成の程度も政府が評価するという疑似的競争である。

国立大学法人法第三十条は、「文部科学大臣は、六年間において国立大学法人等が達成すべき業務運営に関する目標を中期目標として定め、これを当該国立大学法人等に示すとともに、公表しなければならない」とする。ただし、現実には、各大学の目標は、各大学が出した原案に文部科学省が修正を指示し、それに対応した修正案を各大学が出し、文科省がまた修正し、というような形で策定されていき、最終的に文部科学大臣が定める。

そして、六年ごとに、文科省の審議会である「国立大学評価委員会」が評価し、その結果が次期の運営費交付金の査定に使われる。[8] まるで旧社会主義諸国における計画経済さながらの仕組みである。しかもその評価は、基本的には単なる書類審査なのである。

また、政府は、人件費や物件費に充当する基本的な運営費（一般運営費交付金）を削減する一方、各大学の事業計画を査定して交付する「特別運営費交付金」を増やしてきた。これも同様の疑似的競争システ

▼7　同プログラムの公式サイトによると、これは二〇〇九年に発足し、「日本全国から応募のあった研究者の中からトップの三〇人（中心研究者）を選び出し、一人の中心研究者に約一五億円から六〇億円のプロジェクトを任せるという非常にユニークな制度」である［文献134］。

▼8　一つの中期目標の達成が目指される六年間を「中期目標・中期計画期間」と言い、現在、国立大学は第三期の同期間に入っている。各期の各大学の目標と評価結果の一覧は、文部科学省「国立大学法人等」［文献174］に掲示されている。

ムで、査定担当官が書類を中心に、多少のヒアリングを行って審査するだけである。

これでは、評価される側の大学は、学問世界の動向や学生のニーズではなく、政府の顔色ばかりを見るようになってしまう。

もしも政府に、すべての学問の動向全般を総覧し、市場の機能を代替するほどの、神のごとき目標設定能力と評価能力があるのならそれでもよいが、そんなことが期待できるわけがない。市場においては、多数の参加者が、自分たちの視点から最適と考える行動をとり、その総体として結果が出る。結果には、参加者それぞれの視点や利害が、少しずつであれ反映される。それに対してこの疑似的競争システムでは、目標設定も業績評価も、評価委員という一部の人間の限られた知性によって、書類のうえで行うだけである。大学に関連する人々の多様な視点や利害のほとんどはまったく無視されてしまう。人為によって市場を代替することは不可能なのである。それゆえにこそ、計画経済は失敗し、社会主義諸国は崩壊したのであった。

計画経済の失敗について、ジョセフ・ヒースは『資本主義が嫌いな人のための経済学』［文献129］のなかで面白い例を挙げている。「肥料生産者と肥料を入れる袋の生産者の調整を欠いたせいで、線路わきに厩肥が山と積み上げられることになった。巨大な計画経済機構にもかかわらずこの体たらくだ」［文献129、三四頁］。市場経済であれば、個々の肥料業者がそれぞれの取引先の袋業者に必要な枚数を発注すれば済むことである。このような単純な関係についてさえ、トップダウンによる計画が市場を代替することは困難なのである。

第2章で何度か取り上げたベン＝デービッドは、二〇世紀初頭におけるヨーロッパの大学について、以下のように述べている。

科学政策の形成は、なによりも政府の手にゆだねられることになった。その結果、政策はその執行の場とはかけはなれたところで形成されることになった。そして政策はつねに制度全体を対象とするものだったから、他の国々と比較する以外に、その成否を評価する機会はまったくなかった。（中略）大学や研究機関が自由に相互に競争し、革新を進めている場合であれば当然存在するフィードバック機構が、こうした中央集権制度には欠けていたのである。［文献139、二二八頁］

さらに彼は、「権力集中型のシステムは、自己評価という人工的なメカニズムを作り出さねばならないが、これが成功したためしはいまだかつてない」と断言する［文献139、二三一頁］。一九七一年に書かれた本だが、まるで昨今の日本の大学改革についての論評のようである。

アメリカの大学システムは、アメリカの他の社会システムとの連関のなかで、自然発生的に形成されたものである。他方、日本の大学システムは、日本の他の社会システムとの連関のなかで、自然発生的に形成されたものである。諸社会システムの全体的構成が日米で異なる以上、大学のみを取り出して強引に操作しても、アメリカの大学と同じようなものはできてこない。自分たちの知性が社会システムを代替できると思うのは、傲慢である。

おわりに――大学になにができ、なにができないか

この本では、昨今の大学改革の現状を皮切りとして、大学の歴史と「学問の自由」という理念の歴史、日本の大学入試システムの社会的位置づけ、職業教育、日本における社会保障制度と税制、競争主義の妥当性といった多様な話題について考えてきた。

大学は、さまざまな権力機構が拮抗する中世の時代状況の中で、自由に学びたい学生と自由に教えたい教師の組合として始まった。その自由こそが、中世における学問研究の大いなる隆盛をもたらした。ところが、中央集権的な近代国家の成立過程において、そうした中世的な自治的な組合は解体され、国家機関の一つとして取り込まれた。一九世紀のドイツでは、大学は特権的な自由を与えられたが、それは自由な学問研究が国家の発展に資するという理論にもとづいてのことであった。二〇世紀になると、アメリカで大学教員の組合が自分たちの雇用の保障と学問の自由を求めて闘争し、「テニュア制」を獲得した。同時期に、科学のミリタリーへの応用を期待した政府から、豊富な研究資金が提供されることにもなった。このように、近代における「学問の自由」は、自由を求める学者たちと、研究成果を国家の発展に利用したい政府のせめぎあいのなかで確立されてきたのである。

現在の日本では、大学改革と称して、大学の目標を政府が与え、大学はその実現に向けて計画を立てる

という、歴史的に見ても世界的に見ても異様な大学の国家管理体制が作り上げられてしまった。それに対して大学人の間からは批判の声が上がっているが、抽象的な「学問の自由」や「大学の自治」といった言葉だけでは、政府や社会を動かす力がいささか弱いのが現実である。大学人は、高等教育機関の本質と機能に関する合意を形成し、実践する一方、それが社会的合意となるように、説明を尽くしていかなければならない。

日本における大学は、遅れて近代化を始めた国に特有の歴史的背景を有し、企業の日本的経営や雇用保障優先の社会保障体制とも絡み合って成立している。大学の問題は、大学だけの問題ではない。そこで問われているのは、日本社会全体のあり方なのである。

「教育については誰でも一家言ある」とはよく言われる。大学改革の進展に対応して、大学について論じた本もたくさん出版されるようになってきた。政治家や財界人だけでなく、一般の人の間でも「教育は大切だ」は通念となっている。そこで、研究不正や論文のコピペが問題になると「倫理教育」、若者の就職難や離職率が問題になると「キャリア教育」など、何かが社会問題になると、すぐに教育によって対応しようという声が出てくる。「倫理教育」「キャリア教育」など、さまざまな「○○教育」が、小学校から大学まで課されている。現場の教員の負担などおかまいなしだし、これまで一般企業に就職した経験のない教員に「キャリア教育」などできるだろうかといった問題もまず語られない。少し研修を受けたぐらいで、人に教えられるレベルの知識や技能が得られるはずがない。近年は小学校で英語教育が導入されているが、現場の教員の方々の苦労と負担はいかばかりかと思いやられる。

たしかに教育は大切だし、多くの人々に大学に期待していただけるのは一大学人としてありがたいことだとも思うが、「誰でも教育を受ければ何でもできるようになる」わけがないのである。そのことを忘れると、教育に対する要求過剰になる。

政治家や財界人が教育に大きな関心を払うのは、ありていに言って、教育は子どもたちを操作する有効な手段だと考えているからではないか。誰でも教育を受ければ何でもできるようになる。それゆえ、教員をちょっとした研修で教育すれば、子どもたちを教育できるようになり、子どもたちは自分たちの思うように育つ。そのように考えているのではないだろうか。「教育重視」は、一見すると正論のように思えて、その実、子どもたちを（そして教員を）都合よくコントロールしようという思想なのである。

この本では、政府の審議会や財界の提言などを何度も参照してきたが、その中に大学生や高校生の視点がほとんどまったく入っていないことにお気づきになっただろうか。学生は「顧客」として言及されることはあるが、大学改革論議では、どういうわけか、その「顧客」が何を求めているかという点がほとんど無視され、「顧客」でもない財界の求めることが「社会的要請」と呼び変えられて、それを実現しようという論点ばかりが目立つ。こうした点にも、大学改革論者たちが、学生は操作対象であって大学に関与する主体ではないと考えていることが垣間見られる。

政治家も財界人も、あるいは一般の人たちも、教育を語るときには「操作する側」の立場からものを考えてしまう。操作された側はどんな気持ちがするか、どのように反応するかといったことが考えから抜け落ちる。そんな教育政策は失敗するほかない。

残念ながらと言うべきか、幸いにと言うべきか、教育は万能ではなく、大学にできることとできないことがある。実は教育の力なんて、一般に思われているほどには強いものではないのである。人間の記憶は、コンピュータのメモリとは異なり、自分が理解できないことをそのまま記録するようにはできていない。自分なりに理解したことしか記憶に残らないし、自分なりに理解したことしかできるようにならない。子どもたちを同じ環境において、同じように教えても、理解や反応は子どもにより異なる。操作しようという意図で接すると、それを読み取って、それを考えに入れて対応するのも子どもである。それぞれの人間は、それぞれに閉じた世界なのであって、やすやすと思いどおりに操作できるものではない。

それゆえに、教育者にとって大切なことは、一方的に知識を注入する技術の優劣ではなく、相手のことを考え、意見や知識を共有して行こうという態度で接することである。教育とは、相手の言い分をよく聞きながら相互理解を進めていくというたいへんな手間のかかる、しかも手間の割に思ったようにうまくはいかないことが多い営みなのである。そして、そのように大変だからこそやりがいのある仕事でもある。

このことは、学生相手だけの話ではない。意見を異にする人に対して、自分の主張を強権的な仕方で押しつけるのではなく、相互理解を目指し、お互いに納得できる合意を形成することが、本来の民主主義社会における政治の役割である。お金の力を借りて無理矢理言うことを聞かせたとしても、いやいや従う人間が誠心誠意最大の力を発揮しようとするわけがない。人間が持てる力を最大限に発揮するのは、自分が信頼され、自分の判断が尊重されていると感じたときである。またボックを引用するが、彼はこのように言っている。

> 教員はもし問題が興味深く重大で彼らが何がしかの貢献ができると感じれば、やる気を持って参加してくれる。したがって、大学の重要なプログラムや政策に関する意味のある議論の場に尊敬されている教員を参加させ、彼らに自分たちが政策に本当の影響力があるのだということを確信してもらうために彼らの発言を重視するということが重要である。あくまでも目的は教員と事務局の強さを生かした統治機構を作ることである。
> 〔文献141、一八八頁〕

信頼関係にもとづく協力体制だけが、物事を真に改善するのである。トップダウン体制での施策の押しつけは、短期的には行動を変えさせることはできても、現場の反発を招き、長期的には現場の無気力化という結果になる。そんな現場で働きたいと思う若者はいないから、研究教育の現場は先細りになる。若手が就職できるポストが削られているから、なおさらである。

現在、大学だけでなく、日本社会全体が、根本的な変容を余儀なくされている。そうした状況にあってこそ、われわれは、多面的な知識と合理的な判断にもとづく合意形成によって、将来の日本社会のあり方を作り上げていかなければならない。この本が、そうした手間はかかるが有意味な議論のたたき台となることを願っている。

文献一覧

文献1　姉崎洋一「グローバリゼーションとイギリスの大学改革―イギリス高等教育の改革動向と経営・管理に関する現代的構造」細井克彦他編『新自由主義大学改革　国際機関と各国の動向』東信堂、二〇一四年、八三～一〇〇頁
文献2　アベラール『アベラールとエロイーズ　愛と修道の手紙』畠山尚志訳、岩波書店、一九三九年
文献3　天野郁夫『試験の社会史　近代日本の試験・教育・社会』東京大学出版会、一九八三年
文献4　天野郁夫『学歴の社会史』新潮社、一九九二年
文献5　天野知恵子『子どもと学校の世紀　一八世紀フランスの社会文化史』岩波書店、二〇〇七年
文献6　アメリカ教育使節団『アメリカ教育使節団報告書』村井実訳、講談社学術文庫、一九七九年
文献7　アリストテレス『形而上学』出隆訳、岩波文庫、一九五九年
文献8　安藤寿康『遺伝子の不都合な真実―すべての能力は遺伝である』ちくま新書、二〇一二年
文献9　池内了「危機に瀕する大学　学校教育法の改正問題」『現代思想』二〇一四年一〇月号、二八～三一頁
文献10　石川健治「天皇機関説事件八〇周年　学問の自由と大学の自治の関係について」広田照幸他『学問の自由と大学の危機』岩波書店、二〇一六年、四～四〇頁所収
文献11　井手英策『日本財政　転換の指針』岩波書店、二〇一三年
文献12　伊藤彰浩「大卒者の就職・採用のメカニズム―日本的移行過程の形成と変容」寺田盛紀編『キャリア形成・就職メカニズムの国際比較―日独米中の学校から職業への移行過程』晃洋書房、二〇〇四年、五八～八二頁
文献13　岩木秀夫『ゆとり教育から個性浪費社会へ』ちくま新書、二〇〇四年
文献14　ImPACT公式サイト（http://www.jst.go.jp/impact/download/data/ImPACT_p.pdf）
文献15　マックス・ウェーバー『プロテスタンティズムの倫理と資本主義の精神』中山元訳、日経BP社、二〇一〇年
文献16　上山隆大『アカデミック・キャピタリズムを超えて　アメリカの大学と科学研究の現在』NTT出版、二〇一〇年
文献17　上山隆大「産学連携とアクターとしてのアカデミアの意識　アメリカの経験から学ぶ」『一橋ビジネスレビュー』六一巻三号所収、二〇一三年
文献18　ジャック・ヴェルジェ『中世の大学』大高順雄訳、みすず書房、一九七九年
文献19　潮木守一『ドイツの大学　文化史的考察』講談社学術文庫、一九九二年
文献20　潮木守一『アメリカの大学』講談社学術文庫、一九九三年
文献21　潮木守一『世界の大学危機　新しい大学像を求めて』中公新書、二〇〇四年
文献22　OECD「図表でみる教育　二〇一四年版　カントリーノート日本」（http://www.oecd.org/edu/Japan-EAG2014-Country-Note-

japanese.pdf)。
文献23 OECD「図表でみる教育 二〇一五年版 カントリーノート日本」(http://www.oecd.org/japan/Education-at-a-glance-2015-Japan-in-Japanese.pdf)
文献24 OECD『図表でみる教育 OECDインディケータ(二〇一四年版)』明石書店、二〇一四年
文献25 隠岐さや香『科学アカデミーと「有用な科学」 フォントネルの夢からコンドルセのユートピアへ』名古屋大学出版会、二〇一一年
文献26 マイケル・サンデル『それをお金で買いますか』鬼澤忍訳、早川書房、二〇一二年
文献27 外務省「国際人権規約」(http://www.mofa.go.jp/mofaj/gaiko/kiyaku/index.html)
文献28 科学技術振興機構 研究開発戦略センター海外動向ユニット「米国DARPA(国防高等研究計画局)の概要(ver.2)」(https://www.jst.go.jp/crds/pdf/2014/FU/US20140901.pdf)
文献29 科学技術振興機構 研究開発戦略センター海外動向ユニット「米国:2016年度大統領予算教書における研究開発予算の概要」二〇一五年(https://www.jst.go.jp/crds/pdf/2015/FU/US20150323.pdf)
文献30 科学技術振興機構「主要国の研究開発戦略(二〇一五年)」(https://www.jst.go.jp/crds/pdf/2014/FR/CRDS-FY2014-FR-01.pdf)
文献31 香川めい「「自己分析」を分析する 就職情報誌に見るその変容過程」前掲『大卒就職の社会学』一七一～一九七頁所収
文献32 加藤雅人「ガンのヘンリクス」前掲『哲学の歴史 第三巻』所収
文献33 金子元久『大学の教育力―何を教え、学ぶか』ちくま新書、二〇〇七年
文献34 川口昌人「無料から有料、そして無料へ―ドイツの大学授業料が二転三転」(『プレジデントFamily』二〇一三年一二月号(http://president.jp/articles/-/11166)
文献35 川添信介「スコラ哲学とアリストテレス」『哲学の歴史 第三巻 神との対話』中央公論新社、二〇〇八年
文献36 イマニュエル・カント「諸学部の争い」『カント全集』第一八巻、岩波書店、二〇〇二年、七～一五六頁所収
文献37 期間工・JP「TOYOTA期間従業員募集」(https://kikankou.jp/toyota/?gclid=CI-E9sT1xdECFdMDKgod5QsGZQ、二〇一七年一月一六日閲覧)
文献38 京都大学「平成二六事業年度 決算報告書」(http://www.kyoto-u.ac.jp/ja/about/publication/disclosure/accounting/2014/documents/04.pdf)
文献39 黒木登志夫「大学格差はべき乗則に従う」『IDE―現代の高等教育』二〇一七年四月号
文献40 黒羽亮一『戦後大学政策の展開』玉川大学出版部、一九九三年
文献41 黒羽亮一「入試制度と教育改革」、市川昭午編『教育の効果』東信堂、一九八七年、一九六～二一二頁所収
文献42 経済財政諮問会議「日本経済の進路と戦略～新たな「創造と成長」への道筋～」(http://www5.cao.go.jp/keizai-shimon/

cabinet/2007/decision0710_01.pdf）
文献43　経済産業省「産学協同人財育成円卓会議（第二回）」（二〇一二年五月七日）
文献44　経済産業省「大学発ベンチャー調査　分析結果」二〇一五年三月（http://www.meti.go.jp/press/2015/04/20150410003/20150410003-1.pdf）
文献45　経済団体連合会「二〇一六年度　新卒採用に関するアンケート調査結果の概要」二〇一六年一一月一五日（https://www.keidanren.or.jp/policy/2016/108_gaiyo.pdf）
文献46　経団連「世界を舞台に活躍できる人づくりのために―グローバル人材の育成に向けたフォローアップ提言」二〇一三年六月一三日（http://www.keidanren.or.jp/policy/2013/059_honbun.pdf）
文献47　経団連「次代を担う人材育成に向けて　求められる教育改革」二〇一四年四月一五日（http://www.keidanren.or.jp/policy/2014/033_honbun.pdf）
文献48　経済同友会「私立大学におけるガバナンス改革―高等教育の質の向上を目指して」二〇一二年三月二六日（http://www.doyukai.or.jp/policyproposals/articles/2011/pdf/120326a_01.pdf）
文献49　経済同友会「大学改革が進まない要因はガバナンスの機能不全にある」『経済同友』二〇一二年四月号（http://www.doyukai.or.jp/publish/2012/20124.html）
文献50　経済同友会「教育の視点から大学を変える―日本のイノベーションを担う人材育成に向けて」二〇〇七年三月一日（http://www.doyukai.or.jp/policyproposals/articles/2006/070301a.html）
文献51　厚生労働省「大学等卒業予定者の就職内定状況調査（大学・短期大学・高等専門学校及び専修学校卒業予定者の就職内定状況等調査）：結果の概要」（http://www.mhlw.go.jp/toukei/list/131-1b.html）
文献52　厚生労働省「平成二四年版　厚生労働白書」（http://www.mhlw.go.jp/wp/hakusyo/kousei/12/dl/1-05.pdf）
文献53　厚生労働省年金局「平成二六年度の国民年金の加入・保険料納付状況」（http://www.mhlw.go.jp/topics/bukyoku/nenkin/nenkin/toukei/dl/k_h26.pdf）
文献54　アンドルー・ゴードン『日本労使関係史　一八五三―二〇一〇』二村一夫訳、岩波書店、二〇一二年
文献55　アルフィ・コーン『報酬主義をこえて』田中英史訳、法政大学出版局、二〇〇一年
文献56　国立教育政策研究所「ＯＥＣＤ生徒の学習到達度調査（PISA）」（http://www.nier.go.jp/kokusai/pisa/index.html）
文献57　国立教育政策研究所「ＯＥＣＤ生徒の学習到達度調査：2015年調査国際結果の要約」（http://www.nier.go.jp/kokusai/pisa/pdf/2015/03_result.pdf）
文献58　国立教育政策研究所「学習指導要領データベース」（https://www.nier.go.jp/guideline/）
文献59　国立国会図書館「ＧＨＱ草案一九四六年二月一三日」（http://www.ndl.go.jp/constitution/shiryo/03/076shoshi.html）

文献60　児玉善仁『イタリアの中世大学』名古屋大学出版会、二〇〇七年
文献61　小林雅之「イギリスの授業料・奨学金制度の概要」（前掲『イギリスにおける奨学制度等に関する調査報告書』一〜一二頁）
文献62　斎藤貴男『機会不平等』文春文庫、二〇〇四年
文献63　C・サイフェ「医薬研究は公正か？」『日経サイエンス』二〇一三年八月号、六六〜七五頁
文献64　財務省「文教・科学技術関連資料（財政制度分科会）」二〇一四年一〇月二七日（http://www.mof.go.jp/about_mof/councils/fiscal_system_council/sub-of_fiscal_system/proceedings/material/zaiseia261027/03.pdf）
文献65　財務省「OECD諸国の国民負担率（対国民所得比）」（http://www.mof.go.jp/tax_policy/summary/condition/238.htm）
文献66　財務省「一般会計税収の推移」（http://www.mof.go.jp/tax_policy/summary/condition/010.htm）
文献67　財務省「所得税の税率構造の推移」（http://www.mof.go.jp/tax_policy/summary/income/035.htm）
文献68　財務省「一般会計税収、歳出総額及び公債発行額の推移」（http://www.mof.go.jp/tax_policy/summary/condition/003.htm）
文献69　財務省「法人税率の推移」（http://www.mof.go.jp/tax_policy/summary/corporation/082.htm）
文献70　坂野慎二「ドイツにおけるギムナジウムと大学の接続」寺田盛紀編『キャリア形成就職メカニズムの国際比較―日独米中の学校から職業への移行過程』晃洋書房、二〇〇四年、一六四〜一八一頁所収
文献71　佐藤滋・古市将人『租税抵抗の財政学　信頼と合意に基づく社会へ』岩波書店、二〇一四年
文献72　首相官邸「新定削計画の概要（平成一二年七月一八日閣議決定）」（http://www.kantei.go.jp/jp/komon/dai19/si2.html）
文献73　首相官邸「産業競争力会議」（http://www.kantei.go.jp/jp/singi/sangyo/）
文献74　首相官邸「日本再興戦略」二〇一四年（http://www.kantei.go.jp/jp/singi/keizaisaisei/pdf/honbun2JP.pdf）
文献75　首相官邸「新市場・雇用創出に向けた重点プラン」（平沼プラン）（http://www.kantei.go.jp/jp/sangyoukouzou/dai1/1siryou5-2.html）
文献76　首相官邸「経済財政運営と構造改革に関する基本方針二〇〇二」（http://www.kantei.go.jp/jp/singi/keizai/tousin/020621f.html）
文献77　首相官邸「安倍晋三首相OECD閣僚理事会基調演説」二〇一四年五月六日（http://www.kantei.go.jp/jp/96_abe/statement/2014/0506kichokoen.html）
文献78　城繁幸『内側から見た富士通「成果主義」の崩壊』光文社、二〇〇四年
文献79　鈴木尊紘「フランスにおける大学自由責任法」国立国会図書館『外国の立法』二四七、二〇一一年、三〇〜五三頁（http://www.ndl.go.jp/jp/diet/publication/legis/pdf/02470002.pdf）
文献80　ジョゼフ・スティグリッツ『世界を不幸にしたグローバリズムの正体』鈴木主税訳、徳間書店、二〇〇二年
文献81　スローター＆ローズ『アカデミック・キャピタリズムとニュー・エコノミー　市場、国家、高等教育』成定薫監訳、法政大学出版局、二〇一二年、原著は二〇〇四年

文献82　政府統計「児童生徒の問題行動等生徒指導上の諸問題に関する調査　平成二六年度」（http://www.e-stat.go.jp/SG1/estat/List.do?bid=000001069144&cycode=0）
文献83　Z会「後期日程廃止・復活の主な国公立大学一覧」（https://www20.atwiki.jp/zwiki/pages/795.html、二〇一六年一一月一六日閲覧）
文献84　全国大学高専教職員組合「「ミッションの再定義」による文部科学省の大学自治への介入に抗議します」二〇一三年一〇月三〇日（http://zendaikyo.or.jp/index.php?active_action=journal_view_main_detail&block_id=544&page_id=0&post_id=1746&comment_flag=1）
文献85　総務省統計局「労働力調査（基本集計）平成二七年（二〇一五年）平均（速報）の結果」（http://www.stat.go.jp/data/roudou/sokuhou/nen/ft/pdf/index1.pdf）
文献86　総務省統計局「世界の統計二〇一六　国内総生産（名目GDP、米ドル表示）」（http://www.stat.go.jp/data/sekai/0116.htm）
文献87　大学評価学会「諸団体による「学校教育法・国立大学法人法改正反対」声明・決議等」（http://www.unive.jp/20140621gakkokyoikuho.pdf、二〇一四年七月一三日）
文献88　大学評価・学位授与機構「教育の内部質保証システム構築に関するセミナー」（二〇一三年三月二一日）
文献89　高橋伸夫『虚妄の成果主義』日経BP、二〇〇四年
文献90　高柳信一『学問の自由』岩波書店、一九八三年
文献91　田口啓子「総序」『中世思想原典集成　第二〇巻　近世のスコラ学』上智大学中世思想研究所編、平凡社、二〇〇〇年
文献92　竹内洋『日本のメリトクラシー　構造と心性』東京大学出版会、一九九五年
文献93　田中秀央編『増訂新版　羅和辞典』研究社、一九六六年
文献94　エティエンヌ・タンピエ「一二七〇年の非難宣言　一二七七年の禁令」『中世思想原典集成　第一三巻　盛期スコラ学』上智大学中世思想研究所編、平凡社、一九九三年、六四三〜六七八頁
文献95　中央教育審議会大学分科会「予測困難な時代において生涯学び続け、主体的に考える力を育成する大学へ（審議まとめ）」二〇一二年三月二六日（http://www.mext.go.jp/b_menu/shingi/chukyo/chukyo4/houkoku/1319183.htm）
文献96　中央教育審議会「新しい時代にふさわしい高大接続の実現に向けた高等学校教育、大学教育、大学入学者選抜の一体的改革について―すべての若者が夢や目標を芽吹かせ、未来に花開かせるために」二〇一四年一二月二二日（http://www.mext.go.jp/b_menu/shingi/chukyo/chukyo0/toushin/__icsFiles/afieldfile/2015/01/14/1354191.pdf）
文献97　中央教育審議会大学分科会「学士課程教育の構築に向けて」二〇〇八年（http://www.mext.go.jp/b_menu/shingi/chukyo/chukyo4/houkoku/080410.htm）
文献98　中央教育審議会「二一世紀を展望した我が国の教育の在り方について」一九九六年（http://www.mext.go.jp/b_menu/shingi/chuuou/toushin/960701.htm）
文献99　東京大学「財務情報」（http://www.u-tokyo.ac.jp/index/b06_j.html）

文献100　東京大学「推薦入試」（http://www.u-tokyo.ac.jp/stu03/e01_26_j.html）
文献101　東京大学「アドミッション・ポリシー」（http://www.u-tokyo.ac.jp/stu03/e01_01_17_j.html）
文献102　東洋経済新報社編『明治大正国勢総覧』東洋経済新報社、一九七五年
文献103　ロナルド・ドーア『学歴社会　新しい文明病』松居弘道訳、岩波書店、一九八八年
文献104　徳島大学「学生受け入れ方針（アドミッション・ポリシー）」（http://www.tokushima-u.ac.jp/admission/acceptance_policy/）
文献105　冨山和彦「我が国の産業構造と労働市場のパラダイムシフトから見る高等教育機関の今後の方向性」（http://www.next.go.jp/b_menu/shingi/chousa/koutou/061/gijiroku/__icsFiles/afieldfile/2014/10/23/1352719_4.pdf）
文献106　マリー・ドュリュ＝ベラ『フランスの学歴インフレと格差社会』林昌宏訳、明石書店、二〇〇七年
文献107　マーチン・トロウ『高学歴社会の大学　エリートからマスへ』天野郁夫他訳、東京大学出版会、一九七六年
文献108　内閣府「国立大学法人等の科学技術関係活動（平成二二事業年度）に関する調査結果」（http://www8.cao.go.jp/cstp/budget/syoken23/kokudai09.pdf）
文献109　内閣府「革新的研究開発推進プログラム（ImPACT）について（平成二五年一二月一七日）」（http://www8.cao.go.jp/cstp/siryo/haihu116/siryo3.pdf）
文献110　内閣府「平成二八年度科学技術関係予算案の概要について（平成二八年一月）」（http://www8.cao.go.jp/cstp/budget/h28/h28gaiyou-1.pdf）
文献111　内閣府「平成二八年度第四回　科学技術イノベーション政策推進専門調査会」（http://www8.cao.go.jp/cstp/tyousakai/innovation/h28/4kai/siryo2-2-1.pdf）
文献112　内閣府「第五期科学技術基本計画の概要」（http://www8.cao.go.jp/cstp/kihonkeikaku/5gaiyo.pdf）
文献113　内閣府「人間力戦略研究会報告書」（http://www5.cao.go.jp/keizai1/2004/ningenryoku/0410houkoku.pdf）
文献114　中井浩一『大学入試の戦後史　受験地獄から全入時代へ』中公新書ラクレ、二〇〇七年
文献115　永嶋哲也「一二世紀の哲学」『哲学の歴史　第三巻　神との対話』中央公論新社、二〇〇八年、二八九～三四二頁
文献116　難波功士『「就活」の社会史―大学は出たけれど…』祥伝社新書、二〇一四年
文献117　日本学術会議「戦争を目的とする科学の研究には絶対従わない決意の表明」一九五〇年（http://www.scj.go.jp/ja/info/kohyo/01/01-49-s.pdf）
文献118　日本学術会議「安全保障と学術に関する検討委員会」（http://www.scj.go.jp/ja/member/iinkai/anzenhosyo/anzenhosyo.html）
文献119　日本学術会議「軍事的安全保障研究に関する声明」二〇一六年三月（http://www.scj.go.jp/ja/info/kohyo/pdf/kohyo-23-s243.pdf）
文献120　日本学術振興会「科学研究費の応募件数、採択件数、採択率の推移」二〇一六年一一月二九日（https://www.jsps.go.jp/j-grantsinaid/27_kdata/data/2-1/2-(1).pdf）

文献121　日本共産党「OECD加盟三四ヵ国の大学授業料無償化、給付制奨学金の有無と受給学生割合」(http://www.jcp.or.jp/web_jcp/html/data/oecd34.pdf)
文献122　日本経営者団体連盟『新時代の「日本的経営」―挑戦すべき方向』一九九五年
文献123　日本経済再生本部「ベンチャー・チャレンジ二〇二〇」(http://www.kantei.go.jp/jp/topics/2016/seicho_senryaku/venture_challenge2020.pdf)
文献124　日本弁護士連合会「法科大学院一覧」(http://www.nichibenren.or.jp/activity/training/law_schools/ichiran.html)
文献125　日本弁護士連合会「弁護士白書　二〇一四年版」(http://www.nichibenren.or.jp/library/ja/jfba_info/statistics/data/white_paper/2014/1-3-2_gokakusha_suii_2014.pdf)
文献126　デヴィッド・ハーヴェイ『新自由主義　その歴史的展開と現在』渡辺修監訳、作品社、二〇〇七年
文献127　C・H・ハスキンス『大学の起源』青木靖三他訳、八坂書房、二〇〇九年、原著は一九五七年
文献128　長谷川英祐『働かないアリに意義がある』KADOKAWA、二〇一六年
文献129　ジョセフ・ヒース『資本主義が嫌いな人のための経済学』栗原百代訳、NTT出版、二〇一二年
文献130　久本憲夫「ドイツにおける職業別労働市場への参入」独立行政法人労働政策研究・研修機構『日本労働研究雑誌』五七七号、二〇〇八年八月号、四〇～五二頁、(http://www.jil.go.jp/institute/zassi/backnumber/2008/08/pdf/040-052.pdf)
文献131　日永龍彦「グローバリゼーションとアメリカの大学改革―戦略と実態」前掲『新自由主義大学改革』六四～八二頁所収
文献132　平沢和司「大卒就職機会に関する諸仮説の検討」苅谷剛彦・本田由紀編『大卒就職の社会学―データから見る変化』東京大学出版会、二〇一〇年、六一～八五頁所収
文献133　廣重徹「問い直される科学の意味―体制化された科学とその変革」『自然』一九六九年二月号(『科学技術をめぐる抗争』岩波書店、二〇一六年に再録)
文献134　FIRST公式サイト「FIRSTプログラムとは?」(http://www.jst.go.jp/first/about-us/)
文献135　福永文夫『日本占領史1945―1952　東京・ワシントン・沖縄』中公新書、二〇一四年
文献136　ハンス＝ヴェルナー・プラール『大学制度の社会史』山本尤訳、法政大学出版局、一九八八年
文献137　ピエール・ブルデュー『国家貴族　エリート教育と支配階級の再生産』立花英裕訳、藤原書店、二〇一二年
文献138　ウィリアム・ブロード&ニコラス・ウェイド『背信の科学者たち』牧野賢治訳、化学同人、一九八八年
文献139　ヨセフ・ベン＝デービッド『科学の社会学』潮木守一他訳、至誠堂、一九七四年
文献140　法務省「旧司法試験第二次試験出願者数・合格者数等の推移」(http://www.moj.go.jp/content/000054973.pdf)
文献141　デレック・ボック『商業化する大学』宮田由紀夫訳、玉川大学出版部、二〇〇六年
文献142　本田由紀「日本の大卒就職の特殊性を問い直す　QOL問題に着目して」前掲『大卒就職の社会学―データから見る変化』

二七～五九頁所収
文献143　松澤孝明「わが国における研究不正―公開情報に基づくマクロ分析（一）」『情報管理』五六巻第三号、一五六～一六五頁、二〇一三年（https://www.jstage.jst.go.jp/article/johokanri/56/3/56_156/_pdf）
文献144　宮田由紀夫『米国キャンパス「拝金」報告　これは日本のモデルなのか？』中公新書ラクレ、二〇一二年
文献145　宮本太郎『福祉政治　日本の生活保障とデモクラシー』有斐閣、二〇〇八年
文献146　J・S・ミル『大学教育について』竹内一誠訳、岩波文庫、二〇一一年
文献147　森永卓郎監修『物価の文化辞典』展望社、二〇〇八年
文献148　文部科学省「内部規則等の総点検・見直しの実施について」二〇一四年八月二九日（http://www.mext.go.jp/b_menu/hakusho/nc/1351832.htm）
文献149　文部科学省「大学改革実行プラン」二〇一二年六月（http://www.mext.go.jp/b_menu/houdou/24/06/__icsFiles/afieldfile/2012/06/25/1312798_01.pdf）
文献150　文部科学省「国立大学改革プラン」二〇一三年一一月（http://www.mext.go.jp/component/a_menu/education/detail/__icsFiles/afieldfile/2013/12/18/1341974_01.pdf）
文献151　文部科学省「国立大学法人等の組織及び業務全般の見直しについて（通知）」二〇一五年六月七日（http://www.mext.go.jp/b_menu/shingi/chousa/koutou/062/gijiroku/__icsFiles/afieldfile/2015/06/16/1358924_3_1.pdf）
文献152　文部科学省「実践的な職業教育を行う新たな高等教育機関の制度化に関する有識者会議（第一回）」二〇一四年一〇月七日（http://www.mext.go.jp/b_menu/shingi/chousa/koutou/061/gijiroku/1352719.htm）
文献153　文部科学省「平成二七年度学校基本調査（速報値）の公表について」二〇一五年八月六日（http://www.mext.go.jp/component/b_menu/other/__icsFiles/afieldfile/2015/08/18/1360722_01_1_1.pdf）
文献154　文部科学省「専門学校教育の評価に関する現状調査（結果概要）」（http://www.mext.go.jp/b_menu/shingi/chousa/shougai/015/siryo/08102203/001/001.pdf　二〇〇八年三月）
文献155　文部科学省「国立大学法人の現状等について」http://www.mext.go.jp/b_menu/shingi/chousa/koutou/062/gijiroku/__icsFiles/afieldfile/2014/11/10/1353375_3_2.pdf
文献156　文部科学省「平成二七年度国立大学法人運営費交付金予定額の概要」（http://www.mext.go.jp/b_menu/shingi/chousa/koutou/062/gijiroku/__icsFiles/afieldfile/2015/02/02/1354813_7.pdf）
文献157　文部科学省「教育指標の国際比較（平成二五年版）」（http://www.mext.go.jp/b_menu/toukei/data/kokusai/__icsFiles/afieldfile/2013/04/10/1332512_04.pdf）
文献158　文部科学省「学校基本調査」（http://www.mext.go.jp/b_menu/toukei/chousa01/kihon/kekka/1268046.htm）

文献159　文部科学省「学校基本調査・年次統計・進学率」（http://www.e-stat.go.jp/SG1/estat/List.do?bid=000001015843&cycode=0）
文献160　文部科学省「平成二八年度私学助成関係予算（案）の説明」（http://www.mext.go.jp/component/b_menu/other/__icsFiles/afieldfile/2016/01/08/1365889_2.pdf）
文献161　文部科学省「給付型奨学金制度の設計について〈議論のまとめ〉」二〇一六年一二月一九日（http://www.mext.go.jp/b_menu/houdou/28/12/__icsFiles/afieldfile/2016/12/19/1380717_2_1.pdf）
文献162　文部科学省「平成一六年度文部科学白書」（http://www.mext.go.jp/b_menu/hakusho/html/hpab200401/）
文献163　文部科学省「平成二六年度　大学等における産学連携等実施状況について（平成二七年一二月二五日訂正版）」（http://www.mext.go.jp/a_menu/shinkou/sangaku/1365479.htm）
文献164　文部科学省「国立大学法人等の平成二六事業年度決算について」二〇一六年（http://www.mext.go.jp/a_menu/koutou/houjin/detail/__icsFiles/afieldfile/2016/01/05/1365687_01.pdf）
文献165　文部科学省「学制百年史」（http://www.mext.go.jp/b_menu/hakusho/html/others/detail/1317552.htm）
文献166　文部科学省「学制百二十年史」（http://www.mext.go.jp/b_menu/hakusho/html/others/detail/1318221.htm）
文献167　文部科学省「平成二九年度国公立大学入学者選抜について」（http://www.mext.go.jp/a_menu/koutou/senbatsu/__icsFiles/afieldfile/2016/10/06/1377882_3.pdf）
文献168　文部科学省「国際数学・理科教育動向調査（TIMSS）の調査結果」（http://www.mext.go.jp/a_menu/shotou/gakuryoku-chousa/sonota/detail/1344312.htm）
文献169　文部科学省「教育課程企画特別部会　論点整理」二〇一五年（http://www.mext.go.jp/component/b_menu/shingi/toushin/__icsFiles/afieldfile/2015/12/11/1361110.pdf）
文献170　文部科学省「キャリアガイダンス（社会的・職業的自立に関する指導等）の法令上の明確化について」二〇〇九年一一月一八日（http://www.mext.go.jp/b_menu/shingi/chukyo/chukyo4/027/siryo/attach/1287158.htm）
文献171　文部科学省「個人の能力と可能性を開花させ、全員参加による課題解決社会を実現するための教育の多様化と質保証の在り方について（答申）」（http://www.mext.go.jp/b_menu/shingi/chukyo/chukyo0/toushin/__icsFiles/afieldfile/2016/10/24/1371833_1_1_1.pdf）
文献172　文部科学省「科学技術基本法について」（http://www.mext.go.jp/b_menu/shingi/kagaku/kihonkei/kihonhou/mokuji.htm）による表現を改変。
文献173　文部科学省「科学技術・学術審議会　学術分科会　学術の基本問題に関する特別委員会　資料一（平成二六年三月二四日）」（http://www.mext.go.jp/b_menu/shingi/gijyutu/gijyutu4/034/shiryo/__icsFiles/afieldfile/2014/04/21/1347062_03.pdf）
文献174　文部科学省「国立大学法人等」（http://www.mext.go.jp/a_menu/koutou/houjin/houjin.htm）
文献175　柳治男『〈学級〉の歴史学　自明視された空間を疑う』講談社、二〇〇五年

文献176 矢野眞和他編『教育劣位社会』岩波書店、二〇一六年
文献177 山内志朗「ラテン・アヴェロエス主義」前掲『哲学の歴史 第三巻』所収
文献178 山口裕之『コピペと言われないレポートの書き方教室』新曜社、二〇一三年
文献179 山口裕之『人をつなぐ対話の技術』日本実業出版社、二〇一六年
文献180 吉川徹・中村高康『学歴・競争・人生 一〇代のいま知っておくべきこと』日本図書センター、二〇一二年
文献181 米津直希「世界銀行の高等教育改革プログラムと新自由主義」前掲『新自由主義大学改革』
文献182 ヘースティングズ・ラシュドール『大学の起源』横尾壮英訳、東洋館出版社、一九六八年
文献183 劉文君「イギリスにおける高等教育改革の動向」日本学生支援機構『イギリスにおける奨学制度等に関する調査報告書』一三〜二二頁所収（http://www.jasso.go.jp/about/statistics/_icsFiles/afieldfile/2015/10/15/all_studenloanuk.pdf）
文献184 ジャック・ル・ゴフ『中世の知識人』柏木英彦他訳、岩波新書、一九七七年、原著は一九五七年
文献185 フレデリック・ルドルフ『アメリカ大学史』阿部美哉他訳、玉川大学出版部、二〇〇三年
文献186 厚生労働省「臨床研究法について」http://www.mhlw.go.jp/stf/seisakunitsuite/bunya/0000163417.html
文献187 渡辺和行『近代フランスの歴史学と歴史家 クリオとナショナリズム』ミネルヴァ書房、二〇〇九年
文献188 渡辺行郎「学校歴による人材選別の経済効果――一つの模索」、市川昭午編『教育の効果』東信堂、一九八七年、四二〜六一頁所収
欧文1 Conférence des Grandes Ecoles.（http://www.cge.asso.fr/nos-membres/ecoles/liste-des-ecoles）
欧文2 College Board. Average Published Undergraduate Charges by Sector 2016-17.（https://trends.collegeboard.org/college-pricing/figures-tables/average-published-undergraduate-charges-sector-2016-17）
欧文3 College Board. Trends in student aid 2014. https://secure-media.collegeboard.org/digitalServices/misc/trends/2014-trends-student-aid-report-final.pdf
欧文4 Daniele Fanelli. Why Growing Retractions Are（Mostly）a Good Sign. *PLOS Medicine*, December 3, 2013.（http://journals.plos.org/plosmedicine/article?id=10.1371/journal.pmed.1001563）
欧文5 Will Gornall and Ilya A. Strebulaev. The economic impact of venture capital: Evidence from public companies. Graduate school of Stanford Business Working Paper No.3362, Nov. 1, 2015（https://www.gsb.stanford.edu/faculty-research/working-papers/economic-impact-venture-capital-evidence-public-companies）
欧文6 Harvard College. Application requirements.（https://college.harvard.edu/admissions/application-requirements, 二〇一六年一二月一五日閲覧）

欧文7　Harvard College. Application Process.（https://college.harvard.edu/admissions/application-process/application-requirements, 二〇一六年一二月一五日閲覧）
欧文8　Harvard College. Cost of Attendance.（https://college.harvard.edu/financial-aid/how-aid-works/cost-attendance）
欧文9　Harvard college. Frequently Asked Questions（https://college.harvard.edu/frequently-asked-questions）
欧文10　Harvard college. What we look for（https://college.harvard.edu/admissions/application-process/what-we-look）
欧文11　Harvard University. Endowment releases Investment result for financial year 2016. http://www.hmc.harvard.edu/docs/2016_HMC_Annual_Report_Press_Release.pdf
欧文12　International Monetary Fund. World Economic Outlook Database.（http://www.imf.org/external/pubs/ft/weo/2017/01/weodata/index.aspx）
欧文13　Michael A. Heller, Rebecca S. Eisenberg. Can patents deter innovation? The anticommons in biomedical research. *Science* 01 May 1998: Vol. 280, Issue 5364, pp. 698-701.
欧文14　The International Association for the Evaluation of Educational Achievement, TIMSS 2015 results（http://www.iea.nl/timss-2015-results）
欧文15　Heidi Ledford. Universities struggle to make patents pay. *Nature* 501, pp.471-472, 2013.
欧文16　Brian C. Martinson, Melissa S. Anderson2 & Raymond de Vries. Scientists behaving badly. *Nature* 435, 737-738（9 June 2005）（http://www.nature.com/nature/journal/v435/n7043/full/435737a.html）
欧文17　Robert K. Merton. 1942. The normative structure of science. *The sociology of science: Theoretical and empirical investigations*. Reprint, University of Chicago press, 1973.
欧文18　Ministre de l'éducation nationale, de l'enseignement supérieur et de la recherche. Note d'information, n° 17.05（Mars. 2017）.（http://cache.media.education.gouv.fr/file/2017/08/4/NI-EN-05-2017_730084.pdf）
欧文19　Ministre de l'éducation nationale, de l'enseignement supérieur et de la recherche. 07 Le baccalauréat et les bacheliers.（https://publication.enseignementsup-recherche.gouv.fr/eesr/7/EESR7_ES_07-le_baccalaureat_et_les_bacheliers.php）
欧文20　Ministre de l'éducation nationale, de l'enseignement supérieur et de la recherche.（http://www.enseignement.gouv.ci/index.php?open=enseignement&ens=gedcopub）
欧文21　Nature Index 2017 Japan *Nature*（Vol. 543 No. 7646）（二〇一七年三月二三日号の付録）
欧文22　Oxford University. Admissions statistics（https://www.ox.ac.uk/about/facts-and-figures/admissions-statistics?wssl=1）
欧文23　Oxford University. Applying to Oxford（https://www.ox.ac.uk/admissions/undergraduate/applying-to-oxford?wssl=1）
欧文24　Sheila Slaughter and Larry L. Leslie. *Academic capitalism: politics, policies, and the entrepreneurial university*. Johns Hopkins University Press,

1997.
欧文25 Stanford Shopping Center. (http://www.simon.com/mall/stanford-shopping-center)
欧文26 Venture Impact: The economic importance of venture capital backed companies to the U.S. economy (Third edition), Global Insight, 2007. (http://www.contentfirst.com/past/VentureImpact/VentureImpact2007FINAL.pdf)
欧文27 Joff Wild. The real inventors of the term "patent troll" revealed. 22 Aug. 2008. (http://www.iam-media.com/blog/detail.aspx?g=cff2afd3-c24e-42e5-aa68-a4b4e7524177)
報道1 毎日新聞「米空軍大学研究者に八億円超 日本の延べ一二八人」二〇一七年二月八日付
報道2 朝日新聞「子どもの未来、守りたい 朝日新聞社世論調査」二〇一一年一月一日朝刊
報道3 NHKニュース「文学部や経済学部など人文社会科学系の学部や大学院がある国立大学のうち八割が、学部の再編や定員の削減などを検討している」二〇一五年七月九日付
報道4 The Economist. The curse of nepotism. (http://www.economist.com/node/2333345)
報道5 東洋経済オンライン「なぜ東大は「世界大学ランキング」が低いのか 人文系学部「廃止騒動」は世界に逆行している」二〇一六年一〇月二三日 (http://toyokeizai.net/articles/-/141598)
報道6 毎日新聞「ヤフー 新卒採用見直し 三〇歳以下、通年で募集」二〇一六年一〇月四日付
報道7 日本経済新聞「「新卒一括」採用は本当に効率的か」二〇一四年四月七日付
報道8 日本経済新聞「新卒一括に偏らない採用に」二〇一五年三月一三日付
報道9 毎日新聞「一年で決まる? 卒業時と一致 東京理科大調査」二〇一六年六月三日付 (http://mainichi.jp/articles/20160603/k00/00m/040/141000c)
報道10 日本経済新聞「「国の借金」九月末で一〇六二兆円」二〇一六年一一月一〇日付
報道11 アエラ「みな魂の限界まで消耗 小保方さん「STAP細胞はできません」」二〇一五年一月五日付
法律1 ドイツ『ドイツ憲法集 第六版』高田敏他訳、信山社、二〇一〇年
法律2 アメリカ「復員兵援護法」Servicemen's Readjustment Act、一九四四年 (https://www.ourdocuments.gov/doc.php?doc=76&page=transcript)
法律3 アメリカ「連邦防衛教育法」National Defense Education Act、一九五八年 (https://www.gpo.gov/fdsys/pkg/STATUTE-72/pdf/STATUTE-72-Pg1580.pdf)
法律4 イギリス「教育改革法」The Education Reform Act. (http://www.legislation.gov.uk/ukpga/1988/40/contents)

法律5　アメリカ「バイ・ドール法」Public law 96-517 96th Congress.（https://www.gpo.gov/fdsys/pkg/STATUTE-94/pdf/STATUTE-94-Pg3015.pdf）
法律6　アメリカ「イノベーション法」Innovation Act（https://www.congress.gov/bill/114th-congress/house-bill/9）
法律7　アメリカ「アメリカの才能と企業家精神を保護する法」Protecting American Talent and Entrepreneurship (PATENT) Act」（https://www.congress.gov/bill/114th-congress/senate-bill/1137）
法律8　アメリカ「医師への支払いに関するサンシャイン法」Physician Payments Sunshine Act.（https://www.congress.gov/bill/111th-congress/senate-bill/301/text）
法律9　日本「明治五年太政官布告第二一四号　学制」（https://ja.wikisource.org/wiki/%E5%AD%A6%E5%88%B6）

[執筆者紹介]

山口裕之（やまぐち・ひろゆき）

1970 年生まれ。東京大学大学院人文社会系研究科博士課程修了。現在、徳島大学准教授。専門はフランス近代哲学、科学哲学。主な著書に、『コンディヤックの思想』（勁草書房、2002 年）、『人間科学の哲学』（勁草書房、2005 年）、『認知哲学』（新曜社、2009 年）、『ひとは生命をどのように理解してきたか』（講談社、2011 年）、『コピペと言われないレポートの書き方教室』（新曜社、2013 年）、『人をつなぐ対話の技術』（日本実業出版社、2016 年）、『語源から哲学がわかる事典』（日本実業出版社、2019 年）ほか。

「大学改革」という病

――学問の自由・財政基盤・競争主義から検証する

2017年 7 月25日　初版第 1 刷発行
2020年 1 月10日　初版第 5 刷発行

著　者　山　口　裕　之
発行者　大　江　道　雅
発行所　株式会社　明石書店
〒101-0021　東京都千代田区外神田6-9-5
電　話　03 (5818) 1171
F A X　03 (5818) 1174
振　替　00100-7-24505
http://www.akashi.co.jp

装丁　清水　肇
編集・組版　有限会社閏月社
印刷・製本　モリモト印刷株式会社

（定価はカバーに表示してあります）　ISBN978-4-7503-4546-8